Inhaltsverzeichnis

Vorwort VIII
Die Laute im Französischen XIV
Abkürzungen XVIII

Der Mensch als Individuum 1

1 Biographie des Menschen 2
Angaben zur Person 2
Berufe 4
Nationen und Nationalitäten 7

Der Mensch als geistiges und körperliches Wesen 9

2 Aussehen und Charakter des Menschen 10
Allgemeine Begriffe 10
Positive Eigenschaften 11
Negative Eigenschaften 13
Äußere Merkmale 15

3 Körperliche Tätigkeiten 17
Bewegung im Raum 17
Bewegung des Körpers 19
Körperliche Reaktionen und Sinneswahrnehmungen 20

4 Umgang mit Dingen 22
Handwerkliche Herstellung 22
Veränderung von Dingen 23
Bewegung von Dingen 23
Gebrauch von Dingen 25

5 Gefühle 27
Angenehme Gefühle 27
Unangenehme Gefühle 29

6 Denken und Wollen 31
Denken und Sichvorstellen 31
Wollen und absichtliches Tun 33

7 Redetätigkeiten 37
Reden und Informieren 37
Bewertetes Reden 39
Redende Einflußnahme 40
Loben und Tadeln 42

III

8 Wertende Tätigkeiten 44
Positive Emotionen 44
Negative Emotionen 45
Werten 46
Wechselnde Bewertung 46
Positive Bewertungen 47
Negative Bewertungen 50
Staunen 51

9 Feste Redewendungen 52
Begrüßung und Abschied 52
Wünsche 52
Aufforderungen 53
Bedauern und Trost 53
Ärger und Schmerz 54
Lob und Zustimmung 55
Ablehnung und Skepsis 56
Kosenamen 56
Bewertung 57
Pausenfüller und Überleitungswörter 58

10 Modale Beziehungen 59
Bestätigung 59
Intensität 60
Subjektive Empfindung 62
Einschränkung 63

Der Mensch und seine Bedürfnisse 65

11 Einkaufen, Essen und Trinken 66
Geschäfte 66
Einkaufen 67
Kochen 68
Tischdecken 70
Im Restaurant 71
Die Speisekarte 73
Eigenschaften von Gerichten 78
Rauchen 79

12 Kleidung 80
Einkauf 80
Kleidungsstücke 81
Eigenschaften und Materialien 83
Teile und Zubehör 85
Arbeiten 86

13 Wohnen 88
Haus 88
Wohnungsteile 90
Bewohner 91
Einrichtungsgegenstände 92
Haushaltsgegenstände 93
Haushaltsarbeiten 95

14 Gesundheit und Körperpflege 98
Körper des Menschen 98
Krankheiten 101
Auswirkungen von Krankheiten 104
Behandlung von Krankheiten 105
Körperpflege 109

15 Hobby und Sport 111
Allgemeine Begriffe 111
Hobbies 112
Sportbegriffe 113
Sportliche Betätigungen 116

16 Reisen und Tourismus 118
Reisevorbereitung 118
Ablauf der Reise 119
Inhalt der Reise 121
Unterkunft 123

17 Schule und Universität 126
Schulsystem 126
Unterrichtsfächer 127
Unterrichtsziele 129
Unterrichtsgeschehen 130
Unterrichtsmittel 134
Grammatik 134
Universität 136

18 Kunst 138
Allgemeine Begriffe 138
Literatur 140
Musik 141
Bildende Kunst 144
Theater und Film 144

19 Bildungsgüter 147
Philosophie 147
Religion 148
Geschichte 150

Der Mensch als Mitmensch 153

20 Privatleben des Menschen 154
Familie 154
Familienleben 156
Beziehungen zur Umwelt 158
Positive Erfahrungen 160
Negative Erfahrungen 162
Allgemeine Lebensumstände 164

21 Umgang mit Menschen 166
Allgemeine Begriffe 166
Positive Handlungen 167
Negative Handlungen 168

22 Der Mensch bei der Arbeit 170
Arbeitsstellen 170
Arbeitsbereiche 171
Arbeitsleben 171
Arbeitsprobleme 174

23 Der Mensch im Verkehr 176
Fahrer und Fahrzeuge 176
Verkehrswege und Verkehrszeichen 177
In Werkstatt und Tankstelle 179
Verkehrsgeschehen 181
Nichtmotorisierte Verkehrsteilnehmer 183

24 Post und Bank 185
Post 185
Geldangelegenheiten 186

Der Mensch in der Welt 189

25 Politik 190
Verfassung 190
Öffentliche Verwaltung 193
Das politische Leben 194
Internationale Beziehungen 197
Krisen 199

26 Massenmedien 200
Presse 200
Radio und Fernsehen 202
Über Krieg und Militär 204
Über die Justiz 206
Über Politik 208
Über Katastrophen 210
Über Soziales 211

Der Mensch und die Umwelt 214

27 Wetter und Klima 215
Allgemeine Begriffe 215
Warmes, schönes Wetter 216
Kaltes, schlechtes Wetter 217
Feuchtes Wetter 218

28 Die natürliche Umwelt 219
Tiere 219
Pflanzen 220
Mensch und Natur 223
Land 224
Geologische Formationen 225
Wasser 227
Himmel 228
Naturbeschreibung 229

29 Gestaltete Umwelt 231
Die Stadt 231
Gebäude 232
Anlagen und Verkehrswege 233
Veränderungen und Probleme 234
Städte in Europa 236
Länder in Deutschland und Großbritannien 237

Einteilung der Welt durch den Menschen 239

30 Farben und Formen 240
Farben 240
Formen 241

31 Stoffe und Materialien 242
Allgemeine Begriffe 242
Stoffe pflanzlichen und tierischen Ursprungs 242
Mineralische und chemische Stoffe 243

32 Zahlen und Maße 246
Zahlentabellen 246
Zahlwörter 247
Allgemeine Begriffe 248
Maße und Gewichte 249
Mengenbegriffe 251

33 Räumliche Beziehungen 253
Substantive 253
Adjektive 254
Präpositionen 255
Adverbien 256

34 Zeitliche Beziehungen 258
Jahr 258
Monat 258
Woche 259
Tag 259
Stunde 261
Häufigkeiten 261
Zeiträume 262
Zeitpunkte 264
Subjektive zeitliche Wertungen 266

35 Strukturwörter 268
Verben 268
Pronomen 269
Fragewörter 271
Konjunktionen 271
Verneinungen 273
Adverbien 273
Präpositionen 274
Indefinitiva und Demonstrativa 275

Grammatikübersicht 297

Vorwort

Standortbestimmung: Was ist ein Grund- und Aufbauwortschatz?

Wie gut jemand Französisch spricht, wird bestimmt durch seine Kenntnisse der französischen Grammatik und durch die Vielzahl der Situationen, in denen er sich sprachlich behaupten kann. Wobei die sprachliche Behauptung vor allem durch die Kenntnis des situationsspezifischen Wortschatzes bestimmt wird. Weiterhin benötigt man eine große Zahl fester Redemittel, die praktisch zum Inventar der kommunikativen Sprachhandlung gehören, um sich sprachlich zu behaupten. Moderne Lehrwerke berücksichtigen diese Erkenntnisse immer häufiger, ein moderner Wortschatz sollte das ebenfalls tun. Der vorliegende Grund- und Aufbauwortschatz versucht, diesem Rechnung zu tragen. Man kann unterschiedliche Qualitätsniveaus bestimmen, mit denen sich jemand sprachlich behauptet. Die unterste Stufe entspricht dabei dem, was man Überlebensniveau nennen könnte. Der Lerner ist in der Lage, sich sprachlich so zu behaupten, daß er im Gastland einigermaßen klarkommt. Er kann einkaufen, nach dem Weg fragen und an einfachen Unterhaltungen teilnehmen. Im Bereich des Wortschatzes wird auf diese Art und Weise der Elementarwortschatz einer Sprache bestimmt. Dieser Elementarwortschatz umfaßt ca. 1200 bis 1500 Wortgleichungen: er entspricht meist dem Français Fondamental premier degré. Will man den Lerner in die Lage versetzen, sich in ausgesuchten Themen sprachlich so zu behaupten, daß er auch aktive Gesprächsrollen einnehmen kann, muß man den Wortschatz ungefähr verdoppeln. Ein so definierter Grundwortschatz umfaßt ca. 2500 bis 3000 Wortgleichungen. Setzt man das Lernziel noch eine Stufe höher, will man den Lerner also in die Lage versetzen, daß er die sprachliche Situation aktiv beherrscht und nicht regelmäßig die Bedeutung von Wörtern erfragen muß, dann benötigt man ca. 5000 bis 6000 Wortgleichungen.

Dieser Grund- und Aufbauwortschatz versucht, die beiden zuletzt genannten Lernziele abzudecken. Die Kenntnis der in diesem Grundwortschatz vorhandenen 3888 Wortgleichungen erlaubt eine sichere und sprachlich angemessene Behauptung in den von uns behandelten Themenbereichen. Der Lerner befindet sich auf einem Niveau, das etwas oberhalb dessen liegt, was man normalerweise Grundwortschatz nennt. Wenn man berücksichtigt, daß ca. 800 französiche Wörter mehr als einmal in verschiedenen Themen vorkommen, umfaßt der Grundwortschatz ca. 3000 französische Wörter. Darüber hinaus bieten wir dem Lernenden 1943 Wortgleichungen im Aufbauwortschatz an. Die Kenntnis des Aufbauwortschatzes bringt den Lernenden auf ein Niveau, wo man behaupten kann, daß er ziemlich fließend Französisch in den von uns aufgeführten Themen spricht.

Die Definition des Grund- und Aufbauwortschatzes

Die Auswahl des Grundwortschatzes erfolgte durch intensive Sichtung der Lehrpläne aller Bundesländer, des Français Fondamental premier degré, der wichtigsten Lehrwerke im Schulbereich und in der Erwachsenenbildung und schließlich der Wortschatzliste des Volkshochschulverbandes. Im ersten Schritt sind alle vorkommenden Wörter in den Grundwortschatz übernommen worden. Das ergab eine Liste von ca. 3500 Wörtern. Diese sind dann den verschiedenen Themen, die gleichzeitig entwickelt wurden, zugeordnet worden. Dieser sehr große Grundwortschatz wurde dann durch gemeinsame Diskussion mehrerer Fachleute um 500 verringert, indem ein Teil der Wörter in den Aufbauwortschatz verlegt, ein anderer vollkommen gestrichen wurde. „allumette" wurde z. B. in den Aufbauwortschatz verlegt, zugunsten von „briquet", „lorsque" wurde gestrichen. Der so festgelegte Grundwortschatz wurde dann auf Konsistenz geprüft, d. h. es wurde z. B. geprüft, ob alle wichtigen Farben vorhanden waren, „rose" fehlte z. B., ob alle wichtigen Berufe, alle Ländernamen etc. vorkamen.

Nachdem der Grundwortschatz und alle Themen festgelegt waren, wurde der Aufbauwortschatz bestimmt. Zunächst wurden ca. 800 Wörter aus den Materialien der Oberstufenarbeit ermittelt und zum Aufbauwortschatz gemacht. Die eigentliche Bestimmung des Aufbauwortschatzes erfolgte in Zusammenhang mit der Feinbestimmung der Themen. Diese Feinbestimmungen, intern Bündel genannt, zeigten deutlich auf, um welche Wörter ein Thema im Aufbauwortschatz ergänzt werden mußte, damit das Bündel rund wurde, d. h. alle wichtigen Äußerungsmöglichkeiten abdeckte. Die so gewonnenen Wörter wurden dann anderen Experten vorgelegt. Der Aufbauwortschatz ist zwar nicht statistisch belegt, wie das Français Fondamental es zumindestens teilweise ist, aber alle am Auswahlverfahren Beteiligten konnten der Auswahl zustimmen. Man muß sich zur Zeit mit einem solchen Expertenrating zufriedengeben, weil ein thematisch strukturiertes Corpus bis heute nicht existiert, und die vorhandenen Frequenzlisten veraltet und wenig aussagekräftig sind.

Die Definition der Themen

Der vorliegende Grund- und Aufbauwortschatz ist in 35 Themen gegliedert. Jedes Thema gliedert sich dann wieder in bis zu 10 Unterthemen oder Bündel. Für die thematische Gliederung gibt es mehrere Gründe, die wir hier kurz darlegen wollen. Zunächst einmal wird aus einem riesigen, demotivierend wirkenden Wortschatz von fast 6000 Wortgleichungen ein kleiner Wortschatz von bis maximal 300 Wortgleichungen in einem Thema. Das Lernpensum wird überschaubar, und man kann, anders als mit einem alphabetisch gegliederten Wortschatz, sich schon vollständig in einem thematischen Zusammenhang ausdrücken, wenn man nur ein Thema gelernt hat. Das ist ein großer Gewinn demjenigen gegenüber, der alle mit „a"-anfangenden Wörter lernt. Dem etwas weniger Strebsamen bleibt sogar die Möglichkeit, eben mal ein Bündel aus einem Thema, bis ca. 30 Wortgleichungen zu lernen. Dann bietet ein thematisch gegliederter Wortschatz die Möglichkeit der Auswahl: man beginnt mit für einen persönlich wichtigen Themen, läßt andere unwichtigere Themen weg oder verlegt deren Erlernung auf später. Die Einteilung in Themen ist didaktisch motiviert, hat aber auch Auswirkungen auf die individuellen Lernziele, die jeder Lernende für sich selbst bestimmen kann.

Wenn man die Gliederung eines Wortschatzes in Themenbereiche akzeptiert, dann muß man die Themenbereiche definieren. Dieser eigentlich banale Vorgang ist aber unserer Meinung nach ganz besonders schwierig und ganz besonders wichtig. Es gibt viele Vorbilder: meist beginnt man beim Kosmos und hört bei der Briefmarke auf. Die Weltsicht solcher Einteilungen orientiert sich an der Wirklichkeit, von dem ganz Großen, über die Natur, den Menschen, zur Post. Diese Einteilung ist naturwissenschaftlich/philosophisch. Sie hinterließ bei uns den Eindruck, daß sie der Sprache nicht immer gerecht wird. Deshalb haben wir uns überlegt, ob es nicht besser wäre, die thematische Einteilung von der Sprache aus vorzunehmen: wie teilt Sprache die Wirklichkeit ein, welche Wichtigkeiten gibt es sprachlich. Man kann diese Art Einteilung vergleichen mit der Art, wie unser Tastsinn organisiert ist. Wenn es nur nach unserem Tastsinn ginge, bestände der Mensch zu 50 % aus Hand. Die Hände sind für unseren Tastsinn das Wichtigste. Sprachlich gesehen ist das Wichtigste der Mensch, denn nur Menschen sprechen. Wenn Menschen sprechen, dann sprechen sie meist über Menschen und ausschließlich mit Menschen. Der Mensch ist also für die Sprache das, was die Hand für den Tastsinn ist. Er ist subjektiv das Wichtigste. Wir sind also von der Beschreibung des Menschen, über seine innereren Beziehungen zu äußeren Beziehungen, über seine Tätigkeiten zur Rede gekommen. Dann haben wir seine elementaren Bedürfnisse untersucht, dann weitergehende Bedürfnisse, und erst zum Schluß haben wir die Einteilung der Wirklichkeit durch den Menschen behandelt.

Auf diese Art und Weise sind wir zu 35 Themen gekommen, die unserer Meinung nach eine optimale Einteilung des Wortschatzes bieten. Nichteinteilbare Wörter, fast ausschließlich Strukturwörter, die eigentlich in jedes Thema gehören, haben wir in einem eigenen Thema zusammengefaßt.

Teilweise sehr einfach, z. B. „Essen und Trinken", teilweise heiß diskutiert und ziemlich umstritten war die Einteilung der Themen in kleinere Einheiten, die Bündel. Diese Bündel haben vorwiegend eine didaktische Funktion: sie teilen den Lernstoff in kleinste Einheiten, die dem Lerner raschen Lernfortschritt in sachlichem Zusammenhang ermöglichen. Darüber darf man aber nicht vergessen, daß die eigentliche Lerneinheit das Thema ist, weil die Kenntnis der Geschäfte es noch nicht ermöglicht, über „Essen und Trinken" zu reden. Die Themen stellen also das eigentliche Lernziel dar. Ihre Kenntnis erlaubt das Sichbehaupten in allen für das Thema einschlägigen Situationen.

Natürlich ist auch die Zuordnung von Wörtern zu bestimmten Themenbereichen manchmal willkürlich: so haben wir die Körperteile dem Thema „Krankheit und Gesundheit" zugeordnet, nicht aber dem Thema „Das Aussehen des Menschen", in dem sie auch einen sinnvollen Platz gehabt hätten. Wir sind dabei von der Überlegung ausgegangen, daß man eher im Zusammenhang von Krankheiten über Körperteile spricht als im Zusammenhang der Beschreibung eines Menschen. „J'ai mal au ventre." gehört sicherlich in das Thema „Krankheit", aber „Paul a un gros ventre" gehört in das Thema „Aussehen". Unserer Meinung nach ist die erste Äußerung spontan und natürlich, wohingegen die zweite Äußerung über die normale Beschreibung eines Menschen hinausgeht, sie ist etwas bösartig, man würde eher sagen „Paul est un peu gros." oder „Paul n'est pas maigre.". Bei anderen Körperteilen ist die Sachlage noch eindeutiger. Vor dieses Problem gestellt, haben wir uns entschieden, alle Körperteile in das Kapitel „Krankheit" einzuordnen, es sei denn, sie sind im Kapitel „Aussehen" unverzichtbar.

Zur Auswahl der Beispielsätze

Im Grund- und Aufbauwortschatz gibt es insgesamt 1310 Beispielsätze. D.h. es gibt ca. für jede vierte bis fünfte Wortgleichung einen Beispielsatz. Die Beispielsätze sollten mehreren Kriterien genügen. Ein Beispielsatz ist angebracht, wenn eine Wortgleichung nicht ganz klar ist, wenn die grammatische Verwendungsweise eines Wortes im Französischen nicht klar ist, wenn mit dem Beispielsatz eine landeskundlich interessante Information übermittelt werden kann, oder wenn eine besondere Verwendungsweise oder eine idiomatische Verwendung des französischen Wortes möglich ist.

Über die obenerwähnten Kriterien hinaus, haben wir noch einen Anspruch an jeden Beispielsatz erhoben. Er sollte für den Lernenden nützlich sein, und zwar derart, daß er fast jeden Beispielsatz in seinen persönlichen Sprachschatz übernehmen kann. D.h. wir wollen dem Lernenden nicht nur Wortgleichungen sondern auch Satzgleichungen liefern, mit denen er etwas anfangen kann. Natürlich kann man leicht zu jeder Wortgleichung einen Beispielsatz finden, z. B. „Elle a la taille 36.". Wir finden unseren Beispielsatz aber viel nützlicher, nämlich „Vous avez quelle taille?", denn diese Frage wird der Lernende eines Tages in Frankreich hören. Die Beispielsätze sind sehr idiomatisch gewählt, und sie sind meist in der ersten oder zweiten Person formuliert, so daß sie direkt, mit minimalen Anpassungen an die eigene erlebte Situation, übernommen werden können. So ist in dem Beipielsatz „Nicolas a trois ans, il est très mignon." lediglich der Eigenname variabel. Durch Anpassung des richtigen Namens kann dieser Satz in die Situation übernommen werden, in der man sich positiv über ein kleines Kind äußert. Wenn Beispielsätze in der dritten Person vorkommen, d. h., wenn man über jemanden redet, haben wir auf den zwar praktischen aber lernerunfreundlichen Gebrauch von Pronomen meist verzichtet und statt dessen Eigennamen fiktiver Personen gewählt.

Ein weiterer unverzichtbarer Anspruch war für uns die Qualität der Übersetzung. „Vous êtes libre demain?" kann man in der Regel nicht mit „Sind Sie morgen frei?" übersetzen. In der Situation, in der der französische Satz geäußert würde, müßte die deutsche Entsprechung „Haben Sie morgen Zeit?" heißen. Aus diesem Grund mögen einige unserer Übersetzungen sehr frei erscheinen; wir glauben aber, daß sie dem französischen Original am nächsten kommen, was Verwendungsweise und Inhalt betrifft. Auch bei der Stilebene haben wir versucht, jeweils Entsprechendes in Beziehung zu bringen. „Je suis bien avec lui." haben wir deshalb nicht als „Ich fühle mich bei ihm geborgen.", sondern als „Wir verstehen uns gut." übersetzt, auch wenn „On s'entend bien." eine mögliche Rückübersetzung aus dem Deutschen ist. Das bedeutet, daß die Rückübersetzung des deutschen Beispielsatzes nicht unbedingt zu dem ursprünglichen französischen Satz zurückführen muß.

Einige didaktische Überlegungen

In diesem Grund- und Aufbauwortschatz ist weitgehend auf Abkürzungen grammatischer und lexikographischer Begriffe verzichtet worden. Wir haben versucht, die Sprache durch die Sprache darzustellen. Deshalb wird das Genus der Nomina nicht durch eine grammatische Abkürzung, sondern durch den Artikel gekennzeichnet; lediglich in Fällen, in denen das Genus nicht am Artikel zu erkennen ist, findet der Lerner die entsprechende grammatische Abkürzung. Die femininen Formen bestimmter Nomina und die der Adjektive sind vollständig aufgeführt, auch von der Regel abweichende Plurale sind markiert. Die Verben sind nur im Infinitiv genannt, aber mit Hilfe des grammatischen Anhangs kann jede Verbform erschlossen werden. Zu jedem lexikalischen Eintrag gibt es die entsprechende phonetische Umschrift. Diese richtet sich nach den Konventionen der API. Die phonetische Umschrift basiert auf dem sogenannten „mot phonétique", d. h. es gibt in der Umschrift keine Wortgrenzen. Hierdurch soll der Tendenz deutschsprachiger Menschen entgegen gewirkt werden, den französischen Satz wortweise auszusprechen. Die französischen Laute, deren Klangbild und französische Graphien sind in einer Tabelle zusammengefaßt.

Der Grund- und Aufbauwortschatz eignet sich für alle Lerner, die ihr Französisch verbessern wollen. Für den Anfänger, der ungefähr ein Jahr Französisch gelernt hat, wie für den sehr fortgeschrittenen Lerner, der im Grund- und Aufbauwortschatz idiomatische Ausdrücke findet, die man sonst meist vergeblich sucht, denn wir haben ein ganzes Thema feststehenden Redewendungen gewidmet. Ein Lehrbuch, das allen Lernstufen gerecht werden will, ist an sich verdächtig. Wir glauben aber, daß das für den vorliegenden Grund- und Aufbauwortschatz zutreffend ist. Der Anfänger kann sich bestimmte Themen vornehmen und deren Grundwortschatz lernen, der fortgeschrittene Lerner interessiert sich mehr für spezielle Themen und den Aufbauwortschatz, und der sehr fortgeschrittene Lerner übernimmt die idiomatischen Wendungen oder ergänzt seinen Wortschatz in allen von uns vorgeschlagenen Themenbereichen.

Die Frage nach der Art und Weise des besten Lernwegs kann man nicht grundsätzlich beantworten. Der eine Lerner ist stark auf die Übersetzungen angewiesen, der andere Lerner kann sich den thematischen Wortschatz im wesentlichen einsprachig erarbeiten. Auch die Frage nach Lerntechniken kann man nicht für alle Lerner einheitlich beantworten. Für alle Lerner ist es wahrscheinlich von Vorteil, wenn man sich ein festes Pensum vornimmt, wobei der Zeitraum natürlich von den Vorkenntnissen bestimmt wird. Hilfreich ist es auch, sich für ein erledigtes Pensum zu belohnen oder belohnen zu lassen. So kann der Anfänger sich vornehmen, ein Thema innerhalb einer Woche zu lernen, der Fortgeschrittene schafft das Pensum aber an einem Tag. Grundsätzlich sollte man immer ein Thema lernen und innerhalb eines Themas die Reihenfolge der Bündel einhalten. Allgemeine Themen, wie z. B. die „Tätigkeiten des Menschen" sind komplexer und schwieriger zu lernen als spezielle Themen, weil die Wortgleichungen komplexer sind. „Kuchen" heißt fast immer „gâteau" und „metteur en scène" heißt immer „Regisseur", „penser" aber kann in vielen Kontexten etwas anderes heißen. Wichtig ist auch, daß ein gelerntes Pensum zu einem späteren Zeitpunkt kontrolliert wird, um zu gewährleisten, daß der französische Ausdruck auch richtig in das Langzeitgedächtnis übernommen wurde. Der Abstand zwischen ursprünglichem Lernen und Wiederholung sollte nicht zu knapp bemessen sein, d. h. man sollte schon mindestens eine Woche Zeit vergehen lassen, ehe man den Lernerfolg kontrolliert. Besser ist ein noch größerer Zeitraum, doch dann kann man das Lernziel aus den Augen verlieren. Der sehr fortgeschrittene Lerner wird sich möglicherweise zunächst mit der Lektüre des Grund- und Aufbauwortschatzes begnügen, ehe er sich für besondere idiomatische Wendungen zu interessieren beginnt.

Jedem der sieben Großkapitel geht eine künstlerische Zeichnung voraus, die sich mit dem Großthema gestalterisch auseinandersetzt. Sie hat die Funktion, den Lerner auf das Thema emotional einzustellen, und sie soll ein kleines bißchen Freude machen. In den einzelnen Themen gibt es kleine Zeichnungen oder Realien, die den Bezug zur französischen Wirklichkeit herstellen sollen.

Die Laute im Französischen

Vokale

Laut	Beschreibung	Schreib-weisen	Beispiel
[a]	wie in Mann	a à e	trav**a**il voil**à** f**e**mme
[ɑ]	zwischen a und offenem o	a â	p**a**sser t**â**che
[ã]	nasaliertes [a]	am amp an and ans ant em emps en ent	j**am**bon ch**amp** **an** gr**and** d**ans** restaur**ant** **em**ployé t**emps** **en** arg**ent**
[e]	wie in Beet	ai e é ê ei er es et ez	**ai**der **e**ffet bl**é** g**ê**ner fr**ei**ner aim**er** l**es** **et** n**ez**
[ɛ]	wie in Räte oder rette	ai aî aie ais ait e é è ê ei es(t) et	f**ai**re ch**aî**ne monn**aie** franç**ais** l**ait** ch**e**r m**é**decin ch**è**que cr**ê**pe p**ei**ne **es, est** bonn**et**

Laut	Beschreibung	Schreibweisen	Beispiel
[ɛ̃]	nasaliertes [ɛ]	aim ain ein en im in ingt un	f**aim** m**ain** p**ein**dre bi**en** **im**portant f**in** v**ingt** **un**
[ə]	wie in bit**e**	e	nous pr**e**nons
[i]	wie in M**ie**te	i î il is it iz y	**i**l **î**le gent**il** perm**is** l**it** r**iz** t**y**pe
[o]	wie in **O**fen	au aud aut aux eau eaux o ô op os ot	**au** ch**aud** il f**aut** f**aux** **eau** Bord**eaux** r**o**se dr**ô**le tr**op** gr**os** coquelic**ot**
[ɔ]	wie in **o**ffen	au o ô u	**au**to **o**ffrir h**ô**pital maxim**u**m
[õ]	nasaliertes [o]	om omb on ond ont	n**om** pl**omb** **on** bl**ond** p**ont**

Laut	Beschreibung	Schreib-weisen	Beispiel
[ø]	wie in bös e	eu eux œufs	p eu y eux œufs
[œ]	wie in Börse	eu œu	m eu ble œuf
[u]	wie in Mut oder Mutter	ou où oû oût août	ou où co û ter g oû t août
[y]	wie in Hüte oder Hütte	eu u û ut	eu m u r m û r sal ut

Halbvokale

Laut	Beschreibung	Schreib-weisen	Beispiel
[j]	wie in Million	i il ill ille y	b i en trava il reve ill er feu ille y eux
[ɥ]	von einem ü-Laut zum nächsten Vokal übergehen	u	h u ile
[w]	von einem u-Laut zum nächsten Vokal übergehen	w ou	w eek-end j ou er
[wa]		oi oie ois oit	av oi r v oie tr ois dr oit
[wɛ̃]		oin	p oin ture

Konsonanten

Laut	Beschreibung	Schreib-weisen	Beispiel
[b]	wie in **B**ohne	b	**b**eau ro**b**e
[d]	wie in **D**elle	d	**d**ame su**d**
[f]	wie in **F**all	f ph	**f**ille **ph**oto
[g]	wie in **G**ans	g gu gue	**g**arder ba**gu**ette va**gue**
[ʒ]	wie in **J**ournalist	j g ge	**j**our **g**ens nous man**ge**ons
[k]	wie in **K**ahn	c ch k q qu	**c**ourse or**ch**estre **k**ilo co**q** **qu**alité
[l]	wie in **L**uft	l	**l**ivre
[m]	wie in **M**ut	m	**m**anger
[n]	wie in **N**ase	n mn	**n**ord auto**mn**e
[ɲ]	gleichzeitig wie ein n und ein j aussprechen	gn	a**gn**eau
[ŋ]	wie in la**ng**	ng	campi**ng**
[p]	wie in **P**ol	p b	**p**asser o**b**server

Laut	Beschreibung	Schreibweisen	Beispiel
[r]	Zäpfchen-r	r rc rd rf rps rs rt	rose porc bord nerf corps dehors port
[s]	wie in reißen	c ç s sc ss t x	cinéma français savoir scène passer national dix
[z]	wie in Sonne	s z	rose zone
[ʃ]	wie in Tisch	ch	chercher
[t]	wie in Teller	t th	table thé
[v]	wie in Violine	v w	vin wagon

Abkürzungen

adv	Adverb
etw	etwas
f	weibliches Substantiv
fpl	weibliches Substantiv im Plural
jdm	jemandem
jdn	jemanden
m	männliches Substantiv
mf	männliches und weibliches Substantiv
mpl	männliches Substantiv im Plural
qqc	quelque chose
qqn	quelqu'un
®	eingetragenes Warenzeichen
unv	unveränderliches Adjektiv

Der Mensch

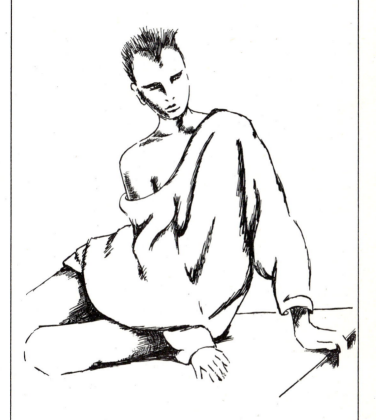

als Individuum

1 Biographie des Menschen

Angaben zur Person

l'**adresse** f [adrɛs]	Adresse
l'**adulte** mf [adylt]	Erwachsene(r)
l'**âge** m [ɑʒ]	Alter
aîné, e [ene] C'est mon frère aîné.	Erstgeborene(r); älter Das ist mein älterer Bruder.
l'**an** m [ã] J'ai 19 ans.	Jahr Ich bin 19 Jahre alt.
appeler (s') [saple] Je m'appelle Jasmine.	heißen Ich heiße Jasmin.
l'**avenue** f [avəny] J'habite 3, avenue Foch.	Avenue Ich wohne Avenue Foch Nr. 3.
le **boulevard** [bulvar]	Ringstraße
catholique [katɔlik]	katholisch
chrétien, ne [kretjɛ̃, ɛn]	christlich
le **département** [departəmã] Nancy se trouve dans le département de la Moselle.	Departement Nancy liegt im Departement Mosel.
l'**enfant** mf [ɑ̃fɑ̃]	Kind
étranger, -ère [etrɑ̃ʒe, ɛr]	fremd; Ausländer(in)
l'**habitant** m [abitɑ̃]	Einwohner(in)
habiter [abite]	wohnen; bewohnen
l'**identité** f [idɑ̃tite] J'ai perdu ma carte d'identité.	Identität Ich habe meinen Personalausweis verloren.
l'**individu** m [ɛ̃dividy]	Individuum
madame [madam]	Frau ...
mademoiselle [madmwazɛl]	Fräulein ...
majeur, e [maʒœr]	volljährig
marié, e [marje]	verheiratet
le **métier** [metje] Quel est votre métier?	Beruf Was sind Sie von Beruf?
monsieur [məsjø]	Herr ...

Angaben zur Person — **Biographie des Menschen**

naître [nɛtr]	geboren werden
Je suis né le 12 mars 1973.	Ich bin am 12. März 1973 geboren.
la **nationalité** [nasjɔnalite]	Nationalität
Quelle est votre nationalité?	Welche Staatsangehörigkeit haben Sie?
le **nom** [nɔ̃]	Name
Quel est votre nom?	Wie heißen Sie?
le **nom de famille** [nɔ̃dəfamij]	Nachname
le **passeport** [paspɔr]	Reisepaß
le **pays** [pei]	Land
la **pièce d'identité** [pjɛsdidɑ̃tite]	Ausweis
la **place** [plas]	Platz
le **prénom** [prenɔ̃]	Vorname
la **profession** [prɔfɛsjɔ̃]	Beruf
protestant, e [prɔtɛstɑ̃, t]	protestantisch, evangelisch
la **religion** [rəliʒjɔ̃]	Religion
la **rue** [ry]	Straße
le **sexe** [sɛks]	Geschlecht
la **signature** [siɲatyr]	Unterschrift
signer [siɲe]	unterzeichnen, unterschreiben
le **titre** [titr]	Titel

le, la **célibataire** [selibatɛr]	Junggeselle, Junggesellin
la **date de naissance** [datdənɛsɑ̃s]	Geburtsdatum
divorcé, e [divɔrse]	geschieden
l'**époux, -ouse** [epu, z]	Ehemann, Ehefrau, Gatte, Gattin
être d'origine [ɛtrədɔriʒin]	stammen aus
Ben est d'origine américaine.	Ben stammt aus Amerika.
l'**impasse** f [ɛ̃pas]	Sackgasse
le **lieu de naissance** [ljødnɛsɑ̃s]	Geburtsort
le **nom de jeune fille** [nɔ̃dʒœnfij]	Mädchenname
personnel, le [pɛrsɔnɛl]	persönlich
le **signe particulier** [siɲəpartikylje]	besonderes Kennzeichen
le **veuf**, la **veuve** [vœf, vœv]	Witwe(r)

Berufe

l'**acteur, -trice** [aktœr, tris]	Schauspieler(in)
l'**agent** *m* [aʒɑ̃]	Polizist
l'**architecte** *m* [arʃitɛkt]	Architekt(in)
l'**avocat, e** [avɔka, t]	Rechtsanwalt, -anwältin
le **boulanger**, la **boulangère** [bulɑ̃ʒe, ɛr]	Bäcker(in)
le **cadre** [kadr]	leitender Angestellter
le **certificat** [sɛrtifika]	Zeugnis; Zertifikat
le **charcutier**, la **charcutière** [ʃarkytje, ɛr]	Metzger(in)
le **chauffeur** [ʃofœr]	Fahrer(in)
le **chirurgien**, la **chirurgienne** [ʃiryrʒjɛ̃, ɛn]	Chirurg(in)
le **commerçant**, la **commerçante** [kɔmɛrsɑ̃, t]	Einzelhändler(in)
le, la **concierge** [kɔ̃sjɛrʒ]	Hausmeister(in)
le, la **dentiste** [dɑ̃tist]	Zahnarzt, -ärztin
le **diplôme** [diplom]	Diplom
le **directeur**, la **directrice** [dirɛktœr, tris]	Direktor(in)
l'**écrivain** *m* [ekrivɛ̃]	Schriftsteller(in)
l'**élève** *mf* [elɛv]	Schüler(in)
Paul est élève de quatrième au collège.	Paul ist Schüler der Klasse 8 an der Gesamtschule.
l'**employé, e** [ɑ̃plwaje]	Angestellte(r)
l'**étudiant, e** [etydjɑ̃, t]	Student(in)
le **facteur** [faktœr]	Briefträger(in)
la **femme de ménage** [famdəmenaʒ]	Putzfrau
le, la **fonctionnaire** [fɔ̃ksjɔnɛr]	Beamter, Beamtin
le, la **garagiste** [garaʒist]	Werkstattinhaber(in)
le **garçon** [garsɔ̃]	Kellner

Berufe	Biographie des Menschen

le **gardien**, la **gardienne** [gardjɛ̃, ɛn]	Wächter(in)
Mon oncle est gardien dans un musée.	Mein Onkel ist Museumswärter.
l'**infirmier, -ère** [ɛ̃firmje, ɛr]	Krankenpfleger, -schwester
l'**ingénieur** *m* [ɛ̃ʒenjœr]	Ingenieur(in)
l'**instituteur, -trice** [ɛ̃stitytœr, tris]	Grundschullehrer(in)
l'**interprète** *mf* [ɛ̃tɛrprɛt]	Dolmetscher(in)
le, la **journaliste** [ʒurnalist]	Journalist(in)
le **juge** [ʒyʒ]	Richter(in)
le **marchand**, la **marchande** [marʃɑ̃, d]	Händler(in)
le **marin** [marɛ̃]	Seemann
le **médecin** [mɛdsɛ̃]	Arzt, Ärztin
le **ministre** [ministr]	Minister(in)
le **musicien**, la **musicienne** [myzisjɛ̃, ɛn]	Musiker(in)
l'**ouvrier, -ère** [uvrije, ɛr]	Arbeiter(in)
le **paysan**, la **paysanne** [peizɑ̃, an]	Bauer, Bäuerin
le **peintre** [pɛ̃tr]	Maler(in), Anstreicher(in)
le **pompier** [pɔ̃pje]	Feuerwehrmann
le **professeur** [prɔfɛsœr]	Lehrer(in)
la **retraite** [rətrɛt]	Rente, Pension
Mon grand-père est en retraite.	Mein Großvater ist in Pension.
le, la **secrétaire** [səkretɛr]	Sekretär(in)
le **soldat** [sɔlda]	Soldat
le **vendeur**, la **vendeuse** [vɑ̃dœr, øz]	Verkäufer(in)

l'**agriculteur** *m* [agrikyltœr]	Landwirt(in)
l'**apprenti, e** [aprɑ̃ti]	Lehrling
l'**artiste** *mf* [artist]	Künstler(in)
le **bijoutier**, la **bijoutière** [biʒutje, ɛr]	Juwelier(in)
le **cadre moyen** [kadrəmwajɛ̃]	mittlerer Angestellter

Biographie des Menschen — Berufe

le **cadre supérieur** [kadrəsyperjœr]	leitender Angestellter
le **chef d'entreprise** [ʃɛfdɑ̃trəpriz]	Unternehmer(in)
le, la **comptable** [kɔ̃tabl]	Buchhalter(in)
le **contre-maître** [kɔ̃trəmɛtr]	Vorarbeiter(in)
le **contrôleur**, la **contrôleuse** [kɔ̃trolœr, øz]	Kontrolleur(in)
le **cuisinier**, la **cuisinière** [kɥizinje, ɛr]	Koch, Köchin
l'**électricien** m [elɛktrisjɛ̃]	Elektriker
l'**électronicien, ne** [elɛktrɔnisjɛ̃, ɛn]	Elektroniker(in)
l'**enseignant, e** [ɑ̃sɛɲɑ̃, t]	Lehrer(in)
l'**entrepreneur, -euse** [ɑ̃trəprənœr, øz]	Unternehmer(in)
la **femme au foyer** [famofwaje]	Hausfrau
la **garde** [gard]	Wache
l'**hôtelier, -ère** [ɔtəlje, ɛr]	Hotelbesitzer(in)
l'**hôtesse de l'air** f [ɔtɛsdəlɛr]	Stewardeß
l'**industriel** m [ɛ̃dystrijɛl]	Industrieller
le **jardinier**, la **jardinière** [ʒardinje, ɛr]	Gärtner(in)
le **juge d'instruction** [ʒyʒdɛ̃stryksjɔ̃]	Untersuchungsrichter(in)
le **lycéen**, la **lycéenne** [liseɛ̃, ɛn]	Gymnasiast(in)
le **maçon** [masɔ̃]	Maurer(in)
le **maire** [mɛr]	Bürgermeister(in)
l'**O.S.** m [oɛs]	Hilfsarbeiter(in)
l'**ouvrier agricole** m [uvrijeagrikɔl]	Landarbeiter
l'**ouvrier qualifié** m [uvrijekalifje]	Facharbeiter
le **pâtissier**, la **pâtissière** [pɑtisje, ɛr]	Konditor(in)
le **P.D.G.** [pedeʒe]	Geschäftsführer(in)
le **pêcheur**, la **pêcheuse** [pɛʃœr, øz]	Fischer(in)

le **pharmacien**, la **pharmacienne** [farmasjɛ̃, ɛn]	Apotheker(in)
le, la **photographe** [fɔtɔgraf]	Fotograf(in)
le **plombier** [plɔ̃bje]	Klempner
le **proviseur** [prɔvizœr]	Oberstudiendirektor(in)
le **rédacteur**, la **rédactrice** [redaktœr, tris]	Redakteur(in)
le **rédacteur en chef** [redaktœrɑ̃ʃɛf]	Chefredakteur
le **reporter** [rəpɔrtɛr]	Reporter(in)
le **retraité**, la **retraitée** [rətrete]	Rentner(in), Pensionär(in)
sans profession [sɑ̃prɔfɛsjɔ̃]	ohne Beruf
la **sténodactylo** [stenɔdaktilo]	Stenotypistin
le **technicien**, la **technicienne** [tɛknisjɛ̃, ɛn]	Techniker(in)

Nationen und Nationalitäten

l'**Allemagne** f [almaɲ]	Deutschland
allemand, e [almɑ̃, d] Je suis Allemand.	deutsch Ich bin Deutscher.
américain, e [amerikɛ̃, ɛn]	amerikanisch
anglais, e [ɑ̃glɛ, z] Je parle aussi l'anglais.	englisch Ich spreche auch Englisch.
l'**Angleterre** f [ɑ̃glətɛr]	England
l'**Autriche** f [otriʃ]	Österreich
autrichien, ne [otriʃjɛ̃, ɛn]	österreichisch
belge [bɛlʒ]	belgisch
la **Belgique** [bɛlʒik]	Belgien
le **Danemark** [danmark]	Dänemark
danois, e [danwa, z]	dänisch
l'**Espagne** f [ɛspaɲ]	Spanien
espagnol, e [ɛspaɲɔl]	spanisch
les **Etats-Unis** mpl [etazyni]	Vereinigte Staaten

Biographie des Menschen — Nationen und Nationalitäten

français, e [frãsɛ, z]	französisch
la **France** [frãs]	Frankreich
hollandais, e [ɔlɑ̃dɛ, z]	holländisch
la **Hollande** [ɔlɑ̃d]	Holland
l'**Italie** *f* [itali]	Italien
italien, ne [italjɛ̃, ɛn]	italienisch
le **Japon** [ʒapɔ̃]	Japan
japonais, e [ʒapɔnɛ, z]	japanisch
portugais, e [pɔrtygɛ, z]	portugiesisch
le **Portugal** [pɔrtygal]	Portugal

l'**Algérie** *f* [alʒeri]	Algerien
algérien, ne [alʒerjɛ̃, ɛn]	algerisch
britannique [britanik]	britisch
la **Grande-Bretagne** [grɑ̃dbrətaɲ]	Großbritannien
grec, grecque [grɛk]	griechisch
la **Grèce** [grɛs]	Griechenland
le **Luxembourg** [lyksɑ̃bur]	Luxemburg
luxembourgeois, e [lyksɑ̃burʒwa, z]	luxemburgisch
le **Maroc** [marɔk]	Marokko
marocain, e [marɔkɛ̃, ɛn]	marokkanisch
néerlandais, e [neɛrlɑ̃dɛ, z]	niederländisch
les **Pays-Bas** *mpl* [peiba]	Niederlande
la **Suisse** [sɥis]	Schweiz
suisse [sɥis] C'est un passeport suisse.	schweizerisch Das ist ein Schweizer Paß.
le **Suisse**, la **Suissesse** [sɥis, sɥisɛs]	Schweizer(in)
l'**Union soviétique** *f* [ynjɔ̃sɔvjetik]	Sowjetunion

Der Mensch als geistiges und körperliches Wesen

2 | Aussehen und Charakter des Menschen

Allgemeine Begriffe

le **caractère** [karaktɛr]
Paul a bon caractère.

Charakter, Wesen
Paul ist umgänglich.

caractéristique [karakteristik]

typisch

l'**état d'esprit** m [etadɛspri]

Seelenzustand, Stimmung

la **façon** [fasõ]
Pierre a une drôle de façon de voir les choses.

Art, Weise
Peter hat komische Ansichten.

féminin, e [feminɛ̃, in]

weiblich

la **femme** [fam]

Frau

la **figure** [figyr]

Gesicht

l'**homme** m [ɔm]

Mann; Mensch

masculin, e [maskylɛ̃, in]

männlich

passer pour [pɑsepur]
Marie a 40 ans, mais elle passe pour une jeune femme.

gelten als, gehalten werden für
Marie ist 40 Jahre, aber man hält sie für eine junge Frau.

le **physique** [fizik]
Je n'aime pas son physique.

Äußeres
Ich mag ihr Äußeres nicht.

le **trait** [trɛ]
Le charme est son trait caractéristique.

Charakterzug
Charme ist sein typischer Charakterzug.

le **type** [tip]
Quel sale type.

Typ
Was für ein unangenehmer Typ.

la **maturité** [matyrite]

Reife

la **mentalité** [mãtalite]
Paul a la mentalité d'un garçon de 12 ans.

Mentalität
Paul hat die Mentalität eines Zwölfjährigen.

la **personnalité** [pɛrsɔnalite]

Persönlichkeit

Positive Eigenschaften

agréable [agreabl]	angenehm
aimable [ɛmabl]	liebenswert, liebenswürdig
avoir de l'esprit [avwardəlɛspri]	geistreich sein
avoir de l'humour [avwardəlymur]	Humor haben
avoir de l'imagination [avwardəlimaʒinɑsjɔ̃]	Phantasie haben
avoir de la volonté [avwardlavɔlɔ̃te]	Willenskraft haben
avoir du cœur [avwardykœr]	ein weiches Herz haben
avoir un faible pour [avwarɛ̃fɛbləpur]	eine Schwäche haben für
le **bon sens** [bɔ̃sɑ̃s]	gesunder Menschenverstand
brillant, e [brijɑ̃, t]	glänzend
calme [kalm]	ruhig
capable [kapabl]	fähig, begabt
charmant, e [ʃarmɑ̃, t]	reizend, charmant
le **charme** [ʃarm]	Charme, Reiz
comique [kɔmik]	lustig, komisch, drollig
commode [kɔmɔd]	umgänglich
content, e [kɔ̃tɑ̃, t] Je suis contente de ton succès.	zufrieden, glücklich Ich bin glücklich über deinen Erfolg.
le **courage** [kuraʒ] Montre du courage.	Mut Sei mutig.
la **dame** [dam] La mère de Marie est une vraie dame.	Dame Marias Mutter ist eine richtige Dame.
décontracté, e [dekɔ̃trakte]	gelassen, entspannt, locker
dynamique [dinamik]	dynamisch, aktiv, tatkräftig
efficace [efikas]	erfolgreich

Aussehen und Charakter des Menschen — Positive Eigenschaften

l'énergie f [enɛrʒi] — Energie, Tatkraft
Ton énergie me dépasse complètement. — Du bist mir zu anstrengend.

énergique [enɛrʒik] — tatkräftig, energisch

être bien vu, e [ɛtrəbjɛ̃vy] — beliebt sein

être de bonne volonté [ɛtrədbɔnvɔlɔ̃te] — willig sein

fidèle [fidɛl] — treu

fier, fière [fjɛr] — stolz; selbstbewußt

franc, franche [frɑ̃, frɑ̃ʃ] — offen, ehrlich

gai, e [gɛ] — fröhlich, lustig

généreux, -euse [ʒenerø, z] — großzügig, freigebig

gentil, le [ʒɑ̃ti, j] — nett, lieb

habile [abil] — geschickt

honnête [ɔnɛt] — ehrlich

humain, e [ymɛ̃, ɛn] — menschlich

innocent, e [inɔsɑ̃, t] — unschuldig

intelligent, e [ɛ̃teliʒɑ̃, t] — klug, gescheit, intelligent

juste [ʒyst] — gerecht

malin, maligne [malɛ̃, iɲ] — schlau
Tu es plus malin que moi. — Du bist schlauer als ich.

mignon, ne [miɲɔ̃, ɔn] — süß, herzig, niedlich
Nicolas a 3 ans, il est très mignon. — Nicolas ist drei, er ist einfach süß.

naturel, le [natyrɛl] — natürlich

original, e, -aux [ɔriʒinal, o] — ungewöhnlich, originell

poli, e [pɔli] — höflich

prudent, e [prydɑ̃, t] — vorsichtig, umsichtig

raisonnable [rɛzɔnabl] — vernünftig

sage [saʒ] — lieb, brav

sensible [sɑ̃sibl] — empfindsam; empfindlich

sérieux, -euse [serjø, z] — ernst, ernsthaft

sincère [sɛ̃sɛr] — aufrichtig, ehrlich

sympa(thique) [sɛ̃pa(tik)] — sympathisch

tendre [tɑ̃dr]	zärtlich
tranquille [trɑ̃kil]	ruhig, gelassen
vif, vive [vif, viv]	lebendig, lebhaft; aufgeweckt
Mon fils est très vif pour son âge.	Mein Sohn ist sehr aufgeweckt für sein Alter.
l'**ambition** f [ɑ̃bisjɔ̃]	Ehrgeiz
brave [brav]	tapfer
la **compétence** [kɔ̃petɑ̃s]	Kompetenz, Sachkenntnis
consciencieux, -euse [kɔ̃sjɑ̃sjø, z]	gewissenhaft
l'**optimiste** mf [ɔptimist]	Optimist(in)
la **sensibilité** [sɑ̃sibilite]	Empfindlichkeit
la **tendresse** [tɑ̃drɛs]	Zärtlichkeit

──── Negative Eigenschaften ────

bavard, e [bavar, d]	geschwätzig
bête [bɛt]	dumm
Martine est bête, elle ne comprend rien.	Martina ist dumm, sie versteht nichts.
bizarre [bizar]	komisch
brutal, e, -aux [brytal, o]	brutal, grausam
la **colère** [kɔlɛr]	Zorn, Wut
Ne te mets pas en colère.	Reg dich nicht auf.
compliqué, e [kɔ̃plike]	schwierig, kompliziert
curieux, -euse [kyrjø, z]	neugierig
désagréable [dezagreabl]	unangenehm, widerlich
difficile [difisil]	schwierig; heikel
Paul est difficile, il ne mange pas de poisson.	Paul ist heikel, er ißt keinen Fisch.
égoïste [egɔist]	egoistisch
être mal vu, e [ɛtrəmalvy]	unbeliebt sein
exigeant, e [ɛgziʒɑ̃, t]	anspruchsvoll

faible [fɛbl]	schwach
fatigant, e [fatigɑ̃, t]	anstrengend
fou, fol, folle [fu, fɔl]	verrückt, wahnsinnig
Raymond est fou d'elle.	Raimund ist verrückt nach ihr.
gâté, e [gate]	verwöhnt, verzogen
gourmand, e [gurmɑ̃, d]	vernascht
grossier, -ère [grosje, ɛr]	unhöflich, ungezogen
Quel enfant grossier!	Was für ein ungezogenes Kind!
hypocrite [ipɔkrit]	falsch, heuchlerisch
idiot, e [idjo, ɔt]	dumm, blöd, idiotisch
impatient, e [ɛ̃pasjɑ̃, t]	ungeduldig
incapable [ɛ̃kapabl]	unfähig
Tu es incapable de faire quoi que ce soit.	Du kannst überhaupt nichts.
Tu es un incapable.	Du bist ein Versager!
indifférent, e [ɛ̃diferɑ̃, t]	gleichgültig
Paul est indifférent à ses enfants.	Paul hat kein Interesse an seinen Kindern.
indiscret, -ète [ɛ̃diskrɛ, t]	taktlos
Tais-toi, tu es indiscret.	Sei still, du bist taktlos.
lent, e [lɑ̃, t]	langsam, träge
Lucie est lente à se décider.	Lucie kann sich einfach nicht entscheiden.
méchant, e [meʃɑ̃, t]	böse, bösartig
mou, molle [mu, mɔl]	weichlich, schwach
Qu'il est mou, ce garçon.	Was ist dieser Junge für ein Schwächling.
nerveux, -euse [nɛrvø, z]	nervös
ordinaire [ɔrdinɛr]	gewöhnlich
orgueilleux, -euse [ɔrgœjø, z]	hochmütig, überheblich, stolz
paresseux, -euse [parɛsø, z]	faul
sévère [sevɛr]	streng
têtu, e [tɛty]	dickköpfig, eigensinnig
timide [timid]	schüchtern

Aussehen und Charakter des Menschen

Äußere Merkmale

affolé, e [afɔle]	in Panik
l'**audace** f [odas]	Kühnheit, Unverschämtheit
la **brute** [bryt]	roher Mensch
l'**indifférence** f [ɛ̃diferɑ̃s]	Gleichgültigkeit
ironique [irɔnik]	ironisch
passif, -ive [pasif, iv]	passiv, untätig
rude [ryd]	rauhbeinig, roh
sentimental, e, -aux [sɑ̃timɑ̃tal, o]	sentimental
snob unv [snɔb]	versnobt
Un préjugé courant: Ils sont snob, les gens du seizième.	Ein gängiges Vorurteil: Die Leute aus dem 16. Bezirk sind versnobt.
vulgaire [vylgɛr]	ungebildet; ordinär

—————— Äußere Merkmale ——————

affreux, -euse [afrø, z]	häßlich
Tu es affreux dans ce manteau.	In dem Mantel siehst du schrecklich aus.
âgé, e [ɑʒe]	alt
la **barbe** [barb]	Bart
beau, bel, belle, x [bo, bɛl]	schön; hübsch
Il est vraiment beau garçon.	Er sieht wirklich gut aus.
blond, e [blɔ̃, d]	blond
bronzé, e [brɔ̃ze]	braungebrannt
le **cheveu, x** [ʃəvø]	Haar
clair, e [klɛr]	hell
la **force** [fɔrs]	Kraft, Stärke
Je ne suis pas grand, mais j'ai de la force.	Ich bin nicht groß, aber stark.
fort, e [fɔr, t]	kräftig, stark
grand, e [grɑ̃, d]	groß
gras, se [grɑ, s]	fett

Aussehen und Charakter des Menschen — Äußere Merkmale

gros, se [gro, s]	dick
jeune [ʒœn]	jung
joli, e [ʒɔli]	hübsch, schön
laid, e [lɛ, d]	häßlich
les **lunettes** *fpl* [lynɛt]	Brille
maigre [mɛgr]	mager, dünn
mince [mɛ̃s]	schlank, dünn
moche [mɔʃ]	häßlich
pâle [pɑl]	blaß, bleich
petit, e [pti, t]	klein
propre [prɔpr]	sauber
roux, rousse [ru, rus]	rothaarig
sale [sal]	schmutzig
vieux, vieil, vieille [vjø, vjɛj]	alt

châtain *kein f* [ʃatɛ̃] Marie a des cheveux châtains. Claire est châtain.	dunkelblond Maria hat dunkelblondes Haar. Claire hat dunkelblondes Haar.
d'un certain âge [dɛ̃sɛrtɛ̃nɑʒ]	älter
élancé, e [elɑ̃se]	schlank, aufgeschossen
informe [ɛ̃fɔrm]	unförmig
svelte [svɛlt]	schlank

Körperliche Tätigkeiten 3

Bewegung im Raum

aller [ale]
Je vais aux toilettes.

arrêter (s') [sarete]

l'**arrivée** f [arive]

arriver [arive]
Paul est arrivé à la gare.

courir [kurir]

la **course** [kurs]

danser [dɑ̃se]

dépêcher (se) [sədepeʃe]
Dépêche-toi.

descendre [desɑ̃dr]

la **descente** [desɑ̃t]

entrer [ɑ̃tre]

marcher [marʃe]
Pour aller au Trianon, il faut marcher.
J'ai marché.

monter [mɔ̃te]
J'ai monté l'escalier.
Je suis monté.

nager [naʒe]
J'ai nagé longtemps.

partir [partir]
Je suis parti à trois heures.

le **pas** [pɑ]

la **promenade** [prɔmnad]

promener (se) [səprɔmne]

rentrer [rɑ̃tre]
Je suis rentrée très tard.

gehen
Ich gehe zur Toilette.

stehenbleiben

Ankunft

ankommen
Paul ist am Bahnhof angekommen.

laufen, rennen

Lauf, Rennen

tanzen

sich beeilen
Beeil dich.

hinuntergehen; absteigen

Abfahrt; Abstieg

hineingehen

gehen
Wenn man zum Trianon will, muß man zu Fuß gehen.
Ich bin gegangen.

hinaufgehen
Ich bin die Treppe hinaufgestiegen.
Ich bin nach oben gegangen.

schwimmen
Ich bin lange geschwommen.

abfahren, weggehen
Ich bin um drei Uhr abgefahren.

Schritt

Spaziergang

spazierengehen

nach Hause gehen
Ich bin spät nach Hause gekommen.

3 Körperliche Tätigkeiten

Bewegung im Raum

rester [rɛste]
On est restés trop longtemps à Versailles.

bleiben
Wir sind zu lange in Versailles geblieben.

le **retour** [rətur]

Rückkehr

retourner [rəturne]
Je n'y retournerai plus.

zurückkehren
Ich fahre nie mehr dahin.

retourner (se) [sərəturne]

sich umdrehen

revenir [rəvnir]

zurückkommen

sauter [sote]
J'ai sauté.

springen
Ich bin gesprungen.

sauver (se) [səsove]
Sauve qui peut.

fliehen
Rette sich, wer kann!

sortir [sɔrtir]

ausgehen

suivre [sɥivr]
On a suivi le guide.

folgen
Wir sind dem Fremdenführer gefolgt.

tomber [tɔ̃be]

fallen

trouver (se) [sətruve]

sich befinden

venir [vənir]

kommen

voler [vɔle]
L'avion a volé à grande vitesse.

(Aber: J'ai pris l'avion.

fliegen
Das Flugzeug ist mit großer Geschwindigkeit geflogen.
Ich bin geflogen.)

---

approcher (s') [saprɔʃe]

sich nähern

avancer [avɑ̃se]

vorwärts gehen

la **chute** [ʃyt]

Fall, Sturz

le **déplacement** [deplasmɑ̃]

Fortbewegung

déplacer (se) [sədeplase]

seinen Platz verlassen; sich fortbewegen

diriger (se) [sədiriʒe]
La voiture se dirige vers l'église.

sich begeben
Das Auto fährt in Richtung Kirche.

disparaître [disparɛtr]
Ma voiture a disparu.

verschwinden
Mein Auto ist verschwunden.

la **disparition** [disparisjɔ̃]

Verschwinden

échapper [eʃape]	entkommen
Je l'ai échappé belle.	Ich bin gerade noch einmal davongekommen.
éloigner (s') [selwaɲe]	sich entfernen
enfuir (s') [sɑ̃fɥir]	fliehen
la **fuite** [fɥit]	Flucht
glisser [glise]	rutschen, gleiten
J'ai glissé sur la neige.	Ich bin auf dem Schnee ausgerutscht.
précipiter (se) [səpresipite]	sich stürzen
reculer [rəkyle]	zurückgehen, zurückweichen
La foule a reculé.	Die Masse ist zurückgewichen.
se rendre à [sərɑ̃dra]	sich begeben nach
réunir (se) [səreynir]	sich versammeln
traîner [trene]	trödeln

—————— **Bewegung des Körpers** ——————

actif, -ive [aktif, iv]	aktiv
l'**activité** f [aktivite]	Tätigkeit
asseoir (s') [saswar]	sich setzen
baisser (se) [səbese]	sich bücken
bouger [buʒe]	sich bewegen
coucher (se) [səkuʃe]	schlafen gehen
debout [dəbu]	aufrecht
Je suis debout.	Ich stehe.
Je me mets debout.	Ich stehe auf.
Je reste debout.	Ich bleibe stehen.
exercer (s') [sɛgzɛrse]	üben, trainieren
l'**exercice** m [ɛgzɛrsis]	Übung
lever (se) [səlve]	aufstehen
mettre (se) [səmɛtr]	sich hinsetzen
On se met là?	Setzen wir uns dahin?
le **mouvement** [muvmɑ̃]	Bewegung

3 Körperliche Tätigkeiten — Körperliche Reaktionen und Sinneswahrnehmungen

agir [aʒir]	handeln
appuyer (s') [sapɥije]	sich stützen
être à genoux [ɛtraʒnu]	knien
immobile [imɔbil]	unbeweglich
redresser (se) [sərədrese]	sich aufrichten
remuer [rəmɥe]	sich bewegen
surgir [syrʒir]	auftauchen
Le piéton a surgi derrière la voiture garée.	Der Fußgänger tauchte plötzlich hinter dem geparkten Auto auf.

Körperliche Reaktionen und Sinneswahrnehmungen

dormir [dɔrmir]	schlafen
endormir (s') [sɑ̃dɔrmir]	einschlafen
entendre [ɑ̃tɑ̃dr]	hören
exister [ɛgziste]	existieren
le **geste** [ʒɛst]	Geste
grandir [grɑ̃dir]	wachsen, größer werden
Nicolas a beaucoup grandi.	Nicolas ist sehr gewachsen.
gratter (se) [səgrate]	sich kratzen
grossir [grosir]	dick werden, zunehmen
J'ai encore grossi.	Ich bin noch dicker geworden.
maigrir [megrir]	abnehmen
Tu as encore maigri.	Du bist noch dünner geworden.
la **mort** [mɔr]	Tod
mourir [murir]	sterben
Elle est morte d'un cancer.	Sie ist an Krebs gestorben.
la **réaction** [reaksjɔ̃]	Reaktion
réagir [reaʒir]	reagieren
réveiller (se) [səreveje]	aufwachen
Je me suis réveillé de bonne heure.	Ich bin früh aufgewacht.

sentir [sãtir]	fühlen; riechen
toucher [tuʃe]	berühren
transpirer [trãspire]	schwitzen
la **vie** [vi]	Leben
La vie est dure.	Das Leben ist schwer.
C'est la vie.	So ist das Leben.
vivre [vivr]	leben
voir [vwar]	sehen
la **vue** [vy]	Sehen, Sicht

détendre (se) [sədetãdr]	sich ausruhen, sich erholen
Détendez-vous.	Ruhen Sie sich aus.
développer (se) [sədevlɔpe]	sich entwickeln
évoluer [evɔlɥe]	sich entwickeln
l'**évolution** f [evɔlysjõ]	Entwicklung
l'**existence** f [ɛgzistãs]	Existenz
le **réflexe** [reflɛks]	Reflex
résister [reziste]	widerstehen
rougir [ruʒir]	erröten
J'ai rougi.	Ich bin rot geworden.
le **sommeil** [sɔmɛj]	Schlaf
survivre [syrvivr]	überleben
J'ai survécu à tous mes parents.	Ich habe alle meine Verwandten überlebt.

4 | Umgang mit Dingen

Handwerkliche Herstellung

bricoler [brikɔle]
Sébastien passe son temps à bricoler sa moto.

basteln, heimwerken
Sebastian bastelt dauernd an seinem Motorrad herum.

coller [kɔle]

kleben

construire [kɔ̃strɥir]

bauen

continuer [kɔ̃tinɥe]
Pierre continue à réparer sa voiture.

fortfahren, weitermachen
Peter macht mit der Reparatur seines Autos weiter.

copier [kɔpje]

kopieren

faire [fɛr]

machen, tun

faire marcher [fɛrmarʃe]

zum Laufen bringen

imiter [imite]

nachahmen, nachmachen

peindre [pɛ̃dr]

malen; bemalen

produire [prɔdɥir]

produzieren

le **produit** [prɔdɥi]

Produkt

réaliser [realize]

realisieren, verwirklichen

la **réparation** [reparasjɔ̃]

Reparatur

réparer [repare]

reparieren

---

effectuer [efɛktɥe]

machen

limer [lime]

feilen

mesurer [məzyre]

messen

poncer [pɔ̃se]

schleifen

raboter [rabɔte]

hobeln

la **réalisation** [realizɑsjɔ̃]

Verwirklichung

scier [sije]

sägen

Veränderung von Dingen

boucher [buʃe]
Il faut boucher le trou.
zumachen
Das Loch muß zugemacht werden.

casser [kɑse]
zerbrechen

couper [kupe]
schneiden

couvrir [kuvrir]
Le sol est couvert d'une moquette.
bedecken
Der Fußboden ist mit Teppichboden bedeckt.

déchirer [deʃire]
zerreißen

envelopper [ãvlɔpe]
Christo a enveloppé le Pont Neuf.
einpacken, umhüllen
Christo hat den Pont Neuf verpackt.

plier [plije]
falten, knicken

remplir [rãplir]
füllen, voll machen

supprimer [syprime]
beseitigen, vernichten

vider [vide]
leeren

briser [brize]
brechen, zerbrechen

rompre [rõpr]
brechen

la **rupture** [ryptyr]
Bruch

Bewegung von Dingen

apporter [apɔrte]
mitbringen, bringen

appuyer [apɥije]
Appuyez sur le bouton.
drücken
Auf den Knopf drücken.

arracher [araʃe]
herausreißen

cacher [kaʃe]
verstecken

chercher [ʃɛrʃe]
suchen

emporter [ãpɔrte]
mitnehmen

enfermer [ãfɛrme]
einschließen

4 Umgang mit Dingen — Bewegung von Dingen

jeter [ʒəte] — werfen; wegwerfen

lâcher [lɑʃe] — loslassen

laisser [lese] — lassen
J'ai laissé mes papiers dans la voiture. — Ich habe meine Papiere im Auto gelassen.

lancer [lɑ̃se] — werfen

lever [ləve] — heben

mettre [mɛtr] — legen, stellen
Mets les fleurs sur la table. — Stell die Blumen auf den Tisch.
Mets la nappe sur la table. — Leg die Tischdecke auf den Tisch.

perdre [pɛrdr] — verlieren

placer [plase] — stellen, legen

porter [pɔrte] — tragen

pousser [puse] — schieben
Poussez — Drücken

ranger [rɑ̃ʒe] — aufräumen, ordnen
Range tes affaires. — Räum deine Sachen auf.

recevoir [rəsvwar] — empfangen, in Empfang nehmen

remplacer [rɑ̃plase] — ersetzen
J'ai remplacé mon vélo par un vélomoteur. — Ich habe mein Fahrrad durch ein Moped ersetzt.

repousser [rəpuse] — zurückstoßen

retirer [rətire] — zurückziehen

retrouver [rətruve] — wiederfinden

tirer [tire] — ziehen
Tirez — Ziehen

tourner [turne] — umdrehen

trouver [truve] — finden

acquérir [akerir]	anschaffen, erwerben
attribuer [atribye]	zuschreiben
distribuer [distribye]	verteilen, austeilen
éloigner [elwaɲe]	entfernen
importer [ɛpɔrte]	importieren, einführen
installer [ɛ̃stale]	einrichten
la **perte** [pɛrt]	Verlust
renverser [rãvɛrse]	umkippen, stürzen
répartir [repartir]	verteilen
la **répartition** [repartisjɔ̃]	Verteilung, Aufteilung

Gebrauch von Dingen

charger [ʃarʒe]
Il faut charger la voiture.
laden; belasten
Wir müssen das Auto beladen.

choisir [ʃwazir]
aussuchen, wählen

le **choix** [ʃwa]
Au choix
Wahl
Nach Wahl

diriger [diriʒe]
führen, leiten

donner [dɔne]
Qu'est-ce qu'on t'a donné pour ton anniversaire?
geben, schenken
Was hast du zum Geburtstag geschenkt bekommen?

faire voir [fɛrvwar]
Fais voir.
zeigen
Zeig mal her.

fixer [fikse]
festmachen

interrompre [ɛ̃tɛrɔ̃pr]
unterbrechen

monter [mɔ̃te]
Qui a monté la tente?
zusammenbauen, montieren
Wer hat das Zelt aufgebaut?

montrer [mɔ̃tre]
zeigen

organiser [ɔrganize]
organisieren

partager [partaʒe]
teilen

poser [poze]
Pose ça par terre.
stellen, abstellen
Stell das auf den Boden.

4 Umgang mit Dingen — Gebrauch von Dingen

présenter [prezɑ̃te] — vorstellen

profiter [prɔfite] — Vorteil haben; ausnutzen
J'ai profité de l'occasion. — Ich habe die Gelegenheit genutzt.

ramasser [ramase] — aufheben
Nous avons ramassé des champignons. — Wir haben Pilze gesammelt.

régler [regle] — ordnen; einstellen
Il est temps de régler cette affaire. — Es ist Zeit, diese Sache in Ordnung zu bringen.
Cette télé doit être réglée. — Dieser Fernseher muß eingestellt werden.

rendre [rɑ̃dr] — zurückgeben

salir [salir] — beschmutzen

tendre [tɑ̃dr] — spannen

tenir [tənir] — halten

utiliser [ytilize] — benutzen
A utiliser avant le 31 mars 1992. — Verwendbar bis 31. März 1992.

voler [vɔle] — stehlen

---

accumuler [akymyle] — anhäufen

appliquer [aplike] — anwenden; auftragen

exploiter [ɛksplwate] — ausbeuten; benutzen

faciliter [fasilite] — erleichtern

gâcher [gɑʃe] — verderben

l'**interruption** f [ɛ̃tɛrypsjɔ̃] — Unterbrechung

le **mode d'emploi** [mɔddɑ̃plwa] — Gebrauchsanweisung

négliger [neɡliʒe] — vernachlässigen

réclamer [reklame] — verlangen

secouer [səkwe] — schütteln

varier [varje] — ändern, verändern

Gefühle 5

Angenehme Gefühle

aimer [eme]
J'aimerais qu'on aille au cinéma.

lieben, gern haben
Ich möchte, daß wir ins Kino gehen.

aimer faire [emefɛr]
J'aimerais aller en vacances.

gern tun
Ich würde gern in Urlaub fahren.

l'**amitié** f [amitje]

Freundschaft

amuser (s') [samyze]

sich amüsieren, Spaß haben

la **confiance** [kɔ̃fjɑ̃s]
J'ai confiance en ma femme.

Vertrauen
Ich vertraue meiner Frau.

entendre (s') [sɑ̃tɑ̃dr]
On s'entend bien.

sich verstehen
Wir verstehen uns gut.

espérer [ɛspere]
J'espère que tout ira bien.

hoffen
Ich hoffe, daß alles gut geht.

gai, e [gɛ]

fröhlich

plaire [plɛr]
Ça me plaît.

gefallen
Das gefällt mir.

le **plaisir** [plezir]
Avec plaisir.

Vergnügen
Gern.

préférer [prefere]

vorziehen, lieber mögen

réconcilier (se) [sərekɔ̃silje]

sich wieder versöhnen

le **rêve** [rɛv]

Traum

rêver [reve]
Je rêve de toi toutes les nuits.

träumen
Ich träume jede Nacht von dir.

rire [rir]
Nous avons bien ri de ses plaisanteries.
Il n'y a pas de quoi rire.
J'ai dit ça pour rire.

lachen
Wir haben herzlich über seine Witze gelacht.
Da gibt es nichts zu lachen.
Ich habe das im Scherz gesagt.

le **sentiment** [sɑ̃timɑ̃]

Gefühl

sourire [surir]

lächeln

tomber amoureux, -euse
[tɔ̃beamurø, z]

sich verlieben

5 Gefühle — Angenehme Gefühle

aimer mieux [ememjø]
J'aimerais mieux que tu ailles lui parler.

lieber haben
Mir wäre lieber, wenn du mit ihm sprechen würdest.

confier [kɔ̃fje]

anvertrauen

le **désespoir** [dezɛspwar]

Verzweiflung

éprouver [epruve]

empfinden

faire confiance à [fɛrkɔ̃fjãsa]

vertrauen auf

la **gaieté** [gɛte]

Fröhlichkeit

la **joie** [jwa]
La joie de vivre.

Freude
Die Lebensfreude.

la **jouissance** [ʒwisɑ̃s]

Genuß

plaire (se) [səplɛr]
Je me plais beaucoup à Paris.

Es gefällt mir in Paris.

réjouir (se) [səreʒwir]

sich freuen

rigoler [rigɔle]
Qu'est-ce qu'on a rigolé!
Tu rigoles!

lachen
Was haben wir gelacht!
Das ist doch nicht dein Ernst?

la **satisfaction** [satisfaksjɔ̃]

Befriedigung, Genugtuung

sentimental, e, -aux
[sɑ̃timɑ̃tal, o]

sentimental

Unangenehme Gefühle

avoir honte [avwar'ɔ̃t] — sich schämen

avoir peur [avwarpœr] — Angst haben
J'ai peur d'être collé. — Ich habe Angst klebenzubleiben.
J'ai peur qu'il le sache. — Ich befürchte, daß er das weiß.

le **chagrin** [ʃagrɛ̃] — Kummer, Sorge

détester [detɛste] — hassen, verabscheuen

l'**embarras** *m* [ãbara] — Verlegenheit

être obligé, e [ɛtrɔbliʒe] — verpflichtet sein
Vous n'êtes pas obligés de prendre le menu. — Sie müssen das Menü nicht nehmen.
C'était obligé. — Das war unvermeidlich.

moquer (se) [səmɔke] — sich lustig machen
Janine se moque de tout. — Janine macht sich über alles lustig.

la **peur** [pœr] — Angst

la **pitié** [pitje] — Mitleid
Tu me fais pitié. — Du tust mir leid.

pleurer [plœre] — weinen

regretter [rəgrete] — bedauern
Je regrette. — Es tut mir leid.

se faire des illusions [səfɛrdezilyzjɔ̃] — sich Illusionen machen

se faire du souci [səfɛrdysusi] — sich Sorgen machen

souffrir [sufrir] — leiden
Mémé souffre des dents. — Oma hat Zahnschmerzen.

toucher [tuʃe] — rühren

trembler [trãble] — zittern

triste [trist] — traurig

5 Gefühle — Unangenehme Gefühle

craindre [krɛ̃dr] — fürchten
C'est une plante qui craint le froid. — Das ist eine Pflanze, die Kälte nicht verträgt.

la **crainte** [krɛ̃t] — Furcht

désespérer [dezɛspere] — verzweifeln

le **deuil** [dœj] — Trauer
Elle est en deuil de son mari. — Sie trauert um ihren Mann.

effondrer (s') [sefɔ̃dre] — zusammenbrechen

la **haine** [ˈɛn] — Haß

inquiéter (s') [sɛ̃kjete] — sich sorgen, beunruhigt sein
Je m'inquiète de sa santé. — Ich mache mir Sorgen um seine Gesundheit.

l'**inquiétude** f [ɛ̃kjetyd] — Unruhe, Sorge

la **jalousie** [ʒaluzi] — Eifersucht

la **méfiance** [mefjɑ̃s] — Mißtrauen

méfier (se) [səmefje] — mißtrauen
Marc se méfie de tout le monde. — Mark traut niemandem.

le **mépris** [mepri] — Verachtung

mépriser [meprize] — verachten

pleurnicher [plœrniʃe] — flennen

s'en prendre à qqn [sɑ̃prɑ̃drakɛlkɛ̃] — jdm etw übelnehmen

sangloter [sɑ̃glɔte] — schluchzen

la **souffrance** [sufrɑ̃s] — Leiden

subir [sybir] — erleiden
Caroline a subi un choc. — Karoline hat einen Schock erlitten.

la **tristesse** [tristɛs] — Traurigkeit

troubler [truble] — verwirren, beunruhigen

verser des larmes [vɛrsedelarm] — Tränen vergießen

Denken und Wollen | 6

Denken und Sichvorstellen

l'**avis** m [avi] — Meinung
Quel est ton avis? — Was meinst du?
A mon avis ... — Meiner Meinung nach ...

comparer [kɔ̃pare] — vergleichen

comprendre [kɔ̃prɑ̃dr] — verstehen
Je comprends que tu sois triste. — Ich verstehe, daß du traurig bist.

la **connaissance** [kɔnɛsɑ̃s] — Kenntnis, Wissen

connaître [kɔnɛtr] — kennen

croire [krwar] — glauben, meinen
Je le crois. — Ich glaube ihm.
Je le crois. — Ich glaube es.
Je ne crois pas au diable. — Ich glaube nicht an den Teufel.
Je n'en crois rien. — Ich glaube nichts davon.
Je crois que c'est assez. — Ich glaube, daß es genug ist.

deviner [dəvine] — raten; erraten
Tu devines? — Rate mal.

distinguer [distɛ̃ge] — unterscheiden

imaginer (s') [simaʒine] — sich einbilden; sich vorstellen

l'**impression** f [ɛ̃prɛsjɔ̃] — Eindruck

l'**intelligence** f [ɛ̃teliʒɑ̃s] — Intelligenz

inventer [ɛ̃vɑ̃te] — erfinden

l'**invention** f [ɛ̃vɑ̃sjɔ̃] — Erfindung

l'**opinion** f [ɔpinjɔ̃] — Meinung

oublier [ublije] — vergessen

la **pensée** [pɑ̃se] — Denken

penser [pɑ̃se] — denken
Je pense que tu as tort. — Ich glaube, daß du unrecht hast.

le **point de vue** [pwɛ̃dvy] — Gesichtspunkt, Standpunkt
Je partage ton point de vue. — Ich teile deine Meinung.

prévoir [prevwar] — vorhersagen; vorsehen

la **raison** [rɛzɔ̃] — Vernunft, Verstand

6 Denken und Wollen — Denken und Sichvorstellen

rappeler (se) [səraple]
Je me rappelle ta jolie figure.
sich erinnern
Ich erinnere mich an dein hübsches Gesicht.

réfléchir [refleʃir]
Tu as bien réfléchi?
nachdenken, überlegen
Hast du gut darüber nachgedacht?

retenir [rətnir]
behalten

savoir [savwar]
Je sais que tu as raison, mais ...
wissen
Ich weiß, daß du recht hast, aber ...

se rendre compte de [sərãdrəkõtdə]
Je m'en suis rendu compte.
sich klar werden über
Das habe ich gemerkt.

souvenir (se) [səsuvnir]
L'accusé ne se souvient de rien.
sich erinnern
Der Angeklagte erinnert sich an nichts.

tromper (se) [sətrõpe]
sich irren

---

apercevoir [apɛrsəvwar]
bemerken

concevoir [kõsəvwar]
entwerfen; sich vorstellen

confondre [kõfõdr]
verwechseln

le **doute** [dut]
Zweifel

douter [dute]
Je doute de ta sincérité.
bezeifeln, zweifeln an
Ich zweifle an deiner Aufrichtigkeit.

douter (se) [sədute]
Il ne se doute de rien.
ahnen
Er ist ahnungslos.

l'**imagination** f [imaʒinasjõ]
Einbildung, Phantasie

intellectuel, le [ɛ̃telɛktɥɛl]
intellektuell

la **mémoire** [memwar]
Tu as bonne mémoire.
Gedächtnis
Du hast ein gutes Gedächtnis.

le **raisonnement** [rɛzɔnmã]
Überlegung; Schlußfolgerung

raisonner [rɛzɔne]
denken; schlußfolgern

reconnaître [rəkɔnɛtr]
anerkennen; wiedererkennen

la **réflexion** [reflɛksjõ]
Réflexion faite ...
Überlegung
Nach reiflicher Überlegung ...

résoudre [rezudr]
lösen

se faire une idée [səfɛrynide]
Tu ne te fais aucune idée des difficultés.
eine Vorstellung gewinnen
Du machst dir keine Vorstellung von den Schwierigkeiten.

supposer [sypoze]	vermuten
tenir compte de [tənirkɔ̃tdə]	berücksichtigen
voir clair [vwarklɛr]	klarsehen
Je n'y vois pas clair.	Ich verstehe nur Bahnhof.

Wollen und absichtliches Tun

accepter [aksɛpte] — hinnehmen, akzeptieren

arranger [arɑ̃ʒe] — einrichten; herrichten

arriver à faire [ariveafɛr] — schaffen
Je n'y arrive pas. — Ich schaffe es nicht.

créer [kree] — erschaffen; sich ausdenken

débrouiller (se) [sədebruje] — klarkommen, es schaffen
Débrouillez-vous. — Sehen Sie mal zu, wie Sie klarkommen.

décider [deside] — entscheiden
Le juge décidera du sort de l'accusé. — Der Richter entscheidet über das Schicksal des Angeklagten.
Le P.D.G. a décidé la poursuite des recherches. — Der Geschäftsführer beschloß die Fortsetzung der Forschungsarbeiten.

décider (se) [sədeside] — sich entschließen
Je me suis enfin décidée à acheter cette robe-là. — Ich habe mich endlich entschlossen, dieses Kleid zu kaufen.

la **décision** [desizjɔ̃] — Entscheidung, Entschluß
Nous sommes obligés de prendre une décision. — Wir müssen eine Entscheidung treffen.

écouter [ekute] — (zu)hören
J'écoute les informations. — Ich höre die Nachrichten.

écrire [ekrir] — schreiben

l'**effort** *m* [efɔr] — Anstrengung

engager (s') [sɑ̃gaʒe] — sich einsetzen

entendre [ɑ̃tɑ̃dr] — hören
Je n'entends rien, il y a trop de bruit. — Ich höre nichts, es ist zu laut.

espérer [ɛspere] — hoffen
J'espère qu'il n'a pas tout raconté. — Ich hoffe, daß er nicht alles erzählt hat.

essayer [eseje] — versuchen

6 Denken und Wollen — Wollen und absichtliches Tun

étudier [etydje]	studieren
faire attention [fɛratɑ̃sjɔ̃]	aufpassen
faire exprès [fɛrɛksprɛ]	absichtlich tun
Je ne l'ai pas fait exprès.	Ich habe das nicht absichtlich gemacht.
habituer (s') [sabitɥe]	sich gewöhnen
On s'y habitue vite.	Man gewöhnt sich schnell daran.
l'**intention** *f* [ɛ̃tɑ̃sjɔ̃]	Absicht
intéresser (s') [sɛ̃terese]	sich interessieren
Je m'intéresse au cinéma.	Ich interessiere mich fürs Kino.
l'**intérêt** *m* [ɛ̃terɛ]	Interesse
L'intérêt de la chose …	Das Interessante daran …
lire [lir]	lesen
observer [ɔpsɛrve]	beobachten
opposer (s') [sɔpoze]	sich widersetzen
préférer [prefere]	vorziehen, lieber mögen
Je préfère qu'on aille au restaurant.	Mir wäre lieber, wir würden ins Restaurant gehen.
prouver [pruve]	beweisen
Qu'est-ce que ça prouve?	Was beweist das schon?
refuser [rəfyze]	verweigern, ablehnen
On ne peut rien lui refuser.	Man kann ihm nichts abschlagen.
regarder [rəgarde]	betrachten, angucken
remarquer [rəmarke]	bemerken
renoncer [rənɔ̃se]	verzichten
Je ne renonce pas à mes droits.	Ich verzichte nicht auf meine Rechte.
réussir [reysir]	gelingen
Il a réussi dans toutes ses entreprises.	Er hat bei allen seinen Unternehmungen Erfolg gehabt.
Je n'ai pas réussi à faire fortune.	Mir ist es nicht gelungen, reich zu werden.
risquer [riske]	riskieren
Les gendarmes ont risqué leur vie.	Die Polizisten haben ihr Leben riskiert.
Ça risque de ne pas marcher.	Das klappt vielleicht nicht.
Tu ne risques pas d'avoir froid avec cette fourrure.	Dir wird bestimmt nicht kalt in diesem Pelz.
se donner du mal [sədɔnedymal]	sich Mühe geben

Wollen und absichtliches Tun — Denken und Wollen

se donner la peine [sədɔnelapɛn]	sich anstrengen
sentir [sātir]	fühlen; riechen
Je sens que ça tourne mal.	Ich fühle, daß das danebengeht.
signer [siɲe]	unterzeichen, unterschreiben
souhaiter [swete]	wünschen
Je souhaite que tu viennes avec moi.	Ich wünsche, daß du mit mir kommst.
venger (se) [səvãʒe]	sich rächen
Je vais me venger de ce que tu m'as fait.	Ich werde mich für das rächen, was du mir angetan hast.
Je vais me venger de Jean Marc.	Ich werde mich an Jean Marc rächen.
vérifier [verifje]	überprüfen
vouloir [vulwar]	wollen
Je ne veux pas que tu sortes.	Ich will nicht, daß du ausgehst.
vouloir bien [vulwarbjɛ̃]	gern wollen
la **vue** [vy]	Sichtweise
Tu as des drôles de vues.	Du hast aber komische Ansichten.

accomplir [akõplir]	erfüllen
accorder [akɔrde]	gewähren
céder [sede]	nachgeben
charger (se) [səʃarʒe]	sich belasten
comporter (se) [səkõpɔrte]	sich verhalten
destiner [dɛstine]	bestimmen
échouer [eʃwe]	scheitern
J'ai échoué.	Ich bin gescheitert.
élaborer [elabɔre]	ausarbeiten
empêcher [ãpeʃe]	hindern; verhindern
Il faut empêcher Paul de faire une bêtise.	Man muß Paul daran hindern, eine Dummheit zu begehen.
l'**essai** *m* [esɛ]	Versuch
éviter [evite]	vermeiden
faire de son mieux [fɛrdəsõmjø]	sein Bestes geben
faire du tort à qqn [fɛdytɔrakɛlkɛ̃]	jdm Unrecht tun

6 Denken und Wollen — Wollen und absichtliches Tun

faire semblant [fɛrsãblã]
Les enfants font semblant de dormir.

so tun als ob
Die Kinder tun so, als ob sie schlafen würden.

faire un essai [fɛrɛ̃nesɛ]

ausprobieren

forcer (se) [səfɔrse]

sich zwingen

garder (se) [səgarde]

sich hüten

hésiter [ezite]
N'hésitez pas à me consulter.

zögern
Zögern Sie nicht, mich um Rat zu fragen.

la **lecture** [lɛktyr]

Lesen

l'**objectif** *m* [ɔbʒɛktif]

Ziel

oser [oze]
Tu oses m'interrompre.

wagen
Du wagst es, mich zu unterbrechen.

poursuivre [pursɥivr]

verfolgen

se tirer d'affaire [sətiredafɛr]

sich aus der Affaire ziehen

la **tâche** [tɑʃ]

Aufgabe

tenir à ce que [təniraskə]
Je tiens à ce que tout le monde comprenne.

darauf bestehen, daß
Ich bestehe darauf, daß jeder versteht.

Redetätigkeiten 7

Reden und Informieren

---

s'adresser à [sadresea] — sich wenden an
Adressez-vous à la concierge. — Wenden Sie sich an die Hausmeisterin.

adresser la parole à [adreselaparɔla] — das Wort richten an

ajouter [aʒute] — hinzufügen

annoncer [anɔ̃se] — ankündigen

appeler [aple] — rufen; anrufen

bavarder [bavarde] — schwätzen, plaudern
J'ai bavardé avec la voisine. — Ich habe mit der Nachbarin geplaudert.

la **conversation** [kɔ̃vɛrsasjɔ̃] — Unterhaltung, Gespräch

le **coup de téléphone** [kudtelefɔn] — Telefonanruf
Passe-moi un coup de téléphone. — Ruf mich an.

le **cri** [kri] — Schrei

crier [krije] — schreien

décrire [dekrir] — beschreiben

dire [dir] — sagen
Je le dirai à ton père. — Ich werde das deinem Vater sagen.

le **discours** [diskur] — Rede, Ansprache

l'**expression** f [ɛkspresjɔ̃] — Ausdruck
C'est une expression toute faite. — Das ist eine feststehende Redewendung.

exprimer (s') [sɛksprime] — sich ausdrücken

faire une remarque [fɛrynrəmark] — eine Bemerkung machen
Il me fait tout le temps des remarques. — Er kritisiert mich dauernd.

indiquer [ɛ̃dike] — hinweisen; angeben
Pourriez-vous m'indiquer votre adresse? — Könnten Sie mir Ihre Adresse geben?
Qui t'a indiqué ce restaurant excellent? — Wer hat dich auf dieses ausgezeichnete Restaurant hingewiesen?

7 Redetätigkeiten — Reden und Informieren

insister sur qqc [insistesyrkɛlkəʃoz]
auf etw bestehen

J'insiste pour que vous veniez ce soir.
Ich bestehe darauf, daß Sie heute abend kommen.

le **mot** [mo]
Wort

parler [parle]
sprechen, reden

J'en ai parlé au patron.
Ich habe mit dem Chef darüber gesprochen.

J'ai parlé avec la voisine jusqu'à midi.
Ich habe mit der Nachbarin bis zum Mittag gesprochen.

J'ai parlé de mon voyage au Maroc.
Ich habe von meiner Reise nach Marokko erzählt.

la **parole** [parɔl]
Rede; Wort

J'aime bien les paroles de cette chanson.
Ich mag den Text dieses Lieds.

Je donne la parole à notre président.
Ich erteile unserem Vorsitzenden das Wort.

la **phrase** [fraz]
Satz

préciser [presize]
verdeutlichen

prétendre [pretɑ̃dr]
behaupten

prononcer [prɔnɔ̃se]
aussprechen; vortragen

Le Président a prononcé un discours.
Der Präsident hat eine Rede gehalten.

Richard prononce mal, il zézaye.
Richard hat eine schlechte Aussprache, er lispelt.

raconter [rakɔ̃te]
erzählen

Ne me raconte pas ta vie.
Schwätz nicht so rum., Faß dich kürzer.

rappeler [raple]
erinnern

Ça me rappelle ma jeunesse.
Das erinnert mich an meine Jugend.

la **remarque** [rəmark]
Bemerkung

remarquer [rəmarke]
bemerken

répéter [repete]
wiederholen

taire (se) [sətɛr]
schweigen

Tais-toi.
Halt den Mund.

téléphoner [telefɔne]
telefonieren

l'**appel** m [apɛl]	Ruf; Anruf
chuchoter [ʃyʃɔte]	flüstern
constater [kɔ̃state]	feststellen
la **description** [dɛskripsjɔ̃]	Beschreibung
le **dialogue** [djalɔg]	Dialog, Zwiegespräch
évoquer [evɔke]	erinnern an
M. Chirac a évoqué les troubles de mai '68.	Chirac hat an die Unruhen des Mai 68 erinnert.
proclamer [prɔklame]	verkünden, ausrufen

Bewertetes Reden

l'**accent** m [aksɑ̃]	Akzent; Betonung
Il parle français avec l'accent du Midi.	Er spricht mit südfranzösischem Akzent.
l'**avis** m [avi]	Meinung
la **blague** [blag]	Witz, Scherz
Quelle bonne blague.	Was für ein guter Witz.
disputer (se) [sədispyte]	sich streiten
l'**excuse** f [ɛkskyz]	Entschuldigung
excuser (s') [sɛkskyze]	sich entschuldigen
le **gros mot** [gromo]	Schimpfwort
jurer [ʒyre]	schwören; fluchen
Je jure de ma bonne foi.	Ehrenwort!
Paul a juré entre ses dents.	Paul hat vor sich hin geflucht.
mentir [mɑ̃tir]	lügen
Tu as menti à ton copain.	Du hast deinen Freund belogen.
plaindre (se) [səplɛ̃dr]	sich beklagen, sich beschweren
Je vais me plaindre au chef de rayon.	Ich werde mich beim Abteilungsleiter beschweren.
plaisanter [plɛzɑ̃te]	scherzen
la **plaisanterie** [plɛzɑ̃tri]	Scherz
le **prétexte** [pretɛkst]	Vorwand
protester [prɔtɛste]	protestieren

la **dispute** [dispyt]	Streit
le **juron** [ʒyrɔ̃]	Fluch
le **malentendu** [malɑ̃tɑ̃dy]	Mißverständnis
le **mensonge** [mɑ̃sɔ̃ʒ]	Lüge
la **plainte** [plɛ̃t]	Klage, Beschwerde

Redende Einflußnahme

autoriser [ɔtɔrize] — erlauben

le **conseil** [kɔ̃sɛj] — Rat

conseiller [kɔ̃seje] — raten; beraten

consoler [kɔ̃sɔle] — trösten
Comment la consoler de son chagrin d'amour? — Wie kann man sie in ihrem Liebeskummer trösten?

la **contradiction** [kɔ̃tradiksjɔ̃] — Widerspruch

convaincre [kɔ̃vɛ̃kr] — überzeugen

la **déclaration** [deklarɑsjɔ̃] — Erklärung

déclarer [deklare] — erklären

défendre [defɑ̃dr] — verbieten
Il est défendu de fumer. — Rauchen verboten.

demander [dəmɑ̃de] — fragen; bitten; verlangen
Je te demande si tu es libre. — Ich frage dich, ob du Zeit hast.
Demande-lui de venir. — Bitte ihn zu kommen.
On la demande au téléphone. — Sie wird am Telefon verlangt.

la **discussion** [diskysjɔ̃] — Diskussion

discuter [diskyte] — diskutieren
On discute de tout et rien. — Wir diskutieren über Gott und die Welt.
Discutons politique. — Sprechen wir über Politik.

l'**explication** f [ɛksplikasjɔ̃] — Erklärung

expliquer [ɛksplike] — erklären

informer [ɛ̃fɔrme] — informieren
On l'a informé de son avancement. — Man hat ihn über seine Beförderung informiert.

interdire [ɛ̃tɛrdir] — verbieten

interroger [ɛ̃tɛrɔʒe] — befragen; vernehmen, verhören

interrompre [ɛ̃tɛrɔ̃pr] — unterbrechen

menacer [mənase] — drohen

l'**ordre** m [ɔrdr] — Befehl, Anordnung

permettre [pɛrmɛtr] — erlauben
Je ne permets pas que tu sortes. — Ich erlaube nicht, daß du ausgehst.

la **permission** [pɛrmisjɔ̃] — Erlaubnis

persuader [pɛrsɥade] — überreden; überzeugen

présenter [prezɑ̃te] — vorstellen; darstellen
Jean Marc nous a présenté ses idées politiques. — Jean Marc hat uns seine politischen Ideen dargelegt.

prévenir [prevnir] — warnen

prier [prije] — bitten; beten
Je vous prie de vouloir me suivre. — Bitte folgen Sie mir.

la **promesse** [prɔmɛs] — Versprechen

promettre [prɔmɛtr] — versprechen

proposer [prɔpoze] — vorschlagen
Je propose qu'on aille au cinéma. — Ich schlage vor, ins Kino zu gehen.

rassurer [rasyre] — beruhigen

le **renseignement** [rɑ̃sɛɲəmɑ̃] — Auskunft

renseigner qqn [rɑ̃seɲekɛlkɛ̃] — jdm Auskunft geben

répondre [repɔ̃dr] — antworten
J'ai répondu à sa lettre. — Ich habe auf seinen Brief geantwortet.

la **réponse** [repɔ̃s] — Antwort

signaler [siɲale] — mitteilen, ankündigen
Rien à signaler. — Es gibt nichts zu berichten.

7 Redetätigkeiten — Loben und Tadeln

l'**autorisation** *f* [ɔtɔrizasjɔ̃]	Erlaubnis
avertir [avɛrtir]	warnen
contredire [kɔ̃trədir] Il faut toujours que tu contredises ton père.	widersprechen Immer mußt du deinem Vater widersprechen!
la **conviction** [kɔ̃viksjɔ̃]	Überzeugung
le **défi** [defi]	Herausforderung
démontrer [demɔ̃tre]	zeigen, beweisen
l'**interrogatoire** *m* [ɛ̃tɛrɔgatwar]	Befragung; Vernehmung, Verhör
l'**interruption** *f* [ɛ̃tɛrypsjɔ̃] Cette dame m'énerve, elle parle sans interruption.	Unterbrechung Diese Frau geht mir auf die Nerven, sie redet ununterbrochen.
la **menace** [mənas]	Drohung
la **proposition** [prɔpozisjɔ̃]	Vorschlag

Loben und Tadeln

accuser [akyze] J'accuse. On m'accuse injustement de vol.	anklagen, beschuldigen Ich klage an. Man beschuldigt mich ungerechtfertigterweise des Diebstahls.
affirmer [afirme] Le témoin affirme avoir vu le vol.	bestätigen; behaupten Der Zeuge behauptet, den Diebstahl gesehen zu haben.
approuver [apruve] J'approuve ton choix.	zustimmen, gut heißen Ich bin mit deiner Wahl einverstanden.
assurer [asyre]	versichern
condamner [kɔ̃dane]	verdammen, verurteilen
la **critique** [kritik]	Kritik
critiquer [kritike]	kritisieren
décourager [dekuraʒe]	entmutigen
dire du mal de qqn [dirdymaldəkɛlkɛ̃]	schlecht über jdn reden

Loben und Tadeln — Redetätigkeiten 7

donner raison à qqn [dɔnerɛzɔ̃akɛlkɛ̃] — jdm recht geben

donner tort à qqn [dɔnetɔrakɛlkɛ̃] — jdm unrecht geben

encourager [ãkuraʒe] — ermuntern, ermutigen

excuser [ɛkskyze] — entschuldigen

féliciter [felisite] — beglückwünschen
Je te félicite de ton permis. — Ich gratuliere dir zum Führerschein.

insulter [ɛ̃sylte] — beschimpfen; beleidigen

pardonner à qqn [pardɔneakɛlkɛ̃] — jdm verzeihen
Je ne lui pardonne rien. — Ich verzeihe ihm gar nichts.

remercier qqn [rəmɛrsjekɛlkɛ̃] — jdm danken

le **reproche** [rəprɔʃ] — Vorwurf

reprocher [rəprɔʃe] — vorwerfen

---

injurier [ɛ̃ʒyrje] — beschimpfen; beleidigen

l'**insulte** f [ɛ̃sylt] — Beschimpfung; Beleidigung

recommander [rəkɔmãde] — empfehlen

vanter (se) [səvãte] — angeben, prahlen

8 | Wertende Tätigkeiten

Positive Emotionen
---

admirable [admirabl] — bewundernswert

admirer [admire] — bewundern

adorer [adɔre] — anhimmeln; vergöttern

aimable [ɛmabl] — liebenswert, liebenswürdig

amusant, e [amyzɑ̃, t] — lustig, amüsant
Je trouve amusant ce que tu dis là. — Was du da sagst, finde ich lustig.

brillant, e [brijɑ̃, t] — glänzend

briller [brije] — glänzen

charmant, e [ʃarmɑ̃, t] — reizend, charmant

être de bon goût [ɛtrədəbõgu] — geschmackvoll sein

excellent, e [ɛksɛlɑ̃, t] — hervorragend
C'est une idée excellente de sortir ensemble. — Das ist eine hervorragende Idee, gemeinsam auszugehen.

exceptionnel, le [ɛksɛpsjɔnɛl] — außergewöhnlich

extraordinaire [ɛkstraɔrdinɛr] — außergewöhnlich

facile [fasil] — einfach, leicht
C'est facile à comprendre. — Das ist leicht verständlich.
C'est facile de critiquer. — Kritisieren ist einfach.

fameux, -euse [famø, z] — berühmt

favorable [favɔrabl] — günstig

formidable [fɔrmidabl] — wunderbar
C'est formidable que tu sois là. — Es ist wunderbar, daß du da bist.

idéal, e, -aux [ideal, o] — ideal

immense [imɑ̃s] — unermeßlich

impressionnant, e [ɛ̃prɛsjɔnɑ̃, t] — beeindruckend

magnifique [maɲifik] — wunderbar

mignon, ne [miɲɔ̃, ɔn] — süß, herzig, niedlich

parfait, e [parfɛ, t] — perfekt

passionnant, e [pasjɔnɑ̃, t] — begeisternd

remarquable [rəmarkabl] C'est un fait remarquable qu'il ait réussi si vite.	bemerkenswert Es ist wirklich bemerkenswert, daß er es so schnell geschafft hat.
le **succès** [syksɛ]	Erfolg

capital, e, -aux [kapital, o]	lebenswichtig
indiscutable [ɛ̃diskytabl]	unbestreitbar; anstandslos
unique [ynik]	einzigartig

──────── Negative Emotionen ────────

affreux, -euse [afrø, z]	häßlich
bête [bɛt] Qu'il est bête, cet homme.	dumm, blöd Was ist der Mann blöd.
la **bêtise** [betiz]	Dummheit
la **catastrophe** [katastrɔf]	Katastrophe
dangereux, -euse [dɑ̃ʒrø, z]	gefährlich
désagréable [dezagreabl]	unangenehm, widerlich
détester [detɛste]	hassen, verabscheuen
épouvantable [epuvɑ̃tabl]	grauenvoll
la **honte** ['ɔ̃t]	Schande
honteux, -euse ['ɔ̃tø, z]	schändlich
insupportable [ɛ̃sypɔrtabl]	unerträglich
laid, e [lɛ, d]	häßlich
moche [mɔʃ]	häßlich, abscheulich
nul, le [nul] Pierre est nul en maths.	erbärmlich, sehr schlecht Peter ist in Mathe sehr schlecht.
pénible [penihl] Il y a vraiment des gens pénibles.	nervtötend, unangenehm, anstrengend Es gibt wirklich nervtötende Zeitgenossen.
ridicule [ridikyl]	lächerlich
scandaleux, -euse [skɑ̃dalø, z]	skandalös
stupide [stypid]	dumm

8 Wertende Tätigkeiten   Werten, Wechselnde Bewertung

terrible [tɛribl]	schrecklich
triste [trist]	traurig
horrible [ɔribl]	fürchterlich
inadmissible [inadmisibl]	unannehmbar
misérable [mizerabl]	erbärmlich, elend

---------- **Werten** ----------

la **comparaison** [kɔ̃parɛzɔ̃]	Vergleich
la **conclusion** [kɔ̃klyzjɔ̃]	Schlußfolgerung
considérer [kɔ̃sidere]	betrachten, halten für
convenir [kɔ̃vnir] Cette heure vous convient?	passen Paßt Ihnen diese Uhrzeit?
dépendre de [depɑ̃drdə] Ça dépend.	abhängen von Das kommt darauf an.
estimer [ɛstime]	schätzen
juger [ʒyʒe] Jugez-en vous-même.	beurteilen Beurteilen Sie das selbst.
relatif, -ive [rəlatif, iv]	relativ
ressembler [rəsɑ̃ble]	ähneln, ähnlich sein
tragique [traʒik]	tragisch

---------- **Wechselnde Bewertung** ----------

assez [ase] François est assez grand.	genug, ziemlich Franz ist ziemlich groß.
cher, chère [ʃɛr]	teuer; lieb
clair, e [klɛr] C'est clair qu'il a raison.	hell; klar Es ist klar, daß er recht hat.
connu, e [kɔny]	bekannt
courant, e [kurɑ̃, t]	geläufig

définitif, -ive [definitif, iv]	endgültig
général, e, -aux [ʒeneral, o]	allgemein
nécessaire [nesesɛr]	notwendig
normal, e, -aux [nɔrmal, o]	normal
original, e, -aux [ɔriʒinal, o]	ungewöhnlich, originell
possible [pɔsibl]	möglich
rare [rar]	selten
sérieux, -euse [serjø, z]	ernst, ernsthaft
simple [sɛ̃pl]	einfach
sûr, e [syr]	sicher
Tu es sûr que c'est le bon train?	Bist du sicher, daß das der richtige Zug ist?

mystérieux, -euse [misterjø, z]	geheimnisvoll
la **nécessité** [nesesite]	Notwendigkeit
sentimental, e, -aux [sɑ̃timɑ̃tal, o]	sentimental

Positive Bewertungen

accepter [aksɛpte]	akzeptieren; annehmen
Paul a l'esprit large, il accepte tout.	Paul ist sehr tolerant, er akzeptiert jede Meinung.
agréable [agreabl]	angenehm
approuver [apruve]	zustimmen, gut heißen
J'approuve ta décision.	Ich stimme deiner Entscheidung zu.
l'**avantage** *m* [avɑ̃taʒ]	Vorteil
avoir raison [avwarrɛzɔ̃]	recht haben
bien [bjɛ̃]	gut
certain, e [sɛrtɛ̃, ɛn]	sicher
C'est une affaire sûre et certaine.	Das ist eine bombensichere Sache.
C'est certain que tu n'as pas le temps?	Hast du sicher keine Zeit?
la **chance** [ʃɑ̃s]	Glück; Chance

8 Wertende Tätigkeiten — Positive Bewertungen

commode [kɔmɔd]	umgänglich; bequem
correct, e [kɔrɛkt]	richtig, korrekt
élémentaire [elemātɛr]	elementar
essentiel, le [esāsjɛl]	wesentlich
évident, e [evidā, t]	offensichtlich, klar
C'est évident qu'il a fait une gaffe.	Es ist klar, daß er einen Fehler gemacht hat.
exact, e [ɛgzakt]	genau
C'est exact qu'il a dit ça.	Es stimmt, daß er das gesagt hat.
l'**importance** f [ēpɔrtās]	Bedeutung, Wichtigkeit
important, e [ēpɔrtā, t]	bedeutend, wichtig
incroyable [ēkrwajabl]	unglaublich
indispensable [ēdispāsabl]	unverzichtbar
Il est indispensable que tu viennes.	Du mußt unbedingt kommen.
intéressant, e [ēterɛsā, t]	interessant
juste [ʒyst]	gerecht, richtig
logique [lɔʒik]	logisch
louer [lwe]	loben
meilleur, e [mɛjœr]	besser; beste(r, s)
C'est mon meilleur ami.	Das ist mein bester Freund.
mieux [mjø]	besser
Jean travaille mieux que Philippe.	Hans arbeitet besser als Philipp.
C'est mieux.	Das ist besser.
naturel, le [natyrɛl]	natürlich
obligatoire [ɔbligatwar]	verbindlich, vorgeschrieben
porter bonheur [pɔrtebɔnœr]	Glück bringen
positif, -ive [pozitif, iv]	positiv
pratique [pratik]	praktisch
préférable [preferabl]	wünschenswerter, vorzuziehen
principal, e, -aux [prēsipal, o]	hauptsächlich
probable [prɔbabl]	wahrscheinlich

raisonnable [rɛzɔnabl]	vernünftig
sympa(thique) [sɛ̃pa(tik)]	sympathisch
utile [ytil]	nützlich
valable [valabl]	gültig
la **vérité** [verite]	Wahrheit
vrai, e [vrɛ]	wahr
C'est vrai qu'il a dit ça?	Stimmt es, daß er das gesagt hat?

Negative Bewertungen

avoir tort [avwartɔr] — unrecht haben

banal, e [banal] — banal, einfach
C'est une question banale. — Das ist eine einfache Frage.

condamner [kɔ̃dane] — verdammen

confus, e [kɔ̃fy, z] — chaotisch, durcheinander, wirr

critique [kritik] — kritisch

le **défaut** [defo] — (angeborener) Fehler, Mangel

difficile [difisil] — schwierig, heikel

dur, e [dyr] — hart

l'**échec** *m* [eʃɛk] — Mißerfolg
C'est un échec complet. — Das ist ein totaler Mißerfolg.

ennuyeux, -euse [ãnɥijø, z] — langweilig

l'**erreur** *f* [ɛrœr] — Irrtum

exagérer [ɛgzaʒere] — übertreiben
5000 FF pour une robe, tu exagères. — 5000 Francs für ein Kleid, das geht zu weit.

fatigant, e [fatigã, t] — anstrengend, ermüdend

faux, fausse [fo, fos] — falsch

la **folie** [fɔli] — Wahnsinn
C'est de la folie de dépenser tant pour une robe. — Heller Wahnsinn, so viel Geld für ein Kleid auszugeben.

fou, fol, folle [fu, fɔl] — verrückt, wahnsinnig

gênant, e [ʒɛnã, t] — störend

grave [grav] — schlimm; schwer

impossible [ɛ̃pɔsibl] — unmöglich

indiscret, -ète [ɛ̃diskrɛ, t] — taktlos

injuste [ɛ̃ʒyst] — ungerecht

l'**injustice** *f* [ɛ̃ʒystis] — Ungerechtigkeit

inutile [inytil] — nutzlos, unnütz

mauvais, e [mɔvɛ, z] — schlecht
J'ai une mauvaise habitude, je fume. — Ich habe eine schlechte Angewohnheit, ich rauche.

pire [pir] — schlechter; schlimmer
Henri va de pire en pire. — Heinz geht es immer schlechter.
C'est encore pire. — Das ist noch viel schlimmer.

porter malheur [pɔrtemalœr] — Unglück bringen

le **préjugé** [preʒyʒe] — Vorurteil

le **problème** [prɔblɛm] — Problem

secondaire [səgɔ̃dɛr] — zweitrangig, unwichtig

vague [vag] — vage, undeutlich, unklar

---

l'**inconvénient** m [ɛ̃kɔ̃venjɑ̃] — Nachteil

inévitable [inevitabl] — unvermeidlich

insuffisant, e [ɛ̃syfiza, t] — unzureichend

médiocre [medjɔkr] — mies

Staunen

bizarre [bizar] — komisch, merkwürdig

curieux, -euse [kyrjø, z] — seltsam

drôle [drol] — komisch, merkwürdig
C'est une drôle d'histoire. — Das ist eine komische Geschichte.

étonnant, e [etɔnɑ̃, t] — erstaunlich

étonner [etɔne] — erstaunen

étonner (s') [setɔne] — erstaunt sein

étrange [etrɑ̃ʒ] — seltsam, ungewöhnlich

frappant, e [frapɑ̃, t] — schlagend; überraschend
J'en ai ici la preuve frappante. — Ich habe hier den schlagenden Beweis.
C'est une idée frappante. — Das ist eine überraschende Idee.

ne pas en revenir [nəpazɑ̃rəvnir] — es nicht fassen können
Tu ne fumes plus? Je n'en reviens pas. — Du rauchst nicht mehr? Ich kann es nicht fassen.

inexplicable [inɛksplikabl] — unerklärlich

invraisemblable [ɛ̃vrɛsɑ̃blabl] — unwahrscheinlich, unvorstellbar

9 Feste Redewendungen

Begrüßung und Abschied

A bientôt. [abjɛ̃to]	Bis bald.
A plus tard. [aplytar]	Bis später.
A tout à l'heure. [atutalœr]	Bis gleich.
Allô! [alo]	Hallo!
Au revoir. [ɔrvwar]	Auf Wiedersehen.
Bonjour! [bɔ̃ʒur]	Guten Tag!
Bonsoir! [bɔ̃swar]	Guten Abend!
Comment allez-vous? [kɔmɑ̃talevu]	Wie geht es Ihnen?
Comment ça va? [kɔmɑ̃sava]	Wie geht's?
Eh! [e]	He!
Enchanté, e. [ɑ̃ʃɑ̃te]	Angenehm!
Il y a du monde? [iljadymɔ̃d]	Ist da jemand?
Madame [madam]	Frau...
Mademoiselle [madmwazɛl]	Fräulein...
Monsieur [məsjø]	Herr...
Salut! [saly]	Hallo!; Tschüs!

Wünsche

A tes/vos souhaits! [atə/vosuɛ]	Gesundheit! *(nach Niesen)*
Bon anniversaire! [bɔnanivɛrsɛr]	Herzlichen Glückwunsch zum Geburtstag!
Bon appétit! [bɔnapeti]	Guten Appetit!
Bonne année! [bɔnane]	Gutes neues Jahr!
Bonne chance! [bɔnʃɑ̃s]	Viel Glück!, Alles Gute!
Bonne fête! [bɔnfɛt]	Herzlichen Glückwunsch zum Namenstag!
Félicitations! [felisitɑsjɔ̃]	Herzlichen Glückwunsch!
Joyeux Noël [ʒwajønɔɛl]	Frohe Weihnachten

| Aufforderungen, Bedauern und Trost | **Feste Redewendungen** |

Merci! [mɛrsi] — Danke!
Salutations [salytɑsjɔ̃] — Grüße
Santé! [sɑ̃te] — Prost!
Vive...! [viv] — Es lebe...!

(Tous mes) regrets. [tumərəgrɛ] — Mein (aufrichtiges) Beileid.

Aufforderungen

Attention! [atɑ̃sjɔ̃] — Achtung!
Au secours! [oskur] — Hilfe!
Chut! [ʃyt] — Pst!
Fiche le camp! [fiʃləkɑ̃] — Hau ab!, Zieh Leine!
Fous-moi la paix! [fumwalapɛ] — Laß mich in Ruh!
La ferme! [lafɛrm] — Schnauze!, Halt's Maul!
La paix! [lapɛ] — Laß mich in Ruh!
Ne te gêne pas. [nətʒɛnpa] — Mach ruhig weiter!
Silence! [silɑ̃s] — Ruhe!
Ta gueule! [tagœl] — Schnauze!, Halt's Maul!

Bedauern und Trost

C'est dommage. [sɛdɔmaʒ] — Das ist schade.
Ça ne fait rien. [sanfɛrjɛ̃] — Das macht nichts.
Ce n'est pas grave. [snɛpagrav] — Das ist nicht schlimm.
Ce n'est rien. [sənɛrjɛ̃] — Das macht nichts.; Bitte.
Dommage. [dɔmaʒ] — Schade.
Je n'y peux rien. [ʒnipørjɛ̃] — Ich kann nichts dafür.
Je regrette. [ʒrəgrɛt] — Tut mir leid., Ich bedaure.
Je suis désolé, e. [ʒsɥidezole] — Es tut mir leid.
Je vous en prie. [ʒvuzɑ̃pri] — Bitte!, Gern geschehen!

Malheureusement. [malœrøzmã]	Unglücklicherweise.
Ne vous en faites pas. [nvuzãfɛtpɑ]	Nehmen Sie es nicht so schwer.
Pardon. [pardɔ̃]	Verzeihung!, Entschuldigung!
Tant pis. [tãpi]	Sei's drum!, Macht nichts!
Tu m'en veux? [tymãvø]	Bist du mir böse?

Ärger und Schmerz

Aïe! [aj]	Aua!
Arrête! [arɛt]	Hör auf!
C'est du vol! [sɛdyvɔl]	Das ist sauteuer!
C'est gênant. [sɛʒenã]	Das stört., Das ist ärgerlich.
Ça alors! [saalɔr]	Jetzt schlägt's dreizehn!
Ça gratte. [sagrat]	Es juckt mich., Das kratzt.
Ça pique. [sapik]	Das sticht.
Ça suffit. [sasyfi]	Das reicht.
le **con** [kɔ̃] Pauvre con!	Armleuchter, Arschloch Du Trottel!
la **connerie** [kɔnri]	Dummheit
espèce de [ɛspɛsdə] Espèce d'idiot!	so ein(e) (So ein) Idiot!
Et après? [eaprɛ]	Und dann?; Na und?
Faute de mieux. [fotdəmjø]	Mangels etwas Besserem.
Franchement. [frãʃmã]	Ehrlich!, Also wirklich!
l'**imbécile** *m* [ɛ̃besil]	Dummkopf, Depp
J'en ai assez. [ʒãnease]	Mir reicht's.
J'en ai marre. [ʒãnemar]	Mir reicht's!, Mir stinkt's!
La vache! [lavaʃ]	Mist!
Merde! [mɛrd]	Scheiße!
Mon dieu! [mɔ̃djø]	Mein Gott!
Ne fais pas l'idiot! [nfɛpalidjo]	Spiel nicht verrückt!

Lob und Zustimmung · **Feste Redewendungen 9**

Oh putain! [opytɛ̃] — So ein Mist!
Oh! [o] — Oh!
Penses-tu! [pãsty] — Denkste!
Salaud! [salo] — Mistkerl!
Salopard! [salɔpar] — Dreckskerl!, Schweinehund!
Tu es vache. [t(y)evaʃ] — Du bist gemein.
Tu m'embêtes. [tymãbɛt] — Du gehst mir auf den Wecker.
Tu m'énerves. [tymenɛrv] — Du gehst mir auf die Nerven.
Zut! [zyt] — Verflixt!, Mist!

Ça me révolte. [samrevɔlt] — Das widerstrebt mir.
Sacré menteur! [sakremãtœr] — Verdammter Lügner!

Lob und Zustimmung

Ah! [a] — Oh!
Bien! [bjɛ̃] — Gut!
bien entendu [bjɛ̃nãtãdy] — natürlich
bien sûr [bjɛ̃syr] — sicher
Bravo! [bravo] — Bravo!
C'est le cas. [sɛlka] — So ist es.
Ça revient au même. [sarəvjɛ̃omɛm] — Das kommt auf dasselbe hinaus.
Ça y est. [sajɛ] — Jetzt ist's passiert ; Das wär's.
D'accord! [dakɔr] — Einverstanden!
entendu [ãtãdy] — einverstanden
exactement [ɛgzaktəmã] — genau
justement [ʒystəmã] — genau, richtig; gerade
Tu n'es pas bête. – Justement. — Du bist nicht doof. – Genau!
Justement, te voilà. — Du kommst gerade recht.
naturellement [natyrɛlmã] — natürlich
oui [wi] — ja
parfaitement [parfɛtmã] — völlig

9 Feste Redewendungen — Ablehnung und Skepsis, Kosenamen

Si tu veux. [sityvø]	Wenn du willst.
super *unv* [sypɛr]	super
volontiers [vɔlõtje]	gern
vraiment [vrɛmã]	wirklich

Ablehnung und Skepsis

à aucun prix [aokɛ̃pri]	unter keinen Umständen
Ah bon? [abɔ̃]	Ach ja?
Ça m'est égal. [samɛtegal]	Das ist mir gleich.
Ça manque. [samãk]	Daran fehlt es., Das fehlt.
Ça n'empêche pas. [sanãpɛʃpa]	Das ändert nichts daran.
Ce n'est pas malin. [snɛpamalɛ̃]	Das ist nicht sehr gescheit.
non [nɔ̃]	nein
pas du tout [padytu]	überhaupt nicht, gar nicht
pas grand-chose [pagrãʃoz]	nichts besonderes, fast nichts
Quelle horreur. [kɛlɔrœr]	Wie scheußlich!
rien à faire [rjɛ̃nafɛr]	nichts zu machen
sans blague [sãblag]	ohne Scherz, im Ernst
Voyons! [vwajɔ̃]	Schauen Sie mal.
Ça ne vaut rien. [sanvorjɛ̃]	Das taugt nichts.

Kosenamen

chéri, e [ʃeri]	Liebling
ma bien-aimée [mabjɛ̃neme]	meine liebe …
ma biquette [mabikɛt]	Liebling, Schätzchen
mon mignon, ma mignonne [mɔ̃miɲɔ̃, mamiɲɔn]	Süßer, Süße
mon amour [mɔnamur]	mein Liebling
mon bien-aimé [mɔ̃bjɛ̃neme]	mein lieber …

mon chou [mɔ̃ʃu] — mein Schatz
mon trésor [mɔ̃trezɔr] — mein Schatz
mon vieux, ma vieille [mɔ̃vjø, mavjɛj] — mein Lieber, meine Liebe

Bewertung

à part ça [aparsa] — davon abgesehen
au contraire [okɔ̃trɛr] — im Gegenteil
au fait [ofɛt] — eigentlich
C'est bon signe. [sɛbɔ̃siɲ] — Das ist ein gutes Zeichen.
C'est différent. [sɛdiferɑ̃] — Das ist anders.
C'est obligé. [sɛtɔbliʒe] — Das ist unvermeidlich.
Ça dépend. [sadepɑ̃] — Das kommt darauf an.
Ça m'a frappé, e. [samafrape] — Das ist mir aufgefallen.
Ça se peut. [saspø] — Kann schon sein., Vielleicht.
Ça tombe bien. [satɔ̃bbjɛ̃] — Das trifft sich gut.
Ça vaut le coup. [savolku] — Das lohnt sich.
chouette [ʃwɛt] — toll, klasse, spitze
comme ci, comme ça [kɔmsikɔmsa] — so la la
comme il faut [kɔmilfo] — wie es sich gehört
comme tout [kɔmtu] — sehr, vollständig
Il est bête comme tout. — Er ist stockdoof.
d'ailleurs [dajœr] — übrigens
Dieu merci! [djømɛrsi] — Gott sei Dank!
en effet [ɑ̃nefɛ] — allerdings
en principe [ɑ̃prɛ̃sip] — im allgemeinen, eigentlich
évidemment [evidamɑ̃] — offensichtlich
extra [ɛkstra] — extra, super
il est interdit de [ilɛtɛ̃tɛrdidə] — es ist verboten zu
il n'y a qu'à [ilnjaka] — man muß nur
Il n'y a qu'à lire le journal. — Man muß nur die Zeitung lesen.

9 Feste Redewendungen — Pausenfüller und Überleitungswörter

Il n'y a pas de mal. [ilnjapɑdmal]	Es ist nicht schlimm.
Je n'en peux plus. [ʒnɑ̃pøply]	Ich kann nicht mehr.
malgré tout [malgretu]	trotz allem
merveilleux, -euse [mɛrvɛjø, z]	wundervoll, phantastisch
par exemple [parɛksɑ̃pl]	zum Beispiel
pas mal [pɑmal]	nicht schlecht
pour ainsi dire [purɛ̃sidir]	sozusagen
Quel monde! [kɛlmɔ̃d]	Ist das voll hier!
tant mieux [tɑ̃mjø]	um so besser
Ça varie. [savari]	Das ist unterschiedlich.
Ça vaut la peine. [savolapɛn]	Das lohnt sich.
étant donné que [etɑ̃dɔnekə]	zumal
soi-disant [swadizɑ̃]	angeblich

Pausenfüller und Überleitungswörter

à mon avis [amɔnavi]	meiner Meinung nach
à propos [apropo]	übrigens
dis/ dites (donc) [di/ dit (dɔ̃k)]	sag mal/ sagen Sie mal
disons [dizɔ̃]	sagen wir mal ...
Eh bien! [ebjɛ̃]	Na und!, Na ja!
Hein? [ɛ̃]	Was?, Wie bitte?
quoi [kwa]	was
s'il te plaît [siltəplɛ]	bitte
s'il vous plaît [silvuplɛ]	bitte
tiens! tiens! [tjɛ̃tjɛ̃]	Sieh mal an!
tiens/tenez [tjɛ̃/ tne]	hör mal/ hören Sie mal
tu sais [tysɛ]	weißt du
voilà [vwala]	hier
vous savez [vusave]	wissen Sie

Modale Beziehungen | 10

Bestätigung

ainsi [ɛ̃si]	so
C'est ainsi.	So ist es.
bien [bjɛ̃]	gut
C'est bien.	Das ist gut.
certainement [sɛrtɛnmɑ̃]	bestimmt
d'ordinaire [dɔrdinɛr]	gewöhnlich
de cette manière [dəsɛtmanjɛr]	auf diese Weise
également [egalmɑ̃]	genauso, auch, gleichermaßen
en effet [ɑ̃nefɛ]	eigentlich, tatsächlich
en fait [ɑ̃fɛt]	in der Tat
en tout cas [ɑ̃tuka]	auf jeden Fall
entièrement [ɑ̃tjɛrmɑ̃]	vollständig
évidemment [evidamɑ̃]	offensichtlich
exactement [ɛgzaktəmɑ̃]	genau
généralement [ʒeneralmɑ̃]	im allgemeinen
habituellement [abitɥɛlmɑ̃]	gewöhnlich
précisément [presizemɑ̃]	genau
sans aucun doute [sɑ̃zokœ̃dut]	zweifellos
sans faute [sɑ̃fot]	fehlerlos
sûrement [syrmɑ̃]	bestimmt, sicher
tout à fait [tutafɛ]	vollständig, ganz und gar
vraiment [vrɛmɑ̃]	wirklich

à coup sûr [akusyr]	sicher
ça correspond à [sakɔrɛspɔ̃a]	das entspricht
en somme [ɑ̃sɔm]	insgesamt
nettement [nɛtmɑ̃]	deutlich
pur et simple [pyresɛ̃pl]	schlicht und einfach
C'est de la folie pure et simple.	Das ist der helle Wahnsinn.

Intensität

à feu doux [afødu] — auf kleiner Flamme

à fond [afɔ̃] — gründlich

à tout prix [atupri] — auf alle Fälle, um jeden Preis

au fond [ofɔ̃] — im Grunde

autant [otɑ̃] — genausoviel
Je travaille autant. — Ich arbeite genausoviel.
Je travaille autant que toi. — Ich arbeite genausoviel wie du.

bref *adv* [brɛf] — kurz, knapp

complètement [kɔ̃plɛtmɑ̃] — vollständig

d'autant plus [dotɑ̃ply] — um so mehr als; zumal
D'autant plus qu'il a raison. — Und außerdem hat er recht.
Dommage qu'elle ne vienne pas, d'autant plus que je comptais sur elle. — Schade, daß sie nicht kommt, zumal ich mit ihr gerechnet habe.

d'un (seul) coup [dɛ̃(sœl)ku] — auf einmal, auf einen Schlag

de plus en plus [dəplyzɑ̃plys] — immer mehr

de trop [dətro] — zuviel
Je me sens de trop. — Ich komme mir überflüssig vor.

doucement [dusmɑ̃] — langsam

en moyenne [ɑ̃mwajɛn] — im Durchschnitt

énormément [enɔrmemɑ̃] — sehr viel

ensemble [ɑ̃sɑ̃bl] — zusammen, gemeinsam

être à bout [ɛtrabu] — am Ende sein
Je suis à bout de souffle. — Ich bin fix und fertig.

il suffit de [ilsyfitdə] — es reicht zu
Il suffit d'apprendre. — Man muß nur lernen.

il suffit que [ilsyfikə] — es reicht, daß
Il suffit que tu me préviennes et j'arrive. — Du brauchst mir nur Bescheid sagen, und ich komme.

largement [larʒəmɑ̃] — bei weitem
Ça suffit largement. — Das reicht bei weitem.

mal [mal] — schlecht

mieux [mjø] — besser
C'est mieux. — Das ist besser.

Intensität — Modale Beziehungen

parfaitement [parfɛtmã] — völlig

pas mal [pamal] — nicht schlecht
Elle n'est pas mal. — Sie ist hübsch.
Il n'est pas mal. — Er sieht ganz gut aus.

sans peine [sɑ̃pɛn] — mühelos

sans succès [sɑ̃syksɛ] — ohne Erfolg

tellement [tɛlmã] — so sehr
C'est tellement bon. — Das schmeckt phantastisch.

terriblement [tɛribləmã] — schrecklich

trop [tro] — zuviel
C'en est trop. — Jetzt reicht's.

à la rigueur [alarigœr] — zur Not
Ça va à la rigueur. — Zur Not geht's.

à quel point [akɛlpwɛ̃] — wie sehr

à toute allure [atutalyr] — ganz schnell

à voix basse [avwabɑs] — mit leiser Stimme, leise

à voix haute [avwa'ot] — mit lauter Stimme, laut

brusquement [bryskəmã] — ganz plötzlich

de mieux en mieux [dəmjøzɑ̃mjø] — immer besser

de moins en moins [dəmwɛ̃zɑ̃mwɛ̃] — immer schlechter; immer weniger
On se voit de moins en moins. — Wir sehen uns immer seltener.

de peu [dəpø] — beinahe
Je l'ai raté de peu. — Ich habe ihn beinahe erwischt.

décidément [desidemã] — entschieden(ermaßen)

en entier [ɑ̃nɑ̃tje] — vollständig
Avale la pilule en entier. — Schluck die Tablette ganz runter.

en masse [ɑ̃mas] — in Massen, massenweise

en vitesse [ɑ̃vitɛs] — schnell

sans effort [sɑ̃zefɔr] — mühelos

Subjektive Empfindung

avec peine [avɛkpɛn]	mit Mühe, mühsam
comme [kɔm]	wie
de mon côté [dəmɔ̃kote]	meinerseits
Moi, de mon côté, je m'en vais.	Also ich gehe.
en fin de compte [ɑ̃fɛ̃dkɔ̃t]	schließlich
en réalité [ɑ̃realite]	in Wirklichkeit
en vain [ɑ̃vɛ̃]	vergeblich
enfin [ɑ̃fɛ̃]	endlich
être de bonne humeur [ɛtrdəbɔnymœr]	gut gelaunt sein
exprès [ɛksprɛ]	absichtlich
Tu l'as fait exprès.	Das hast du absichtlich getan.
finalement [finalmɑ̃]	endlich, schließlich
heureusement [œrøzmɑ̃]	glücklicherweise
Heureusement qu'il n'est pas venu.	Glücklicherweise ist er nicht gekommen.
horriblement [ɔriblǝmɑ̃]	fürchterlich
il me semble que [ilməsɑ̃bləkə]	mir scheint, daß
Il me semble que tout va bien.	Mir scheint, daß alles klappt.
il semble que [ilsɑ̃bləkə]	es scheint, daß
Il semble que tu n'aies pas compris.	Du hast anscheinend nicht verstanden.
il vaut mieux que [ilvomjøkə]	es ist besser, daß
Il vaudrait mieux que tu viennes.	Es wäre besser, wenn du kämst.
malheureusement [malœrøzmɑ̃]	unglücklicherweise
normalement [nɔrmalmɑ̃]	normalerweise
par hasard [parazar]	zufällig
personnellement [pɛrsɔnɛlmɑ̃]	persönlich
sans doute [sɑ̃dut]	wahrscheinlich
sans le vouloir [sɑ̃lvulwar]	ohne es zu wollen
sans raison [sɑ̃rɛzɔ̃]	grundlos

spécialement [spesjalmã]	speziell, eigens
volontiers [vɔlɔ̃tje]	gern
au hasard [o'azar]	aufs Geratewohl
avec intérêt [avɛkɛ̃terɛ] J'ai suivi votre discours avec intérêt.	aufmerksam Ich habe Ihre Rede aufmerksam verfolgt.
avec succès [avɛksyksɛ]	mit Erfolg, erfolgreich
la **circonstance** [sirkɔ̃stɑ̃s]	Umstand
le **coup de chance** [kudʃɑ̃s]	ein bißchen Glück
de bon cœur [dəbɔ̃kœr]	gern
de rêve [dərɛv] Une femme de rêve.	Traum- Eine Traumfrau.
en colère [ɑ̃kɔlɛr]	zornig
en personne [ɑ̃pɛrsɔn]	persönlich
en secret [ɑ̃skrɛ]	heimlich
forcément [fɔrsemɑ̃] J'ai forcément raison. Pas forcément.	natürlich, bestimmt Ich habe natürlich recht! Nicht unbedingt.
par malheur [parmalœr]	unglücklicherweise
sans façons [sɑ̃fasɔ̃]	ungezwungen
sur mesure [syrməzyr]	nach Maß

Einschränkung

après tout [aprɛtu]	alles in allem, schließlich
au moins [omwɛ̃]	wenigstens
autrement [otrəmɑ̃]	andernfalls
autrement dit [otrəmɑ̃di]	mit anderen Worten
d'un autre côté [dɛ̃notrkote]	andererseits
d'un côté [dɛ̃kote] D'un côté... de l'autre côté...	einerseits Einerseits... andererseits...
de toute façon [dətutfasɔ̃] Je viens de toute façon.	auf jeden Fall, jedenfalls Ich komme auf jeden Fall.

de toute manière [dətutmanjɛr] — auf jeden Fall

du moins [dymwɛ̃] — wenigstens

en dernier [ɑ̃dɛrnje] — zuletzt
Tu viens toujours en dernier. — Du kommst immer zuletzt.

plutôt [plyto] — eher, vielmehr
Il fait plutôt froid ici. — Es ist eher kalt hier.

pratiquement [pratikmɑ̃] — praktisch

simplement [sɛ̃pləmɑ̃] — einfach

tout de même [tudmɛm] — trotzdem
Qu'il soit un pauvre type, je veux bien, mais il nous a volés tout de même. — Er mag zwar ein armer Kerl sein, aber trotzdem hat er uns beklaut.

uniquement [ynikmɑ̃] — ausschließlich

---

le cas échéant [ləkazeʃeɑ̃] — gegebenenfalls

plus ou moins [plyzumwɛ̃] — ungefähr

provisoirement [prɔvizwarmɑ̃] — vorläufig

sans plus [sɑ̃plys] — schlicht und einfach
Le maire a répondu aux questions, sans plus. — Der Bürgermeister hat nur auf die Fragen geantwortet.

sous réserve [surezɛrv] — unter Vorbehalt

tout compte fait [tukɔ̃tfɛ] — alles in allem

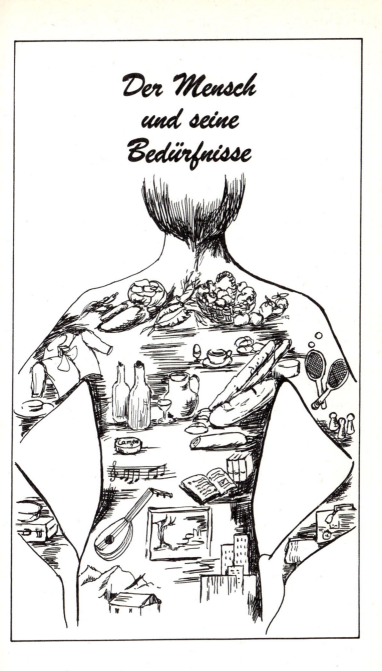

11 | Einkaufen, Essen und Trinken

Geschäfte
---

le **boucher** [buʃe]	Fleischer, Metzger
Je vais chez le boucher.	Ich gehe zum Metzger.
la **boucherie** [buʃri]	Fleischerei, Metzgerei
Je vais à la boucherie.	Ich gehe in die Metzgerei.
le **boulanger** [bulɑ̃ʒe]	Bäcker
la **boutique** [butik]	kleiner Laden
le **bureau de tabac** [byrodtaba]	Tabakgeschäft
l'**épicerie** *f* [episri]	Lebensmittelgeschäft
la **librairie** [lirɛri]	Buchhandlung
le **magasin** [magazɛ̃]	Geschäft, Laden
le **marché** [marʃe]	Markt
la **pâtisserie** [pɑtisri]	Konditorei
le **supermarché** [sypɛrmarʃe]	Supermarkt

le **bar** [bar]	Kneipe
le **bistro(t)** [bistro]	Kneipe
la **boulangerie** [bulɑ̃ʒri]	Bäckerei
le **café** [kafe]	Lokal
la **charcuterie** [ʃarkytri]	Metzgerei
l'**épicier** *m* [episje]	Lebensmittelhändler
la **maison de la presse** [mɛzɔ̃dlaprɛs]	Zeitungsgeschäft
la **papeterie** [papetri]	Schreibwarengeschäft
la **parfumerie** [parfymri]	Parfümerie
le **traiteur** [trɛtœr]	Feinkostgeschäft

Einkaufen

l'**achat** m [aʃa]	Kauf
acheter [aʃte]	kaufen
l'**argent** m [arʒã]	Geld
augmenter [ɔgmãte]	größer werden; vermehren
Les prix ont encore augmenté.	Die Preise sind schon wieder gestiegen.
avoir besoin de [avwarbəzwɛ̃də]	brauchen
avoir de la monnaie [avwardlamonɛ]	Kleingeld haben
la **caisse** [kɛs]	Kasse
cher, chère [ʃɛr]	teuer
Cette année les pommes sont très chères.	Dieses Jahr sind die Äpfel teuer.
le **client**, la **cliente** [klijã, t]	Kunde, Kundin
combien [kɔ̃bjɛ̃]	wieviel
Combien de tranches?	Wie viele Scheiben?
les **courses** fpl [kurs]	Einkaufen; Einkäufe
coûter [kute]	kosten
Ça coûte combien?	Was kostet das?
coûter cher [kuteʃɛr]	teuer sein
Cette année les pommes coûtent très cher.	Dieses Jahr sind die Äpfel teuer.
dépenser [depãse]	ausgeben
désirer [dezire]	wünschen
Vous désirez?	Sie wünschen?
faire la queue [fɛrlakø]	sich anstellen, Schlange stehen
le **franc** [frã]	Franken
le **grand magasin** [grãmagazɛ̃]	Kaufhaus
gratuit, e [gratɥi, t]	kostenlos, umsonst
le **litre** [litr]	Liter
Un litre de lait s.v.p.	Einen Liter Milch bitte.
la **livre** [livr]	Pfund
Une livre de beurre salé s.v.p.	Ein Pfund gesalzene Butter bitte.

11 Einkaufen, Essen und Trinken — Kochen

la **marchandise** [marʃɑ̃diz]	Ware
la **monnaie** [mɔnɛ]	Kleingeld
le **morceau, x** [mɔrso]	Stück
Un bon morceau de porc.	Ein schönes Stück Schweinefleisch.
payer [peje]	bezahlen
payer cher [pejeʃɛr]	teuer bezahlen
payer comptant [pejekɔ̃tɑ̃]	bar zahlen
la **pièce de monnaie** [pjɛsdəmɔnɛ]	Geldstück
le **portefeuille** [pɔrtəfœj]	Brieftasche
le **porte-monnaie** [pɔrtmɔnɛ]	Portemonnaie, Geldbeutel
le **prix** [pri]	Preis
la **réduction** [redyksjɔ̃]	Preisnachlaß
rendre la monnaie [rɑ̃drəlamɔnɛ]	(Wechselgeld) herausgeben
la **tranche** [trɑ̃ʃ]	Scheibe
le **vendeur**, la **vendeuse** [vɑ̃dœr, øz]	Verkäufer(in)
vendre [vɑ̃dr]	verkaufen
la **vitrine** [vitrin]	Schaufenster

---

l'**alimentation** *f* [alimɑ̃tasjɔ̃]	Ernährung
bon marché *unv* [bɔ̃marʃe]	billig
Les fraises sont bon marché en ce moment.	Die Erdbeeren sind zur Zeit billig.
la **clientèle** [klijɑ̃tɛl]	Kundschaft
coûteux, -euse [kutø, z]	teuer

Kochen

à feu doux [afødu]	auf kleiner Flamme
ajouter [aʒute]	hinzufügen
Ajoutez trois jaunes d'œuf au sucre.	Rühren Sie drei Eigelb unter den Zucker.

la **boîte** [bwat]	Büchse
bouillir [bujir]	kochen
Faites bouillir le lait.	Bringen Sie die Milch zum Kochen.
la **casserole** [kasrɔl]	Kochtopf
la **conserve** [kõsɛrv]	Konserve
couper [kupe]	schneiden
cuire [kɥir]	kochen; braten; backen
J'ai fait cuire un steak.	Ich habe ein Steak gebraten.
la **cuisine** [kɥizin]	Küche, Kochkunst
La cuisine française.	Die französische Küche.
La nouvelle cuisine.	Die neue Kochkunst.
essayer [eseje]	probieren, versuchen
faire la cuisine [fɛrlakɥizin]	kochen
C'est papa qui fait la cuisine chez nous.	Bei uns kocht der Papa.
le **four** [fur]	Backofen
goûter [gute]	probieren, kosten
la **goutte** [gut]	Tropfen
griller [grije]	fettlos braten, grillen; toasten
l'**huile** f [ɥil]	Öl
mélanger [melãʒe]	mischen
la **nourriture** [nurityr]	Nahrung
l'**œuf** m [œf, ø]	Ei
la **pâte** [pɑt]	Teig; Nudel
la **poêle** [pwal]	Pfanne
préparer [prepare]	zubereiten; vorbereiten
la **recette** [rəsɛt]	Rezept
le **réfrigérateur** [refriʒeratœr]	Eisschrank, Kühlschrank
refroidir [rəfrwadir]	kalt werden
le **vinaigre** [vinɛgr]	Essig

11 Einkaufen, Essen und Trinken Tischdecken

l'**ail** *m* [aj]	Knoblauch
la **farine** [farin]	Mehl
les **herbes** *fpl* [ɛrb]	Kräuter
la **levure** [ləvyr]	Hefe
l'**oignon** *m* [ɔɲɔ̃]	Zwiebel
l'**os** *m* [ɔs, o]	Knochen
l'**ouvre-boîte** *m* [uvrbwat]	Büchsenöffner
la **pâte brisée** [pɑtbrize]	Mürbeteig
la **pâte feuilletée** [pɑtfœjte]	Blätterteig
le **persil** [pɛrsi]	Petersilie
la **pincée** [pɛ̃se]	Prise
remuer [rəmɥe]	umrühren

──────── **Tischdecken** ────────

l'**assiette** *f* [asjɛt]	Teller
le **couteau, x** [kuto]	Messer
la **cuiller** [kɥijɛr]	Löffel
débarrasser [debarase]	abräumen
la **fourchette** [furʃɛt]	Gabel
le **pain** [pɛ̃]	Brot
le **panier** [panje]	Korb
le **poivre** [pwavr]	Pfeffer
le **sel** [sɛl]	Salz
la **serviette** [sɛrvjɛt]	Serviette
la **table** [tabl]	Tisch
la **tasse** [tas]	Tasse
la **vaisselle** [vɛsɛl]	Geschirr
le **verre** [vɛr]	Glas

le **bol** [bɔl]	Schale, Schüssel
J'ai bu deux bols de café ce matin.	Ich habe heute morgen zwei Schalen Kaffee getrunken.
la **cafetière** [kaftjɛr]	Kaffeemaschine; Kaffeekanne
la **carafe** [karaf]	Karaffe
le **couvert** [kuvɛr]	Gedeck
mettre la table [mɛtrəlatabl]	den Tisch decken
mettre le couvert [mɛtrləkuvɛr]	den Tisch decken
le **plateau, x** [plato]	Tablett
le **saladier** [saladje]	Salatschüssel
la **soupière** [supjɛr]	Suppenschüssel
la **théière** [tejɛr]	Teekanne

Im Restaurant

l'**addition** *f* [adisjɔ̃]
L'addition s.v.p.

Rechnung
Bitte zahlen.

l'**ambiance** *f* [ãbjãs]

Stimmung, Atmosphäre

l'**appétit** *m* [apeti]
L'appétit vient en mangeant.

Appetit, Hunger
Der Hunger kommt beim Essen.

avoir envie de [avwarãvidə]
J'ai envie d'un éclair.

Lust haben auf
Ich habe Lust auf ein Eclair.

avoir faim [avwarfɛ̃]
J'ai faim.
J'ai une faim de loup.

hungrig sein, Hunger haben
Ich habe Hunger.
Ich habe einen Bärenhunger.

avoir soif [avwarswaf]

durstig sein, Durst haben

boire [bwar]
Je bois à ta santé.

trinken
Ich trinke auf dein Wohl.

la **boisson** [bwasɔ̃]

Getränk

le **bouchon** [buʃɔ̃]

Korken

la **bouteille** [butɛj]
On a pris une bonne bouteille.

Flasche
Wir haben einen sehr guten Wein getrunken.

le **chef** [ʃɛf]

Küchenchef, Chefkoch

commander [kɔmãde]

bestellen

11 Einkaufen, Essen und Trinken — Im Restaurant

la **consommation** [kɔ̃sɔmasjɔ̃]	Verzehr
Le tarif des consommations est affiché.	Die Preisliste hängt aus.
digérer [diʒere]	verdauen
être au régime [ɛtroreʒim]	eine Hungerkur machen, fasten
la **faim** [fɛ̃]	Hunger
le **garçon** [garsɔ̃]	Kellner
Garçon!	Herr Ober!
le **goût** [gu]	Geschmack
ivre [ivr]	betrunken
la **liste** [list]	Liste
manger [mɑ̃ʒe]	essen
le **menu** [məny]	Menü
Qu'est-ce qu'il y a au menu?	Was gehört zum Menü?
nourrir [nurir]	ernähren
offrir [ɔfrir]	anbieten
le **patron,** la **patronne** [patrɔ̃, ɔn]	Wirt(in)
le **plat** [pla]	Gang, Gericht
Plat du jour	Tagesgericht
le **pourboire** [purbwar]	Trinkgeld
prendre [prɑ̃dr]	nehmen
Je prends un café.	Ich trinke einen Kaffee.
la **qualité** [kalite]	Qualität
le **régime** [reʒim]	Diät
réserver [rezɛrve]	reservieren
Faites réserver à l'avance.	Reservieren Sie im voraus.
le **restaurant** [rɛstɔrɑ̃]	Restaurant, Gaststätte
le **reste** [rɛst]	Rest
le **service** [sɛrvis]	Bedienung
Service compris	Bedienung inbegriffen
servir [sɛrvir]	bedienen; servieren
la **soif** [swaf]	Durst
soûl, e [su, l]	betrunken
la **spécialité** [spesjalite]	Spezialität
le **tarif** [tarif]	Preisliste

le **consommateur** [kɔ̃sɔmatœr]	Gast
le **glaçon** [glasɔ̃]	Eiswürfel
le **libre-service** [librəsɛrvis]	Selbstbedienung
la **réclamation** [reklamasjɔ̃]	Reklamation, Beschwerde
recommander [rəkɔmɑ̃de]	empfehlen
le **salon de thé** [salɔ̃dəte]	Café

--- **Die Speisekarte** ---

Das Frühstück

la **baguette** [bagɛt]	Stangenbrot, Baguette
le **beurre** [bœr]	Butter
le **café** [kafe]	Kaffee
le **chocolat** [ʃɔkɔla]	Schokolade
le **citron** [sitrɔ̃]	Zitrone
la **confiture** [kɔ̃fityr]	Marmelade, Konfitüre
le **croissant** [krwasɑ̃]	Croissant, Hörnchen, Kipfel
le **lait** [lɛ]	Milch
le **petit déjeuner** [ptideʒœne] J'ai pris mon petit déjeuner à 7 heures ce matin.	Frühstück Ich habe heute morgen um 7 Uhr gefrühstückt.
le **sandwich** [sɑ̃dwitʃ]	Sandwich
la **tartine** [tartin]	Butterbrot
le **thé** [te]	Tee

Das Essen

le **déjeuner** [deʒœne]	Mittagessen
déjeuner [deʒœne]	zu Mittag essen
le **dîner** [dine]	Abendessen
dîner [dine]	zu Abend essen
le **repas** [rəpɑ]	Mahlzeit

Vorspeisen

au choix [oʃwa]	nach Wahl
le hors-d'œuvre [ˈɔrdœvr]	Vorspeise
le jambon [ʒɑ̃bɔ̃]	Schinken
l'omelette f [ɔmlɛt]	Omelett
le pâté [pɑte]	Wurstpastete
le saucisson [sosisɔ̃]	Hartwurst, Dauerwurst
la soupe [sup]	Suppe
l'artichaut m [artiʃo]	Artischocke
la crudité [krydite]	Rohkost
l'entrée f [ɑ̃tre]	Vorspeise
le potage [pɔtaʒ]	Suppe

Fisch

le poisson [pwasɔ̃]	Fisch
la lotte [lɔt]	Seeteufel
la sole [sɔl]	Seezunge
la truite [tryit]	Forelle

Fleisch

le bifteck [biftɛk]	Steak
le bœuf [bœf]	Rindfleisch
le canard [kanar]	Ente
le cheval, -aux [ʃval, o]	Pferdefleisch
le foie [fwa]	Leber
la langue [lɑ̃g]	Zunge
le lapin [lapɛ̃]	Kaninchen, Hase
le mouton [mutɔ̃]	Hammelfleisch
le porc [pɔr]	Schweinefleisch
le poulet [pulɛ]	Brathähnchen

le **rôti** [roti]	Braten
la **sauce** [sos]	Soße
le **veau, x** [vo]	Kalbfleisch
la **viande** [vjãd]	Fleisch
la **côtelette** [kotlɛt]	Kotelett
l'**escalope** f [ɛskalɔp]	Schnitzel

Gemüse

la **carotte** [karɔt]	Karotte, Möhre
le **champignon** [ʃãpiɲɔ̃]	Pilz
les **frites** fpl [frit]	Pommes frites
les **haricots verts** mpl ['arikovɛr]	grüne Bohnen
le **légume** [legym]	Gemüse
les **nouilles** fpl [nuj]	Nudeln
les **petits pois** mpl [ptipwa]	Erbsen
la **pomme de terre** [pɔmdətɛr]	Kartoffel
le **riz** [ri]	Reis
l'**aubergine** f [obɛrʒin]	Aubergine
le **chou-fleur** [ʃuflœr]	Blumenkohl
l'**endive** f [ãdiv]	Chicorée

Salat

la **salade** [salad]	Salat
la **tomato** [tɔmat]	Tomate
le **concombre** [kɔ̃kɔ̃br]	Gurke
la **frisée** [frize]	Endiviensalat
la **laitue** [lety]	Kopfsalat

11 Einkaufen, Essen und Trinken — Die Speisekarte

Käse

le **fromage** [frɔmaʒ]	Käse
le **plateau de fromage** [platodfrɔmaʒ]	Käseplatte

Obst

la **banane** [banan]	Banane
la **cerise** [səriz]	Kirsche
la **fraise** [frɛz]	Erdbeere
les **fruits** *mpl* [frɥi]	Obst, Früchte
l'**orange** *f* [ɔrɑ̃ʒ]	Apfelsine, Orange
la **poire** [pwar]	Birne
la **pomme** [pɔm]	Apfel
le **raisin** [rɛzɛ̃]	Weintraube
l'**ananas** *m* [anana]	Ananas
la **framboise** [frɑ̃bwaz]	Himbeere
le **melon** [məlɔ̃]	Melone
la **pêche** [pɛʃ]	Pfirsich

Nachtisch

le **bonbon** [bɔ̃bɔ̃]	Bonbon
la **crème** [krɛm]	Sahne; Pudding, Krem
le **dessert** [desɛr]	Nachtisch
le **gâteau, x** [gɑto]	Kuchen, Torte
la **glace** [glas]	Eis
la **mousse au chocolat** [musoʃɔkɔla]	Schokoladencreme
la **tarte** [tart]	Torte, Kuchen
la **tarte aux abricots** [tartozabriko]	Aprikosentorte
le **yaourt** [jaur(t)]	Joghurt

la **coupe** [kup]	Schale, Eisbecher
la **crème Chantilly** [krɛ̃ʃɑ̃tiji]	Schlagsahne
la **crème caramel** [krɛmkaramɛl]	Karamelpudding
la **crêpe** [krɛp]	dünner Pfannkuchen
le **flan** [flɑ̃]	Vanillepudding mit Karamel
le **gâteau sec** [gɑtosɛk]	Keks
la **gaufre** [gofr]	Waffel

Getränke

l'**alcool** m [alkɔl]	Alkohol
la **bière** [bjɛr]	Bier
l'**eau** f [o]	Wasser
le **jus** [ʒy]	Saft
la **limonade** [limɔnad]	Limonade
l'**orangeade** f [ɔrɑ̃ʒad]	Orangensprudel
le **vin** [vɛ̃]	Wein
le **vin ordinaire** [vɛ̃ɔrdinɛr]	Tischwein

l'**apéritif** m [aperitif]	Aperitif
le **blanc** [blɑ̃]	Weißwein
le **champagne** [ʃɑ̃paɲ]	Champagner
le **cidre** [sidr]	Cidre, Apfelwein
le **digestif** [diʒɛstif]	Verdauungsschnaps
l'**eau minérale** f [ominerɑl]	Mineralwasser
le **rosé** [roze]	Roséwein
le **rouge** [ruʒ]	Rotwein
le **sirop** [siro]	Sirup

Eigenschaften von Gerichten

amer, amère [amɛr]	bitter
avoir du goût [avwardygu]	Geschmack haben
bon, bonne [bɔ̃, bɔn]	gut
brûlant, e [brylɑ̃, t]	sehr heiß
chaud, e [ʃo, d]	warm, heiß
cru, e [kry]	roh
cuit, e [kɥi, t]	gar; gekocht; gebacken; gebraten
doux, douce [du, dus]	süß
dur, e [dyr]	hart
épais, se [epɛ, s]	dick
frais, fraîche [frɛ, frɛʃ]	frisch
froid, e [frwa, d]	kalt
gras, se [grɑ, s]	fett, fettig
maigre [mɛgr]	mager
mou, molle [mu, mɔl] Les frites sont molles.	weich Die Pommes frites sind zu weich.
mûr, e [myr]	reif
pur, e [pyr]	rein; unvermischt
sec, sèche [sɛk, sɛʃ]	trocken
spécial, e, -aux [spesjal, o]	besondere(r, s)
tendre [tɑ̃dr] Mon steak est très tendre.	zart Mein Steak ist sehr zart.
tiède [tjɛd]	lau

à point [apwɛ̃]	gar
bien cuit, e [bjɛ̃kɥi, t]	durchgebraten
saignant, e [sɛɲɑ̃, t]	englisch, blutig
salé, e [sale]	gesalzen
sucré, e [sykre]	süß, gezuckert
varié, e [varje]	verschieden, vielfältig
vert, e [vɛr, t]	unreif
Je suis malade, j'ai mangé des prunes vertes.	Ich bin krank, ich habe unreife Pflaumen gegessen.
vide [vid]	leer

Rauchen

allumer [alyme]	anzünden
le **briquet** [brikɛ]	Feuerzeug
le **cendrier** [sɑ̃drije]	Aschenbecher
la **cigarette** [sigarɛt]	Zigarette
éteindre [etɛ̃dr]	ausmachen
fumer [fyme]	rauchen
la **pipe** [pip]	Pfeife
le **tabac** [taba]	Tabak

l'**allumette** f [alymɛt]	Streichholz
la **cendre** [sɑ̃dr]	Asche
le **cigare** [sigar]	Zigarre

12 Kleidung

Einkauf

à l'endroit [alɑ̃drwa]	auf rechts, richtig herum
à l'envers [alɑ̃vɛr]	auf links, falsch herum
Tu as mis ton pull à l'envers.	Du hast den Pulli verkehrt herum an.
à la mode [alamɔd]	modern
Le rose est à la mode cet été.	Rosa ist diesen Sommer modern.
l'**achat** *m* [aʃa]	Kauf
acheter [aʃte]	kaufen
avoir besoin de [avwarbəzwɛ̃də]	brauchen
J'ai besoin d'une nouvelle robe.	Ich brauche ein neues Kleid.
avoir du goût [avwardygu]	Geschmack haben
avoir envie de [avwarɑ̃vidə]	Lust haben auf
J'ai envie d'acheter un pantalon.	Ich würde gern eine Hose kaufen.
la **boutique** [butik]	kleiner Laden
Ça coûte une fortune. [sakutynfɔrtyn]	Das kostet ein Vermögen.
le **client**, la **cliente** [klijɑ̃, t]	Kunde, Kundin
essayer [eseje]	anprobieren
Vous voulez essayer?	Möchten Sie gern anprobieren?
l'**étiquette** *f* [etikɛt]	Etikett
le **grand magasin** [grɑ̃magazɛ̃]	Kaufhaus
J'achète toujours mes vêtements dans les grands magasins.	Ich kaufe meine Kleidung immer im Kaufhaus.
la **marchandise** [marʃɑ̃diz]	Ware
la **mode** [mɔd]	Mode
le **modèle** [mɔdɛl]	Modell
la **paire** [pɛr]	Paar
J'ai acheté trois paires de chaussures.	Ich habe drei Paar Schuhe gekauft.
payer [peje]	bezahlen
Je les ai payées pas trop cher.	Ich habe sie günstig bekommen.
le **prix** [pri]	Preis
la **qualité** [kalite]	Qualität
la **réduction** [redyksjɔ̃]	Preisnachlaß

rendre la monnaie [rɑ̃drəlamɔnɛ]	(Wechselgeld) herausgeben
la **taille** [tɑj]	Größe
Vous avez quelle taille?	Welche Größe haben Sie?
le **vendeur,** la **vendeuse** [vɑ̃dœr, øz]	Verkäufer(in)
vendre [vɑ̃dr]	verkaufen
la **vitrine** [vitrin]	Schaufenster

aller avec [aleavɛk]	passen zu
Cette couleur va avec mes cheveux.	Diese Farbe paßt zu meinen Haaren.
coûteux, -euse [kutø, z]	teuer
faire un prix [fɛrɛ̃pri]	einen Preisnachlaß gewähren
Le vendeur m'a fait un prix.	Der Verkäufer hat mir Rabatt gegeben.
la **pointure** [pwɛ̃tyr]	Schuhgröße
les **soldes** *mpl* [sɔld]	Ausverkauf
J'ai acheté ce pull en soldes.	Ich habe diesen Pulli im Ausverkauf gekauft.

Kleidungsstücke

la **botte** [bɔt]	Stiefel
changer [ʃɑ̃ʒe]	wechseln
J'ai déjà changé de chemise.	Ich habe das Hemd doch schon gewechselt.
changer (se) [səʃɑ̃ʒe]	sich umziehen
Je vais me changer.	Ich gehe mich umziehen.
le **chapeau, x** [ʃapo]	Hut
la **chaussure** [ʃosyr]	Schuh
la **chemise** [ʃmiz]	Hemd
le **costume** [kɔstym]	Anzug
Etienne a mis son costume neuf.	Stephan hat seinen neuen Anzug an.
couvrir (se) [səkuvrir]	sich warm anziehen
Couvre-toi, il fait froid.	Zieh dich warm an, es ist kalt!
la **cravate** [kravat]	Schlips, Krawatte

12 Kleidung — Kleidungsstücke

déshabiller (se) [sədezabije] — sich ausziehen

enlever [ãlve] — ausziehen
Si tu as chaud, enlève ta veste. — Zieh deine Jacke aus, wenn es dir zu warm ist.

le **gant** [gã] — Handschuh

habiller (s') [sabije] — sich anziehen

l'**imper(méable)** m [ɛ̃pɛr(meabl)] — Regenmantel

la **jupe** [ʒyp] — Rock

le **maillot** [majo] — Badeanzug; Badehose

le **manteau, x** [mãto] — Mantel

mettre [mɛtr] — anziehen
Oh, tu as mis ta nouvelle robe. — Oh, du hast dein neues Kleid angezogen.

le **pantalon** [pãtalɔ̃] — Hose

porter [pɔrte] — tragen
Le vert se porte beaucoup cette année. — Grün ist dieses Jahr in Mode.

le **pull** [pyl] — Pullover, Pulli

le **pyjama** [piʒama] — Schlafanzug

la **robe** [rɔb] — Kleid

le **slip** [slip] — Unterhose, Schlüpfer

le **vêtement** [vɛtmã] — Kleidung

---

l'**anorak** m [anɔrak] — Anorak

le **bas** [bɑ] — Strumpf

le **basket** [baskɛt] — hoher Sportschuh

le **bikini** [bikini] — Bikini

la **blouse** [bluz] — Kittel

le **blouson** [bluzɔ̃] — Kittel

le **blue-jean** [bludʒin] — Bluejeans

le **bonnet** [bɔnɛ] — Mütze

le **boot** [but] — Stiefelette

le **cardigan** [kardigã] — Strickweste

le **casque** [kask] — Helm

la **chaussette** [ʃosɛt]	Strumpf, Socken
le **chemisier** [ʃəmizje]	Bluse
le **ciré** [sire]	Regenmantel
Pour aller en mer, mets ton ciré jaune.	Wenn du aufs Meer fährst, zieh deinen Ostfriesennerz an.
le **collant** [kɔlɑ̃]	Strumpfhose
la **combinaison** [kɔ̃binɛzɔ̃]	Unterkleid; Schianzug; Overall
le **corsage** [kɔrsaʒ]	Bluse
la **culotte** [kylɔt]	Unterhose
l'**espadrille** *f* [ɛspadrij]	Sommerschuh aus Leinen
le **gilet** [ʒilɛ]	Weste
le **peignoir** [pɛɲwar]	Bademantel
la **sandale** [sɑ̃dal]	Sandale
le **short** [ʃɔrt]	Shorts
les **sous-vêtements** *mpl* [suvɛtmɑ̃]	Unterwäsche
le **soutien-gorge** [sutjɛ̃gɔrʒ]	BH
le **tailleur** [tɑjœr]	Kostüm
le **tee-shirt** [tiʃœrt]	T-Shirt
le **training** [trɛniŋ]	Jogginganzug, Trainingsanzug
la **veste** [vɛst]	Jacke
Mon mari a déchiré la veste de son costume.	Mein Mann hat die Jacke seines Anzugs zerrissen.

Eigenschaften und Materialien

chaud, e [ʃo, d]	warm
Il est chaud, mon pull.	Mein Pulli ist warm.
chic *unv* [ʃik]	schick
Françoise ne porte que des vêtements chic.	Françoise trägt nur schicke Kleider.
confortable [kɔ̃fɔrtabl]	bequem
le **coton** [kɔtɔ̃]	Baumwolle
court, e [kur, t]	kurz

12 Kleidung — Eigenschaften und Materialien

le **cuir** [kɥir]
Je ne porte que des chaussures en cuir.
Leder
Ich trage nur Lederschuhe.

élégant, e [elegɑ̃, t]
elegant

en or [ɑ̃nɔr]
aus Gold

épais, se [epɛ, s]
Mon manteau est très épais.
dick, warm
Mein Mantel ist sehr warm.

fin, fine [fɛ̃, fin]
Ma mère porte une chaîne fine en or.
fein
Meine Mutter trägt eine feine Goldkette.

la **fourrure** [furyr]
Pelz

gai, e [gɛ]
Ce tissu a des couleurs gaies.
fröhlich, lebhaft
Dieser Stoff hat lebhafte Farben.

la **laine** [lɛn]
Wolle

large [larʒ]
weit

léger, -ère [leʒe, ɛr]
leicht

long, longue [lɔ̃, g]
lang

moderne [mɔdɛrn]
modern

neuf, neuve [nœf, nœv]
Les chaussures neuves font mal aux pieds.
neu
Neue Schuhe schmerzen an den Füßen.

nouveau, -vel, -velle, x [nuvo, nuvɛl]
Je n'aime pas la nouvelle mode.
neu
Ich mag die neue Mode nicht.

le **nylon** [nilɔ̃]
Nylon

propre [prɔpr]
sauber

pure laine [pyrlɛn]
reine Wolle

rayé, e [reje]
gestreift

sale [sal]
schmutzig

spécial, e, -aux [spesjal, o]
Le cuir de mon blouson a subi un traitement spécial.
Spezial-
Das Leder meiner Jacke wurde einer Spezialbehandlung unterzogen.

le **tissu** [tisy]
Stoff

triste [trist]
traurig

uni, e [yni]
einfarbig

usé, e [yze]
Ton pull est usé aux coudes.

abgenutzt, verschlissen
Dein Pulli ist an den Ellbogen abgewetzt.

véritable [veritabl]

echt

à carreaux [akaro]
La nouvelle mode propose des jupes à carreaux.

kariert
Die neue Mode schlägt karierte Röcke vor.

à pois [apwa]
Ridicules, ces collants à pois.

gepunktet
Lächerlich, diese gepunkteten Strumpfhosen.

à talon haut [atalõ'o]

mit hohem Absatz

démodé, e [demɔde]

unmodern, altmodisch

la **dentelle** [dãtɛl]
Comment tu trouves ce col en dentelle?

Spitze
Wie findest du diesen Spitzenkragen?

doublé, e [duble]
Ce pantalon est doublé.

gefüttert
Diese Hose ist gefüttert.

en argent [ãnarʒã]

aus Silber

l'**étoffe** f [etɔf]

Stoff

habillé, e [abije]
Cette robe fait très habillé.

elegant
Dieses Kleid sieht sehr elegant aus.

imprimé, e [ɛ̃prime]

bunt

précieux, -euse [presjø, z]

wertvoll

la **soie** [swa]

Seide

souple [supl]

weich

le **tricot** [tʁiko]

Strickware

Teile und Zubehör

le **bijou, x** [biʒu]

Schmuckstück, Juwel

le **bouton** [butõ]

Knopf

la **ceinture** [sɛ̃tyr]

Gürtel

la **chaîne** [ʃɛn]
Mon frère porte une chaîne en or.

Halskette
Mein Bruder trägt eine Goldkette.

12 Kleidung

le **col** [kɔl]	Kragen
la **manche** [mɑ̃ʃ]	Ärmel
la **montre** [mɔ̃tr]	Uhr
le **mouchoir** [muʃwar]	Taschentuch
le **nœud** [nø]	Knoten; Fliege
Tu mets ton nœud papillon?	Ziehst du deine Fliege an?
le **parapluie** [paraplɥi]	Regenschirm
la **pièce** [pjɛs]	Kleidungsstück
le **pli** [pli]	Falte
la **poche** [pɔʃ]	Tasche
le **sac** [sak]	Handtasche

la **bague** [bag]	Ring
le **bracelet** [braslɛ]	Armreif
le **col en V** [kɔlɑ̃ve]	V-Ausschnitt
le **col roulé** [kɔlrule]	Rollkragen
Je ne supporte pas les pulls à col roulé.	Ich vertrage keine Rollkragenpullis.
le **collier** [kɔlje]	Kette
Il est splendide, ton collier de perles.	Deine Perlenkette ist herrlich.
le **diamant** [djamɑ̃]	Diamant
l'**élastique** *m* [elastik]	Gummiband
Mon élastique a lâché.	Mein Gummiband ist gerissen.
la **fermeture éclair** [fɛrmtyreklɛr]	Reißverschluß
le **foulard** [fular]	Schal, Halstuch, Kopftuch
la **perle** [pɛrl]	Perle
la **pierre précieuse** [pjɛrpresjøz]	Edelstein

Arbeiten

abîmer [abime]	kaputtmachen
l'**aiguille** *f* [egɥij]	Nadel
les **ciseaux** *mpl* [sizo]	Schere

coudre [kudr]	nähen
déchirer [deʃire]	zerreißen
faire nettoyer [fɛrnetwaje]	reinigen lassen
le **fil** [fil]	Faden
laver [lave]	waschen
préparer [prepare]	vorbereiten
repasser [rəpɑse]	bügeln
serrer [sere]	drücken, eng sein
Il serre, ton pantalon.	Deine Hose ist zu eng.
la **tache** [taʃ]	Fleck
le **trou** [tru]	Loch

---

broder [brɔde]	sticken; besticken
J'ai brodé mes mouchoirs moi-même.	Ich habe meine Taschentücher selbst gestickt.
la **broderie** [brɔdri]	Stickerei
Tu fais de la broderie?	Wie, du stickst?
le **canevas** [kanva]	Stickvorlage
élargir [elarʒir]	weiter machen
faire du crochet [fɛrdykrɔʃɛ]	häkeln
faire qqc au crochet [fɛrkɛlkəʃozokrɔʃɛ]	etw häkeln
la **machine à coudre** [maʃinakudr]	Nähmaschine
raccourcir [rakursir]	kürzer machen
rallonger [ralɔ̃ʒe]	länger machen
repriser [rəprize]	stopfen
rétrécir [retresir]	einlaufen; enger machen
la **teinturerie** [tɛ̃tyrri]	Reinigung
tricoter [trikɔte]	stricken

13 Wohnen

---- **Haus** ----

l'**appartement** *m* [apartəmã]	Wohnung
l'**ascenseur** *m* [asãsœr]	Aufzug, Lift
le **balcon** [balkõ]	Balkon
la **cave** [kav]	Keller
la **chambre** [ʃãbr] Va dans ta chambre.	(Schlaf)Zimmer Geh in dein Zimmer.
la **chambre d'enfants** [ʃãbrdãfã]	Kinderzimmer
le, la **concierge** [kõsjɛrʒ] M. Muller n'est pas là, adressez-vous au concierge.	Hausmeister(in) Herr Müller ist nicht da, wenden Sie sich an den Hausmeister.
la **cuisine** [kɥizin]	Küche
donner sur [dɔnesyr] Le salon donne sur le jardin.	gehen auf, gehen zu Das Wohnzimmer geht zum Garten hinaus.
l'**entrée** *f* [ãtre]	Eingang, Diele
l'**escalier** *m* [ɛskalje]	Treppe
l'**espace** *m* [ɛspas] Vous n'avez pas mal d'espace.	Raum Ihr habt ganz schön Platz.
l'**étage** *m* [etaʒ] J'habite au troisième (étage).	Etage, Stock Ich wohne im dritten Stock.
le **garage** [garaʒ] Tu as mis la voiture au garage?	Garage; Stellplatz Hast du das Auto auf den Stellplatz gefahren?
l'**immeuble** *m* [imœbl]	Gebäude
le **jardin** [ʒardɛ̃]	Garten
le **luxe** [lyks] Appartement de luxe	Luxus Luxuswohnung
la **maison** [mɛzõ]	Haus
la **pièce** [pjɛs] C'est un trois pièces.	Zimmer Das ist eine Dreizimmerwohnung.
la **piscine** [pisin]	Swimmingpool
le **rez-de-chaussée** [redʃose]	Erdgeschoß

la **salle** [sal]	Zimmer, Raum, Saal
la **salle à manger** [salamɑ̃ʒe]	Eßzimmer
la **salle de bain** [saldəbɛ̃]	Badezimmer
la **salle de séjour** [saldəseʒur]	Wohnzimmer
le **salon** [salɔ̃]	Wohnzimmer
le **sol** [sɔl]	Fußboden
le **sous-sol** [susɔl]	Kellergeschoß
la **terrasse** [tɛras]	Terrasse
les **toilettes** *fpl* [twalɛt] Les toilettes s.v.p.	Toilette Wo ist die Toilette bitte?
le **toit** [twa]	Dach
la **tour** [tur] La tour Montparnasse est le plus grand bâtiment de Paris.	Hochhaus Das Hochhaus Montparnasse ist das höchste Gebäude in Paris.
les **W.-C.** *mpl* [vese]	WC, Klo

l'**antenne** *f* [ɑ̃tɛn]	Antenne
le **building** [bildiŋ]	Gebäude
les **cabinets** *mpl* [kabinɛ]	WC, Klo
la **chambre d'amis** [ʃɑ̃brdami]	Gästezimmer
le **couloir** [kulwar]	Flur, Gang
de grand standing [dəgrɑ̃stɑ̃diŋ]	Luxus-
le **débarras** [debara]	Abstellraum
le **foyer** [fwaje]	Eingangshalle
le **grenier** [grənje]	Dachboden, Speicher
luxueux, -euse [lyksɥø, z]	Luxus-
la **maison individuelle** [mɛzɔ̃ɛ̃dividɥɛl]	Einfamilienhaus
le **palier** [palje]	Treppenabsatz
le **pavillon** [pavijɔ̃]	Reihenhaus
la **résidence** [rezidɑ̃s] J'ai une résidence secondaire dans l'Eure.	Wohnsitz Ich habe eine Zweitwohnung im Departement Eure.
la **villa** [vila]	Einfamilienhaus

Wohnungsteile

la **baignoire** [bɛɲwar]	Badewanne
central, e, -aux [sɑ̃tral, o]	Zentral-
Nous avons le chauffage central.	Wir haben Zentralheizung.
le **chauffage** [ʃofaʒ]	Heizung
la **cheminée** [ʃəmine]	Kamin
Tu allumes la cheminée?	Machst du den Kamin an?
Ma cheminée tire mal.	Mein Kamin zieht schlecht.
le **coin** [kwɛ̃]	Ecke
la **douche** [duʃ]	Dusche
l'**électricité** f [elɛktrisite]	Elektrizität
la **fenêtre** [fənɛtr]	Fenster
le **gaz** [gaz]	Gas
le **lavabo** [lavabo]	Waschbecken
la **lumière** [lymjɛr]	Licht
la **marche** [marʃ]	Stufe
le **mur** [myr]	Wand; Mauer
Pousse l'armoire contre le mur.	Schieb den Schrank an die Wand.
le **placard** [plakar]	Wandschrank
le **plafond** [plafɔ̃]	Zimmerdecke
la **porte** [pɔrt]	Tür
la **prise (de courant)** [priz(dəkurɑ̃)]	Steckdose
la **vitre** [vitr]	Fensterscheibe

le **carrelage** [karlaʒ]	Fliesen, Kacheln
le **courant** [kurã]	Strom
l'**éclairage** m [eklɛraʒ]	Beleuchtung
la **moquette** [mɔkɛt]	Teppichboden
le **papier peint** [papjepɛ̃]	Tapete
la **persienne** [pɛrsjɛn]	Jalousie
le **plancher** [plɑ̃ʃe]	Fußboden
le **radiateur** [radjatœr]	Heizkörper
le **volet** [vɔlɛ]	Fensterladen

―――――――――― **Bewohner** ――――――――――

déménager [demenaʒe]
ausziehen, umziehen

la **femme de ménage** [famdəmenaʒ]
Putzfrau

habiter [abite]
wohnen; bewohnen
J'habite dans un H.L.M.
Ich wohne in einer Sozialwohnung.
J'habite en banlieue.
Ich wohne in der Vorstadt.
J'habite un immeuble neuf.
Ich wohne in einem neuen Haus.
J'habite un appartement en banlieue.
Ich bewohne eine Wohnung in der Vorstadt.

installer (s') [sɛ̃stale]
sich einrichten

le, la **locataire** [lɔkatɛr]
Mieter(in)

de location [lɔkasjɔ̃]
Miet-
J'ai pris un appartement de location.
Ich habe eine Mietwohnung genommen.

le **logement** [lɔʒmɑ̃]
Wohnung

loger [lɔʒe]
wohnen; unterbringen
Tu peux loger chez moi.
Du kannst bei mir wohnen.
Je peux te loger.
Ich kann dich unterbringen.

louer [lwe]
mieten

le **loyer** [lwaje]
Miete

le, la **propriétaire** [prɔprijetɛr]
Eigentümer(in)

13 Wohnen — Einrichtungsgegenstände

la **bonne** [bɔn]	Hausmädchen
les **charges** *fpl* [ʃarʒ]	Wohnnebenkosten
emménager [ɑ̃menaʒe]	einziehen
le, la **sous-locataire** [sulɔkatɛr]	Untermieter(in)
le **voisin de palier** [vwazɛ̃dpalje]	Wohnungsnachbar

Einrichtungsgegenstände

le **bouton** [butɔ̃]	Lichtschalter, Knopf
le **bureau, x** [byro]	Schreibtisch
le **cadre** [kadr]	Rahmen
la **chaîne** [ʃɛn]	Hi-Fi-Anlage
la **chaise** [ʃɛz]	Stuhl
le **confort** [kɔ̃fɔr]	Komfort
confortable [kɔ̃fɔrtabl]	komfortabel, bequem
le **coussin** [kusɛ̃]	Kissen
le **cuir** [kɥir]	Leder
le **fauteuil** [fotœj]	Sessel
la **glace** [glas]	Spiegel
la **lampe** [lɑ̃p]	Lampe
le **lit** [li]	Bett
le **meuble** [mœbl]	Möbelstück
la **plante verte** [plɑ̃tvɛrt]	Zimmerpflanze
le **poste (de radio)** [pɔst(dəradjo)]	Radio
le **rideau, x** [rido]	Gardine
la **table** [tabl]	Tisch
le **tableau, x** [tablo]	Bild
le **tapis** [tapi]	Teppich
la **télé(vision)** [tele(vizjɔ̃)] Nous avons la télé.	Fernsehen Wir haben Fernsehen.

le **téléphone** [telefɔn]	Telefon
Nous avons le téléphone.	Wir haben ein Telefon.
le **tiroir** [tirwar]	Schublade
le **tourne-disque** [turnədisk]	Plattenspieler
le **vase** [vaz]	Vase

l'**armoire** f [armwar]	Schrank
le **baladeur** [baladœr]	Walk-man
le **canapé** [kanape]	Sofa
le **double rideau** [dublərido]	Vorhang, Übergardine
l'**étagère** f [etaʒɛr]	Regal
l'**évier** m [evje]	Spülbecken
le **magnétophone** [maɲetofɔn]	Tonbandgerät
le **magnétoscope** [maɲetoskɔp]	Videogerät
le **minitel** [minitɛl]	Btx-Gerät
le **miroir** [mirwar]	Spiegel
l'**oreiller** m [ɔreje]	Kopfkissen
la **platine** [platin]	Plattenspieler
le **sofa** [sɔfa]	Sofa
le **store** [stɔr]	Rollo
le **transistor** [trɑ̃sistɔr]	Kofferradio

―――――――――― **Haushaltsgegenstände** ――――――――――

l'**appareil** m [aparɛj]	Apparat, Gerät
le **briquet** [brikɛ]	Feuerzeug
la **brosse** [brɔs]	Bürste
le **cendrier** [sɑ̃drije]	Aschenbecher
le **chiffon** [ʃifɔ̃]	Tuch, Lappen
J'ai vite passé le chiffon.	Ich habe schnell staubgewischt.
les **ciseaux** mpl [sizo]	Schere
la **clé** [kle]	Schlüssel

le **clou** [klu]	Nagel
la **couverture** [kuvɛrtyr]	Decke
le **drap** [dra]	Bettlaken, Bettuch, Leintuch
l'**échelle** f [eʃɛl]	Leiter
électrique [elɛktrik]	elektrisch
être sous garantie [ɛtrəsugarɑ̃ti]	unter Garantie sein
le **fer à repasser** [fɛrarəpɑse]	Bügeleisen
fonctionner [fɔ̃ksjɔne]	funktionieren
le **four** [fur] Faites dorer au four.	Backofen, Bratröhre Lassen Sie es im Backofen goldbraun braten.
le **frigo** [frigo] Qu'est-ce que tu as pris dans le frigo? Tu mets tout au frigo?	Eisschrank, Kühlschrank Was hast du aus dem Kühlschrank genommen? Gibst du alles in den Kühlschrank?
garantir [garɑ̃tir]	garantieren
le **linge** [lɛ̃ʒ] Avec trois enfants, on a tout le temps du linge à laver.	Wäsche Mit drei Kindern ist man nur am Waschen.
la **machine** [maʃin]	Maschine
neuf, neuve [nœf, nœv] Ma machine à laver est toute neuve.	neu Meine Waschmaschine ist ganz neu.
nouveau, -vel, -velle, x [nuvo, nuvɛl] J'ai un nouveau toaster.	neu Ich habe einen neuen Toaster.
la **pile** [pil]	Batterie
la **poubelle** [pubɛl]	Abfalleimer; Mülltonne
le **réfrigérateur** [refriʒeratœr]	Eisschrank, Kühlschrank
le **réveil** [revɛj]	Wecker
le **robinet** [rɔbinɛ] Qui a ouvert le robinet?	Wasserhahn Wer hat den Hahn aufgedreht?
la **vaisselle** [vɛsɛl]	Geschirr

l'**appareil ménager** m [aparɛjmenaʒe]	Haushaltsgerät
l'**aspirateur** m [aspiratœr]	Staubsauger
le **batteur** [batœr]	Mixer
la **cafetière** [kaftjɛr]	Kaffeemaschine; Kaffeekanne
le **chauffe-eau** [ʃofo]	Boiler
le **congélateur** [kɔ̃ʒelatœr]	Tiefkühltruhe
la **cuisinière** [kɥizinjɛr]	Herd
l'**équipement** m [ekipmɑ̃]	Ausstattung
le **gadget** [gadʒɛt]	technische Spielerei
la **garantie** [garɑ̃ti] La cuisinière est encore sous garantie.	Garantie Auf dem Herd ist noch Garantie.
le **lave-vaisselle** [lavvɛsɛl]	Spülmaschine
la **machine à écrire** [maʃinaekrir]	Schreibmaschine
la **machine à laver** [maʃinalave]	Waschmaschine
le **robot** [rɔbo]	Küchenmaschine
le **sèche-cheveux** [sɛʃəvø]	Fön®
le **sèche-linge** [sɛʃlɛ̃ʒ]	Wäschetrockner
vide [vid]	leer
le **vide-ordures** [vidɔrdyr]	Müllschlucker

——————— Haushaltsarbeiten ———————

accrocher [akrɔʃe]	aufhängen
allumer [alyme] Allume le four s.t.p.	anzünden, anmachen Mach bitte den Backofen an.
balayer [baleje] J'ai balayé la cave.	fegen, ausfegen Ich habe den Keller gefegt.
chauffer [ʃofe] Nous, on chauffe au mazout. C'est bien chauffé chez vous.	heizen Wir heizen mit Öl. Bei euch ist es schön warm.
le **courant d'air** [kurɑ̃dɛr]	Durchzug, Luftzug

Wohnen — Haushaltsarbeiten

les **courses** *fpl* [kurs]
Va me faire les courses.

Einkaufen; Einkäufe
Geh für mich einkaufen.

débarrasser [debarase]
Qui débarrasse?

abräumen
Wer deckt den Tisch ab?

le **désordre** [dezɔrdr]

Unordnung

donner un coup de balai
[dɔneẽkudbalɛ]

fegen

éclairer [eklere]
Cette pièce est mal éclairée.

beleuchten; Licht machen
Dieses Zimmer ist schlecht beleuchtet.

enlever [ãlve]
Enlève cette horrible nappe.

wegnehmen
Nimm diese scheußliche Tischdecke weg.

essuyer [esɥije]

abtrocknen; abwischen

éteindre [etẽdr]
Eteins la lumière.

ausmachen, auslöschen
Mach das Licht aus.

faire du feu [fɛrdyfø]

Feuer machen

faire le ménage [fɛrlmenaʒ]

putzen

fermer [fɛrme]
Ferme la lumière.
Ferme la télé.

schließen
Mach das Licht aus.
Mach den Fernseher aus.

frapper à la porte [frapealapɔrt]

an die Tür klopfen

humide [ymid]

feucht

l'**incendie** *m* [ẽsãdi]

Brand

laver [lave]

waschen

la **lessive** [lesiv]
Je suis occupée, je fais la lessive.

Waschmittel, Wäsche
Ich bin beschäftigt, ich habe große Wäsche.

le **ménage** [menaʒ]

Haushalt

nettoyer [nɛtwaje]

säubern, reinigen

ouvrir [uvrir]

öffnen, aufmachen

la **poussière** [pusjɛr]
Tu fais la poussière?

Staub
Wischst du Staub?

propre [prɔpr]
Quelle maison propre.

sauber
Was für ein sauberes Haus.

ranger [rãʒe]

aufräumen

Haushaltsarbeiten — Wohnen

réparer [repare]	reparieren
repasser [rəpɑse]	bügeln
sale [sal]	schmutzig
sécher [seʃe]	trocknen
sonner [sɔne]	klingeln
On sonne.	Es klingelt.
utiliser [ytilize]	benutzen

aérer [aere]	lüften
le **court-circuit** [kursirkɥi]	Kurzschluß
donner un coup de main [dɔneɛ̃kudmɛ̃]	helfen
Tu me donnes un coup de main?	Hilfst du mir ein bißchen?
faire la cuisine [fɛrlakɥizin]	kochen
Je n'aime pas faire la cuisine.	Ich koche nicht gerne.
faire la vaisselle [fɛrlavɛsɛl]	Geschirr spülen
la **fuite d'eau** [fɥitdo]	undichte Wasserleitung
mettre la table [mɛtrəlatabl]	den Tisch decken
le **plomb** [plɔ̃]	Sicherung
Le plomb a sauté.	Die Sicherung ist durchgebrannt.

14 Gesundheit und Körperpflege

Körper des Menschen

la **bouche** [buʃ]	Mund
le **bras** [bra]	Arm
le **cœur** [kœr]	Herz
le **corps** [kɔr]	Körper
le **cou** [ku]	Hals, Nacken
le **coude** [kud]	Ellbogen
la **dent** [dã]	Zahn
le **doigt** [dwa]	Finger
le **doigt de pied** [dwadpje]	Zehe
le **dos** [do]	Rücken
l'**épaule** f [epol]	Schulter
l'**estomac** m [ɛstɔma]	Magen
la **figure** [figyr]	Gesicht
le **foie** [fwa]	Leber
le **front** [frɔ̃]	Stirn
le **genou, x** [ʒnu]	Knie
la **gorge** [gɔrʒ]	Kehle, Hals, Rachen
la **jambe** [ʒãb]	Bein
la **joue** [ʒu]	Wange, Backe
la **langue** [lãg]	Zunge
la **lèvre** [lɛvr]	Lippe
la **main** [mɛ̃]	Hand
le **menton** [mãtɔ̃]	Kinn
le **nerf** [nɛr]	Nerv
le **nez** [ne]	Nase
nu, e [ny]	nackt
l'**œil, yeux** m [œj, jø]	Auge
l'**oreille** f [ɔrɛj]	Ohr
la **peau, x** [po]	Haut

Körper des Menschen — Gesundheit und Körperpflege

le **pied** [pje]	Fuß
le **poing** [pwɛ̃]	Faust
la **poitrine** [pwatrin]	Brust, Busen
le **poumon** [pumɔ̃]	Lunge
la **respiration** [rɛspirasjɔ̃]	Atmung
respirer [rɛspire]	atmen
le **sang** [sɑ̃]	Blut
le **système** [sistɛm]	System
la **tête** [tɛt]	Kopf
le **ventre** [vɑ̃tr]	Bauch
la **voix** [vwa]	Stimme
la **vue** [vy]	Sehvermögen, Sehkraft

l'**appendice** m [apɛ̃dis]	Blinddarm
l'**artère** f [artɛr]	Arterie
le **cerveau, x** [sɛrvo]	Gehirn
la **cheville** [ʃəvij]	Knöchel
la **colonne vertébrale** [kɔlɔnvɛrtebral]	Wirbelsäule
le **crâne** [krɑn]	Schädel
la **cuisse** [kɥis]	Oberschenkel
le **derrière** [dɛrjɛr]	Hintern
les **fesses** fpl [fɛs]	Po, Hinterteil
la **hanche** ['ɑ̃ʃ]	Hüfte
l'**intestin** m [ɛ̃tɛstɛ̃]	Darm
le **muscle** [myskl]	Muskel
le **nombril** [nɔ̃bril]	Bauchnabel
la **nuque** [nyk]	Nacken
les **organes sexuels** mpl [ɔrgansɛksɥɛl]	Geschlechtsorgane
l'**os** m [ɔs, o]	Knochen
le **poignet** [pwaɲɛ]	Handgelenk
le **pouce** [pus]	Daumen

14 Gesundheit und Körperpflege — Körper des Menschen

le **rein** [rɛ̃]	Niere
le **sein** [sɛ̃]	Busen
sexuel, le [sɛksɥɛl]	geschlechtlich
le **sourcil** [sursi]	Augenbraue
le **système nerveux** [sistɛmnɛrvø]	Nervensystem
le **talon** [talɔ̃]	Ferse
le **tendon** [tɑ̃dɔ̃]	Sehne
la **veine** [vɛn]	Vene

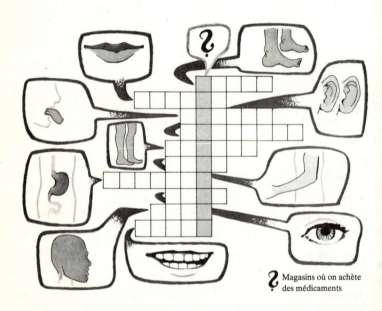

? Magasins où on achète des médicaments

Krankheiten

l'**accident** *m* [aksidã]	Unfall
attraper froid [atrapefrwa]	sich erkälten
attraper une maladie [atrapeynmaladi]	krank werden
aveugle [avœgl]	blind
avoir le mal de mer [avwarləmaldəmɛr]	seekrank sein
avoir mal [avwarmal]	Schmerzen haben
avoir mal au cœur [avwarmalokœr]	
J'ai mal au cœur.	Mir ist schlecht.
avoir mal au foie [avwarmalofwa]	Gallenbeschwerden haben
J'ai mal au foie, j'ai mangé trop de chocolat.	Ich habe es an der Galle, ich habe zuviel Schokolade gegessen.
blessé, e [blese]	verletzt
blessé, e grave [blesegrav]	schwerverletzt
brûler (se) [səbryle]	sich verbrennen
la **chute** [ʃyt]	Fall, Sturz
le **coup de soleil** [kudsɔlɛj]	Sonnenbrand
J'ai pris un coup de soleil.	Ich habe einen Sonnenbrand bekommen.
couper (se) [səkupe]	sich schneiden
la **crise** [kriz]	Krise, Anfall
la **crise de foie** [krizdəfwa]	Gallenkolik
le **danger** [dãʒe]	Gefahr
enceinte [ãsɛ̃t]	schwanger
Marie est enceinte de quatre mois.	Maria ist im vierten Monat schwanger.
faire une dépression nerveuse [fɛryndepresjõnɛrvøz]	einen Nervenzusammenbruch haben
la **fièvre** [fjɛvr]	Fieber
la **folie** [fɔli]	Wahnsinn

Gesundheit und Körperpflege — Krankheiten

grave [grav]	schlimm, ernst
la **grippe** [grip]	Grippe
le **mal, maux** [mal, mo]	Schmerz, Krankheit
malade [malad]	krank
la **maladie** [maladi]	Krankheit
malin, maligne [malɛ̃, iɲ] Le cancer est une tumeur maligne.	bösartig Krebs ist ein bösartiger Tumor.
muet, te [mɥɛ, t]	stumm
prendre froid [prɑ̃drəfrwa]	sich erkälten
le **rhume** [rym]	Schnupfen
saigner [seɲe]	bluten
se faire mal [səfɛrmal]	sich weh tun
souffrir [sufrir] Paul souffre de migraines.	leiden Paul leidet an Migräne.
tomber malade [tɔ̃bəmalad]	krank werden
urgent, e [yrʒɑ̃, t]	eilig, dringend

l'**abcès** m [apsɛ]	Geschwür
aggraver (s') [sagrave]	schlimmer werden
l'**angine** f [ɑ̃ʒin]	Angina
l'**appendicite** f [apɛ̃disit]	Blinddarmentzündung
asphyxier (s') [sasfiksje] Il a failli s'asphyxier au gaz.	keine Luft bekommen, ersticken Er hat sich beinahe mit Gas vergiftet.
la **blessure** [blesyr]	Verletzung, Wunde
la **bronchite** [brɔ̃ʃit]	Bronchitis
le **cancer** [kɑ̃sɛr]	Krebs
le **choc** [ʃɔk]	Schock
la **coqueluche** [kɔklyʃ]	Keuchhusten
la **coupure** [kupyr]	Schnittwunde
les **courbatures** fpl [kurbatyr]	Muskelkater
la **crise cardiaque** [krizkardjak]	Herzanfall
le **diabète** [djabɛt]	Zuckerkrankheit, Diabetes

Krankheiten — Gesundheit und Körperpflege 14

la **diarrhée** [djare]	Durchfall
la **douleur** [dulœr]	Schmerz
empoisonner (s') [sɑ̃pwazɔne]	sich vergiften
évanouir (s') [sevanwir]	in Ohnmacht fallen
la **fracture** [fraktyr]	Bruch
l'**insolation** f [ɛ̃sɔlɑsjɔ̃]	Sonnenstich
l'**intoxication** f [ɛ̃tɔksikɑsjɔ̃]	Vergiftung
la **morsure** [mɔrsyr]	Bißwunde
les **oreillons** mpl [ɔrɛjɔ̃]	Ziegenpeter, Mumps
l'**otite** f [ɔtit]	Mittelohrentzündung
la **plaie** [plɛ]	Wunde
le **poison** [pwazɔ̃]	Gift
la **rage** [raʒ]	Tollwut
le **rhumatisme** [rymatism]	Rheuma
la **rougeole** [ruʒɔl]	Masern
la **rubéole** [rybeɔl]	Röteln
se casser le bras [səkaselbra]	sich den Arm brechen
le **SIDA** [sida]	Aids
sourd, e [sur, d]	taub
sourd-muet, sourde-muette [surmɥə, surdmɥɛt]	taubstumm
la **tension** [tɑ̃sjɔ̃] Il faut prendre sa tension régulièrement. J'ai de la tension.	Bluthochdruck; Blutdruck Man sollte regelmäßig den Blutdruck messen. Ich habe einen zu hohen Blutdruck.
le **tétanos** [tetanɔs]	Tetanus, Wundstarrkrampf
la **varicelle** [varisɛl]	Windpocken

Auswirkungen von Krankheiten

avoir chaud [avwarʃo]	schwitzen
avoir des jambes molles [avwardeʒɑ̃bmɔl]	weiche Knie haben
avoir froid [avwarfrwa] J'ai froid.	frieren Mir ist kalt.
avoir mauvaise mine [avwarmɔvɛzmin]	schlecht aussehen
avoir sommeil [avwarsɔmɛj] J'ai sommeil.	müde sein Ich bin müde.
brûlant, e [brylɑ̃, t]	sehr heiß
l'**état** *m* [eta] Son état est très grave.	Zustand Sein Zustand ist sehr ernst.
éternuer [etɛrnɥe]	niesen
faible [fɛbl]	schwach
faire mal [fɛrmal] Où ça fait mal?	weh tun Wo tut es weh?
la **fatigue** [fatig]	Müdigkeit
fatiguer [fatige]	ermüden
fragile [fraʒil]	schwächlich, gebrechlich
grossir [grosir] J'ai grossi de trois kilos.	zunehmen Ich habe drei Kilo zugenommen.
maigre [mɛgr]	mager, dünn
maigrir [mɛgrir] J'ai maigri de deux kilos.	abnehmen Ich habe zwei Kilo abgenommen.
pâle [pɑl]	blaß, bleich
se sentir bien/mal [səsɑ̃tirbjɛ̃/mal]	sich wohl/unwohl fühlen

tomber de fatigue [tɔ̃bedfatig]	vor Müdigkeit umfallen
tomber de sommeil [tɔ̃bedsɔmɛj]	vor Müdigkeit umfallen
tousser [tuse]	husten
transpirer [trãspire]	schwitzen
trembler [trãble]	zittern

avoir le vertige [avwarləvɛrtiʒ] J'ai le vertige.	Mir ist schwindlig.
Ça me démange. [samdemãʒ]	Es juckt mich überall.
la **démangeaison** [demãʒɛzõ]	Juckreiz
épuisé, e [epɥize]	erschöpft
étouffer [etufe] On étouffe dans cette pièce.	ersticken In diesem Raum ist die Luft zum Ersticken.
être trempé, e [ɛtrətrãpe]	naßgeschwitzt sein
handicapé, e ['ãdikape]	behindert
la **toux** [tu]	Husten

Behandlung von Krankheiten

l'**aide** f [ɛd]	Hilfe
aider [ede] Vous êtes là pour aider les malades.	helfen Sie sind da, den Kranken zu helfen.
améliorer [ameljɔre]	verbessern
avoir bonne mine [avwarbɔnmin]	gut aussehen
bien [bjɛ̃]	gut
le **cachet** [kaʃɛ]	Tablette
le **chirurgien**, la **chirurgienne** [ʃiryrʒjɛ̃, ɛn]	Chirurg(in)
le **client**, la **cliente** [klijã, t]	Patient(in)
la **clinique** [klinik]	Krankenhaus, Klinik
le **comprimé** [kõprime]	Tablette

14 Gesundheit und Körperpflege — Behandlung von Krankheiten

le **docteur** [dɔktœr]	Arzt, Ärztin
efficace [efikas]	erfolgreich, wirkungsvoll
être au régime [ɛtroreʒim]	eine Hungerkur machen, fasten
être en forme [ɛtrãfɔrm]	fit sein, in Form sein
examiner [ɛgzamine]	untersuchen
l'**exercice** m [ɛgzɛrsis]	Übung
guérir [gerir]	heilen
l'**hôpital, -aux** m [ɔpital, o]	Krankenhaus
l'**infirmier, -ère** [ɛ̃firmje, ɛr]	Krankenpfleger, -schwester
l'**instrument** m [ɛ̃strymã]	Instrument
les **lunettes** fpl [lynɛt] Je porte des lunettes.	Brille Ich trage eine Brille.
le **médecin** [mɛdsɛ̃]	Arzt, Ärztin
la **médecine** [mɛdsin]	Medizin, Heilmittel
le **médicament** [medikamã]	Medikament
l'**opération** f [ɔperasjɔ̃]	Operation
opérer [ɔpere]	operieren
la **pharmacie** [farmasi]	Apotheke
la **pilule** [pilyl]	Pille; Antibabypille
porter (se) [səpɔrte]	sich fühlen
prendre [prãdr]	einnehmen
la **prise (de sang)** [priz(dəsã)]	Blutabnahme
la **radio** [radjo]	Röntgenaufnahme
le **régime** [reʒim]	Diät
le **repos** [rəpo]	Ruhe
reposer (se) [sərəpoze]	sich ausruhen
sain, e [sɛ̃, sɛn]	gesund
la **santé** [sãte]	Gesundheit
sauver [sove]	retten
soigner [swaɲe] Je me fais soigner les dents régulièrement.	pflegen; behandeln Ich gehe regelmäßig zur Zahnbehandlung.

le **soin** [swɛ̃]	Behandlung
Les soins sont peu efficaces.	Die Behandlung ist wenig wirksam.
Les soins du visage.	Die Gesichtspflege.
solide [sɔlid]	kräftig, stark
René a une santé solide.	René ist kerngesund.
suivre un régime [sɥivrɛ̃reʒim]	Diät halten
le **traitement** [trɛtmɑ̃]	Behandlung
traiter [trɛte]	behandeln
J'ai été traité à la cortisone.	Ich wurde mit Kortison behandelt.
J'ai été traité pour mon asthme.	Ich bin wegen meines Asthmas behandelt worden.
la **vie** [vi]	Leben
vivant, e [vivɑ̃, t]	lebendig
vivre [vivr]	leben

14 Gesundheit und Körperpflege — Behandlung von Krankheiten

l'**ambulance** f [ãbylãs]	Krankenwagen
le **bandage** [bãdaʒ]	Verband
le **diagnostic** [djagnɔstik]	Diagnose
les **gouttes** fpl [gut]	Tropfen
le **mercurochrome** [mɛrkyrɔkrɔm]	Jodersatz
l'**ordonnance** f [ɔrdɔnãs]	Rezept
Faites-moi une ordonnance.	Schreiben Sie mir ein Rezept.
le **pansement** [pãsmã]	Verband
le **pharmacien**, la **pharmacienne** [farmasjɛ̃, ɛn]	Apotheker(in)
la **piqûre** [pikyr]	Spritze
le **plâtre** [plɑtr]	Gips
J'ai le bras dans le plâtre.	Ich habe den Arm in Gips.
la **pommade** [pɔmad]	Salbe
Appliquer la pommade sur la peau.	Die Salbe auf die Haut auftragen.
la **précaution** [prekosjõ]	Vorsichtsmaßnahme, Vorsorge
prendre le pouls [prãdrəlpu]	den Puls fühlen
protéger (se) [səprɔteʒe]	sich schützen
récupérer [rekypere]	sich erholen
J'ai besoin de récupérer.	Ich muß mich noch erholen.
le **remède** [rəmɛd]	Heilmittel
remettre (se) [sərəmɛtr]	sich erholen
Tu t'es remis de ta grippe?	Hast du dich von deiner Grippe erholt?
reprendre des forces [rəprãdrədefɔrs]	wieder zu Kräften kommen
la **Sécurité sociale** [sekyritesɔsjal]	Pflichtkrankenkasse
le **sparadrap** [sparadra]	Pflaster
vacciner [vaksine]	impfen

Körperpflege

le **bain** [bɛ̃]	Bad
la **barbe** [barb]	Bart
le **bouton** [butɔ̃]	Pickel
la **brosse** [brɔs]	Bürste
chaud, e [ʃo, d]	warm, heiß
le **cheveu, x** [ʃəvø]	Haar
les **ciseaux** *mpl* [sizo]	Schere
coiffer (se) [səkwafe]	sich kämmen
le **coiffeur**, la **coiffeuse** [kwafœr, øz]	Friseur, Friseuse
Je vais chez le coiffeur.	Ich gehe zum Friseur.
la **crème** [krɛm]	Creme
le **dentifrice** [dɑ̃tifris]	Zahnpasta
la **douche** [duʃ]	Dusche
Prends une douche.	Geh duschen.
l'**éponge** *f* [epɔ̃ʒ]	Schwamm
froid, e [frwa, d]	kalt, kühl
frotter [frɔte]	reiben
laver [lave]	waschen
laver (se) [səlave]	sich waschen
Tu t'es lavé les dents?	Hast du dir die Zähne geputzt?
la **ligne** [liɲ]	Figur, Linie
Je fais attention à ma ligne.	Ich achte auf meine Figur.
les **lunettes de soleil** *fpl* [lynɛtdəsɔlɛj]	Sonnenbrille
maquiller (se) [səmakije]	sich schminken
mouillé, e [muje]	naß
l'**ongle** *m* [ɔ̃gl]	Nagel
le **parfum** [parfɛ̃]	Parfüm, Duft
le **peigne** [pɛɲ]	Kamm
peigner (se) [səpeɲe]	sich kämmen

Gesundheit und Körperpflege — Körperpflege

peser [pəse]	wiegen
propre [prɔpr]	sauber
raser (se) [səraze]	sich rasieren
le **rouge à lèvres** [ruʒalɛvr]	Lippenstift
J'ai mis du rouge à lèvres.	Ich habe mir die Lippen geschminkt.
sale [sal]	schmutzig
le **savon** [savɔ̃]	Seife
sécher [seʃe]	trocknen
la **serviette** [sɛrvjɛt]	Handtuch
la **toilette** [twalɛt]	Körperpflege
le **cil** [sil]	Wimper
le **coton** [kɔtɔ̃]	Watte
l'**eau de toilette** f [odətwalɛt]	Toilettenwasser
faire couler [fɛrkule]	einlaufen lassen
Fais-moi couler un bain.	Laß mir ein Bad ein.
la **lame à raser** [lamaraze]	Rasierklinge
la **laque** [lak]	Haarspray
la **lime à ongles** [limaɔ̃gl]	Nagelfeile
moucher (se) [səmuʃe]	sich die Nase putzen
le **moustache** [mustaʃ]	Schnurrbart
la **paupière** [pɔpjɛr]	Lid
le **poil** [pwal]	Körperhaar
la **poudre** [pudr]	Puder
le **produit de beauté** [prɔdɥidbote]	Kosmetikartikel
le **rasoir** [razwar]	Rasierapparat
se faire la barbe [səfɛrlabarb]	sich rasieren
le **sèche-cheveux** [sɛʃəvø]	Fön®
le **teint** [tɛ̃]	Teint
le **vernis à ongles** [vɛrniaɔ̃gl]	Nagellack

Hobby und Sport 15

Allgemeine Begriffe

actif, -ive [aktif, iv] — aktiv

l'**activité** f [aktivite] — Beschäftigung

avoir besoin de [avwarbəzwɛ̃də] — brauchen
J'ai besoin de courir un peu. — Ich muß einfach laufen.

avoir envie de [avwarɑ̃vidə] — Lust haben auf
J'ai envie de faire un footing. — Ich habe Lust auf einen Dauerlauf.

la **distraction** [distraksjɔ̃] — Ablenkung, Unterhaltung

distraire (se) [sədistrɛr] — sich unterhalten

faire la queue [fɛrlakø] — sich anstellen, warten

le **jeu, x** [ʒø] — Spiel

jouer [ʒwe] — spielen
Tu joues au volley avec nous? — Spielst du mit uns Volleyball?

les **loisirs** mpl [lwazir] — Freizeit
L'industrie des loisirs. — Die Freizeitindustrie.

le **monde** [mɔ̃d] — Leute; Welt
Le monde du sport. — Die Welt des Sports.

l'**occupation** f [ɔkypasjɔ̃] — Beschäftigung
Mon occupation préférée. — Meine Lieblingsbeschäftigung.

participer [partisipe] — teilnehmen
J'ai participé à une course populaire. — Ich habe an einem Volkslauf teilgenommen.

la **partie** [parti] — Spiel

passer son temps à [pasesɔ̃tɑ̃a] — seine Zeit verbringen mit
Je passe mon temps à tricoter. — Ich verbringe meine Zeit mit Stricken.

le **plaisir** [plezir] — Vergnügen

---

l'**amateur** m [amatœr] — Amateur

coûteux, -euse [kutø, z] — teuer

détendre (se) [sədetɑ̃dr] — sich entspannen

le **divertissement** [divɛrtismɑ̃] — Unterhaltung

le **pro** [pro] — Profi

Hobbies

l'**appareil photo** *m* [aparɛjfɔtɔ]	Fotoapparat
arracher [araʃe]	jäten, herausreißen
Qui m'aide à arracher les mauvaises herbes?	Wer hilft mir beim Unkrautjäten?
bricoler [brikɔle]	basteln, heimwerken
le **bricoleur**, la **bricoleuse** [brikɔlœr, øz]	Heimwerker(in), Bastler(in)
Jean Pierre est un bricoleur fanatique.	Hans Peter ist ein fanatischer Bastler.
la **caméra** [kamera]	Filmkamera
la **carte** [kart]	Karte
la **cassette** [kasɛt]	Kassette
Tu me prends une cassette video?	Bringst du mir eine Videokassette mit?
le **catalogue** [katalɔg]	Katalog
la **colle** [kɔl]	Klebstoff, Kleber, Leim
la **collection** [kɔlɛksjɔ̃]	Sammlung
coller [kɔle]	kleben
développer [devlɔpe]	entwickeln
les **échecs** *mpl* [eʃɛk]	Schachspiel
On fait une partie d'échecs?	Spielen wir eine Partie Schach?
enregistrer [ɑ̃rəʒistre]	aufnehmen
J'ai enregistré le concert.	Ich habe das Konzert aufgenommen.
l'**épreuve** *f* [eprœv]	Abzug, Bild
le **film** [film]	Film
la **fleur** [flœr]	Blume
la **guitare** [gitar]	Gitarre
l'**herbe** *f* [ɛrb]	Kraut; Gras
le **jardin** [ʒardɛ̃]	Garten
le **jouet** [ʒwɛ]	Spielzeug
la **musique** [myzik]	Musik
la **peinture** [pɛ̃tyr]	Malerei

la **photo** [fɔto]	Foto
la **plante** [plãt]	Pflanze
planter [plãte]	pflanzen
le **rythme** [ritm]	Rhythmus
le **timbre** [tɛ̃mbr]	Briefmarke

arroser [aroze]
J'ai arrosé le gazon.

gießen
Ich habe den Rasen gesprengt.

cultiver [kyltive] — anbauen

le **folklore** [fɔlklɔr] — Folklore

le **gazon** [gazɔ̃] — Rasen

inscrire (s') [sɛ̃skrir]
Je vais m'inscrire à un cours de danse.

sich anmelden
Ich werde mich zu einem Tanzkurs anmelden.

la **mauvaise herbe** [mɔvɛzɛrb] — Unkraut

le **music-hall** [myzikol] — Musikpalast

la **pellicule** [pɛlikyl]
Je prends toujours des pellicules de 400 ASA.

Film
Ich nehme immer 27-DIN-Filme.

la **sensibilité** [sãsibilite] — Empfindlichkeit

tondre [tɔ̃dr] — mähen

——— Sportbegriffe ———

battre [batr]
Paris a battu Marseille 3 à 1.

Personne ne battra le record du monde de saut en longueur.

schlagen
Paris hat Marseille 3 zu 1 geschlagen.

Niemand wird den Weitsprungweltrekord schlagen.

le **but** [byt]
Quel joli but!

Tor
Was für ein schönes Tor!

le **champion,** la **championne** [ʃɑ̃pjɔ̃, ɔn]
Alain Prost a été deux fois champion du monde.

Sieger(in), Meister(in)

Alain Prost war zweimal Weltmeister.

le **club** [klœb] — Klub, Verein

entraîner (s') [sɑ̃trene] — trainieren

l'**équipe** f [ekip] L'équipe nationale.	Mannschaft Die Nationalmannschaft.
l'**étape** f [etap] Qui a gagné la troisième étape du Tour de France?	Etappe Wer hat die dritte Etappe der Tour de France gewonnen?
être en forme [ɛtrãfɔrm] Je suis en pleine forme.	fit sein, in Form sein Ich bin topfit.
la **force** [fɔrs]	Kraft, Stärke
gagner [gaɲe]	gewinnen
gonfler [gɔ̃fle]	aufpumpen; aufblasen
la **ligne** [liɲ] Je n'aime pas la pêche à la ligne.	Angelschnur; Linie Ich finde Angeln schrecklich.
le **maillot** [majo]	Trikot
l'**outil** m [uti]	Werkzeug
perdre [pɛrdr]	verlieren
le **record** [rəkɔr]	Rekord
le **règlement** [rɛgləmã]	Vorschrift, Spielregel
remporter [rãpɔrte] Alain Prost a remporté la victoire.	erringen Alain Prost hat den Sieg davongetragen.
le **résultat** [rezylta]	Ergebnis
siffler [sifle] Le public a sifflé les joueurs. L'arbitre a sifflé la mi-temps.	pfeifen Die Zuschauer haben die Spieler ausgepfiffen. Der Schiedsrichter pfiff zur Halbzeit.
le **sport** [spɔr]	Sport
le **stade** [stad]	Stadion
le **terrain de sport** [tɛrɛ̃dspɔr]	Sportplatz
transpirer [trãspire]	schwitzen
la **victoire** [viktwar]	Sieg

l'**adversaire** *mf* [advɛrsɛr]	Gegner(in)
l'**arbitre** *m* [arbitr]	Schiedsrichter(in)
l'**athlète** *mf* [atlɛt]	Athlet(in), Sportler(in)
la **belle** [bɛl] Henri Leconte a perdu la belle contre Boris Becker.	Entscheidungssatz Henri Leconte hat den Entscheidungssatz gegen Boris Becker verloren.
le **championnat** [ʃɑ̃pjɔna] Le championnat d'Europe. Le championnat du monde.	Meisterschaft Die Europameisterschaft. Die Weltmeisterschaft.
la **compétition** [kɔ̃petisjɔ̃]	Wettkampf
la **coupe** [kup] La coupe du monde.	Pokal Die Fußballweltmeisterschaft.
la **défaite** [defɛt]	Niederlage
le **défi** [defi] Le défi de Kasparov contre Karpov.	Herausforderung Die Herausforderung Karpows durch Kasparow.
les **Jeux Olympiques** *mpl* [ʒøzɔlɛ̃pik]	Olympische Spiele
lutter [lyte]	kämpfen, ringen
la **médaille** [medaj] Qui a gagné la médaille d'or?	Medaille Wer hat die Goldmedaille gewonnen?
la **mi-temps** [mitɑ̃]	Halbzeit
le **participant**, la **participante** [partisipɑ̃, t]	Teilnehmer(in)
pratiquer [pratike] Vous pratiquez quel sport?	ausüben Welchen Sport treiben Sie?
le **professionnel**, la **professionnelle** [prɔfɛsjɔnɛl]	Profi, Berufssportler(in)
la **revanche** [rəvɑ̃ʃ]	Revanche
rival, e, -aux [rival, o]	gegnerisch
tirer au sort [tireosɔr]	auslosen
le **vainqueur** [vɛ̃kœr]	Sieger(in)

Sportliche Betätigungen

la **balle** [bal]	Ball; Kugel
le **ballon** [balõ]	(Fuß)Ball
le **bateau, x** [bato]	Boot, Schiff
J'ai acheté un petit bateau à voiles.	Ich habe ein kleines Segelboot gekauft.
la **chasse** [ʃas]	Jagd
La chasse aux canards est ouverte.	Die Entenjagd ist eröffnet.
chasser [ʃase]	jagen
la **course** [kurs]	Lauf, Rennen
la **descente** [desãt]	Abfahrt
faire de la gymnastique [fɛrdlaʒimnastik]	turnen
faire du ski [fɛrdyski]	Schi fahren
faire du sport [fɛrdyspɔr]	Sport treiben
le **foot(ball)** [fut(bol)]	Fußball
le **gardien de but** [gardjɛ̃dbyt]	Torwart
grimper [grɛ̃pe]	klettern
la **gym(nastique)** [ʒim(nastik)]	Turnen; Gymnastik
lancer [lãse]	werfen
le **match** [matʃ]	Spiel
nager [naʒe]	schwimmen
la **neige** [nɛʒ]	Schnee
l'**obstacle** m [ɔpstakl]	Hindernis
Une course d'obstacles.	Ein Hindernisrennen.
pêcher [peʃe]	angeln, fischen
plonger [plõʒe]	tauchen; kunstspringen
le **rugby** [rygbi]	Rugby
sauter [sote]	springen
le **ski** [ski]	Schi
le **vélo** [velo]	Fahrrad

Sportliche Betätigungen — Hobby und Sport

aller à la pêche [alealapɛʃ]	angeln gehen
l'**alpiniste** *mf* [alpinist]	Bergsteiger(in)
l'**arc** *m* [ark]	Bogen
l'**athlétisme** *m* [atletism]	Leichtathletik
l'**aviron** *m* [avirɔ̃]	Rudern
la **bicyclette** [bisiklɛt]	Fahrrad
la **boxe** [bɔks]	Boxen
le **chasseur**, la **chasseuse** [ʃasœr, øz]	Jäger(in)
le **cyclisme** [siklism]	Radfahren
le, la **cycliste** [siklist]	Radfahrer(in)
l'**escrime** *f* [ɛskrim]	Fechten
faire de l'alpinisme [fɛrdəlalpinism]	bergsteigen
faire de la voile [fɛrdəlavwal]	segeln
faire du cheval [fɛrdyʃval]	reiten
le **filet** [filɛ]	Netz
le **golf** [gɔlf]	Golf
la **marche à pied** [marʃapje]	Fußmarsch
la **natation** [natɑsjɔ̃]	Schwimmen
le **patinage** [patinaʒ]	Eislaufen
les **patins à roulettes** *mpl* [patɛ̃arulɛt]	Rollschuhe
le **pêcheur**, la **pêcheuse** [pɛʃœr, øz]	Angler(in)
le **ping-pong** [piŋpɔŋ]	Tischtennis
la **planche à roulettes** [plɑ̃ʃarulɛt]	Skateboard
la **planche à voile** [plɑ̃ʃavwal]	Surfbrett
le **skieur**, la **skieuse** [skjœr, øz]	Schifahrer(in)
les **sports d'hiver** *mpl* [spɔrdivɛr]	Wintersport
les **sports nautiques** *mpl* [spɔrnotik]	Wassersport
la **voile** [vwal]	Segeln
le **volley** [vɔlɛ]	Volleyball

16 Reisen und Tourismus

Reisevorbereitungen

l'**agence de voyages** f [aʒɑ̃sdəvwajaʒ]
Reisebüro

le **catalogue** [katalɔg]
Katalog

le **client**, la **cliente** [klijɑ̃, t]
Kunde, Kundin

l'**employé, e** [ɑ̃plwaje]
Angestellte(r)

faire sa valise [fɛrsavaliz]
Koffer packen

le, la **guide** [gid]
Führer(in)
Tu peux me prêter ton guide Michelin?
Kannst du mir deinen Michelin-Führer leihen?

l'**indication** f [ɛ̃dikɑsjɔ̃]
Hinweis

l'**itinéraire bis** m [itinerɛrbis]
Nebenstrecke, Ausweichstrecke
L'itinéraire bis est indiqué par des flèches vertes.
Ausweichstrecken werden durch grüne Pfeile markiert.

la **liste** [list]
Liste

de location [lɔkɑsjɔ̃]
Miet-
On prendra une voiture de location?
Nehmen wir einen Mietwagen?

louer [lwe]
mieten
On loue les patins sur place?
Mieten wir die Schlittschuhe an Ort und Stelle?

le **projet** [prɔʒɛ]
Projekt, Plan

le **renseignement** [rɑ̃sɛɲəmɑ̃]
Auskunft

réserver [rezɛrve]
buchen

le **séjour** [seʒur]
Aufenthalt

le **syndicat d'initiative** [sɛ̃dikadinisjativ]
Verkehrsverein

le, la **touriste** [turist]
Tourist(in)

les **vacances** fpl [vakɑ̃s]
Ferien, Urlaub
Nous avons passé de bonnes vacances.
Wir haben schöne Ferien verbracht.

la **valise** [valiz]
Koffer

le **voyage** [vwajaʒ]
Reise
Je suis parti en voyage.
Ich bin verreist.

le **voyage organisé** [vwajaʒɔrganize]
Gruppenreise

voyager [vwajaʒe]	reisen
la **vue d'ensemble** [vydɑ̃sɑ̃bl]	Gesamtansicht

les **arrhes** *fpl* [ar]	Anzahlung
la **carte routière** [kartrutjɛr]	Straßenkarte
informer (s') [sɛ̃fɔrme] Tu t'es informé des conditions de location?	sich informieren Hast du dich über die Mietbedingungen informiert?
l'**itinéraire** *m* [itinerɛr]	Weg, Strecke
recommander [rəkɔmɑ̃de]	empfehlen
la **réservation** [rezɛrvasjɔ̃]	Buchung, Reservierung
le **vacancier**, la **vacancière** [vakɑ̃sje, ɛr]	Urlauber(in)

Ablauf der Reise

accompagner [akɔ̃paɲe]	begleiten
l'**aéroport** *m* [aerɔpɔr]	Flughafen
l'**aller et retour** *m* [aleɛrtur] Tu prends deux aller et retour.	Rückfahrkarte Du nimmst zwei Rückfahrkarten.
l'**arrivée** *f* [arive]	Ankunft
arriver [arive] Nous sommes arrivés.	ankommen Wir sind da.
l'**avion** *m* [avjɔ̃]	Flugzeug
avoir le mal de mer [avwarləmaldəmɛr]	seekrank sein
les **bagages** *mpl* [bagaʒ]	Gepäck
le **bateau, x** [bato]	Boot, Schiff
le **bord** [bɔr] Nous avons une petite maison au bord de la mer. Bienvenus à bord.	Bord, Ufer Wir haben ein kleines Häuschen am Meer. Willkommen an Bord.
le **car** [kar]	Reisebus
le **carnet** [karnɛ]	Fahrscheinheft
la **classe** [klɑs]	Klasse

16 Reisen und Tourismus — Ablauf der Reise

la **consigne** [kɔ̃siɲ]	Gepäckaufbewahrung
J'ai mis la valise à la consigne.	Ich habe den Koffer in ein Schließfach getan.
le **contrôle** [kɔ̃trol]	Kontrolle
la **couchette** [kuʃɛt]	Liegewagenplatz
coûter cher [kuteʃɛr]	teuer sein
déclarer [deklare]	anmelden
Avez-vous quelque chose à déclarer?	Haben Sie etwas anzumelden?
le **départ** [depar]	Abreise
direct, e [dirɛkt]	Direkt-
C'est un train direct?	Ist das ein durchgehender Zug?
la **douane** [dwan]	Zoll
en règle [ɑ̃rɛglə]	in Ordnung, ordnungsgemäß
Vos papiers ne sont pas en règle.	Ihre Papiere sind nicht in Ordnung.
faire la queue [fɛrlakø]	sich anstellen, warten
la **formalité** [fɔrmalite]	Formalität
fouiller [fuje]	durchsuchen
On nous a fouillés.	Wir wurden gefilzt.
la **frontière** [frɔ̃tjɛr]	Grenze
la **gare** [gar]	Bahnhof
l'**horaire** m [ɔrɛr]	Fahrplan
partir [partir]	abfahren; weggehen; wegfahren
Jean Marc est parti pour l'Afrique.	Jean Marc ist nach Afrika gefahren.
le **passager**, la **passagère** [pasaʒe, ɛr]	Fahrgast, Passagier
le **passeport** [paspɔr]	Reisepaß
payer cher [pejeʃɛr]	teuer bezahlen
la **pièce d'identité** [pjɛsdidɑ̃tite]	Ausweis
le **port** [pɔr]	Hafen
premier, -ère [prəmje, ɛr]	erste(r, s)
Je ne voyage jamais en première classe.	Ich fahre nie erster Klasse.
prendre [prɑ̃dr]	nehmen
le **quai** [ke]	Bahnsteig; Mole
De quel quai part le bateau?	Von welchem Kai fährt das Schiff ab?
rapide [rapid]	schnell

rater [rate]	verpassen
le **retard** [rətar]	Verspätung
Le train est en retard.	Der Zug hat Verspätung.
second, e [səgɔ̃, d]	zweite(r, s)
le **supplément** [syplemɑ̃]	Zuschlag
le **train** [trɛ̃]	Zug, Eisenbahn
la **voiture** [vwatyr]	Auto; Eisenbahnwagen
voler [vɔle]	fliegen
le **wagon-lit** [wagɔ̃li]	Schlafwagen
le **wagon-restaurant** [wagɔ̃rɛstɔrɑ̃]	Speisewagen

le **compartiment** [kɔ̃partimɑ̃]	Abteil
composter [kɔ̃pɔste]	entwerten
N'oubliez pas de composter votre billet.	Vergessen Sie nicht, Ihre Fahrkarte zu entwerten.
l'**escalier roulant** *m* [ɛskaljerulɑ̃]	Rolltreppe
faire du stop [fɛrdystɔp]	per Anhalter fahren
le **ferry** [fɛri]	Fähre
la **passerelle** [pasrɛl]	Gangway
le **péage** [peaʒ]	Autobahngebühr, Maut
Péage à 800 m	Mautstelle nach 800 m
le **tapis roulant** [tapirulɑ̃]	Laufband
le **T.G.V.** [teʒeve]	Hochgeschwindigkeitszug
la **T.V.A.** [tevea]	Mehrwertsteuer

--- **Inhalt der Reise** ---

ancien, ne [ɑ̃sjɛ̃, ɛn]	sehr alt; ehemalig
Le Louvre est un ancien château.	Der Louvre ist ein ehemaliges Schloß.
Marseille est une ville très ancienne.	Marseille ist eine sehr alte Stadt.
l'**appareil photo** *m* [aparɛjfɔto]	Fotoapparat
l'**aventure** *f* [avɑ̃tyr]	Abenteuer
baigner (se) [səbeɲe]	baden
On va se baigner?	Gehen wir baden?

16 Reisen und Tourismus — Inhalt der Reise

le **bain de soleil** [bɛ̃dsɔlɛj]	Sonnenbad
le **bateau-mouche** [batomuʃ]	Aussichtsschiff
bronzé, e [brɔ̃ze]	braungebrannt
célèbre [selɛbr]	berühmt
le **coup de soleil** [kudsɔlɛj]	Sonnenbrand
J'ai attrapé un coup de soleil.	Ich habe einen Sonnenbrand.
la **découverte** [dekuvɛrt]	Entdeckung
A la découverte du Népal!	Entdecken Sie Nepal!
découvrir [dekuvrir]	entdecken
en plein soleil [ɑ̃plɛ̃sɔlɛj]	in der prallen Sonne
l'**étranger** m [etrɑ̃ʒe]	Ausland
Je passe mes vacances à l'étranger.	Ich verbringe meinen Urlaub im Ausland.
étranger, -ère [etrɑ̃ʒe, ɛr]	ausländisch; Ausländer(in)
l'**excursion** f [ɛkskyrsjɔ̃]	Ausflug
faire du feu [fɛrdyfø]	Feuer machen
international, e, -aux [ɛ̃tɛrnasjɔnal, o]	international
les **lunettes de soleil** fpl [lynɛtdəsɔlɛj]	Sonnenbrille
la **mer** [mɛr]	Meer, die See
le **Midi** [midi]	Südfrankreich
la **neige** [nɛʒ]	Schnee
le **pays** [pei]	Land
la **plage** [plaʒ]	Strand
la **région** [reʒjɔ̃]	Gegend, Gebiet
le **repos** [rəpo]	Ruhe, Erholung
reposer (se) [sərəpoze]	sich ausruhen
J'ai dû me reposer du voyage.	Ich mußte mich von der Reise erholen.
les **ruines** fpl [rɥin]	Ruinen
le **sable** [sabl]	Sand
Attention aux sables mouvants dans la baie.	Achtung Treibsand in der Bucht!

la **spécialité** [spesjalite]	Spezialität
Une spécialité du pays.	Eine einheimische Spezialität.
la **statue** [staty]	Statue
typique [tipik]	typisch
visiter [vizite]	besichtigen

aller danser [aledɑ̃se]	tanzen gehen
au grand air [ogrɑ̃tɛr]	an der frischen Luft
la **baignade** [bɛɲad]	Baden
la **boîte de nuit** [bwatdənɥi]	Nachtclub
bronzer [brɔ̃ze]	bräunen
la **croisière** [krwazjɛr]	Kreuzfahrt
en plein air [ɑ̃plɛnɛr]	im Freien, draußen
le **folklore** [fɔlklɔr]	Folklore
la **grande randonnée (GR)** [grɑ̃drɑ̃dɔne (ʒeɛr)]	Fernwanderung
la **Manche** [mɑ̃ʃ]	Ärmelkanal
la **marée basse** [marebɑs]	Ebbe
les **marées** *fpl* [mare]	Gezeiten
L'horaire des marées.	Die Gezeitentafel.
la **Méditerranée** [mediterane]	Mittelmeer
la **mer du Nord** [mɛrdynɔr]	Nordsee
pittoresque [pitɔrɛsk]	malerisch
la **pleine mer** [plɛnmɛr]	Flut
la **randonnée** [rɑ̃dɔne]	Wanderung
le **site** [sit]	schöne Gegend

Unterkunft

l'**ascenseur** *m* [asɑ̃sœr]	Aufzug, Lift
Il y a un ascenseur à l'hôtel?	Gibt es einen Aufzug im Hotel?
l'**auberge de jeunesse** *f* [obɛrʒdəʒœnɛs]	Jugendherberge

le **balcon** [balkɔ̃]	Balkon
bruyant, e [brɥijɑ̃, t]	laut, lärmend
C'est bruyant chez vous!	Bei Ihnen ist es laut!
calme [kalm]	ruhig
le **camping** [kɑ̃piŋ]	Camping
Cette année, on a fait du camping.	Dieses Jahr haben wir gecampt.
la **catégorie** [kategɔri]	Kategorie
central, e, -aux [sɑ̃tral, o]	zentral
la **chambre** [ʃɑ̃br]	Zimmer
C'est une chambre à deux lits?	Ist das ein Zimmer mit zwei Betten?
la **clé** [kle]	Schlüssel
le **club** [klœb]	Klub
complet, -ète [kɔ̃plɛ, t]	belegt
le **confort** [kɔ̃fɔr]	Komfort
donner sur [dɔnesyr]	gehen auf
Ma chambre donne sur la mer.	Mein Zimmer geht aufs Meer hinaus.
la **douche** [duʃ]	Dusche
l'**étoile** f [etwal]	Stern
le **grand lit** [grɑ̃li]	französisches Bett
le **hall** ['ol]	Empfangshalle
l'**hôtel** m [ɔtɛl]	Hotel
l'**interprète** mf [ɛ̃tɛrprɛt]	Dolmetscher(in)
le **lavabo** [lavabo]	Waschbecken
le **lit** [li]	Bett
le **luxe** [lyks]	Luxus
la **pension** [pɑ̃sjɔ̃]	Pension
Réservez une chambre en demi-pension.	Reservieren Sie ein Zimmer mit Halbpension.
Réservez une chambre en pension complète.	Reservieren Sie ein Zimmer mit Vollpension.
J'habite dans une petite pension de famille.	Ich wohne in einer kleinen Familienpension.
le **personnel** [pɛrsɔnɛl]	Personal
le **petit déjeuner** [ptideʒøne]	Frühstück
la **règle** [rɛgl]	Regel, Vorschrift
C'est la règle du jeu.	Das sind halt die Spielregeln.

Unterkunft	Reisen und Tourismus 16
le **restaurant** [rɛstɔrɑ̃]	Restaurant, Gaststätte
le **service** [sɛrvis]	Bedienung
le **terrain** [tɛrɛ̃]	Gelände, Platz
la **terrasse** [tɛras]	Terrasse
les **W.-C.** *mpl* [vese]	WC

la **caravane** [karavan]	Wohnwagen
la **clientèle** [klijɑ̃tɛl]	Kundschaft
la **colo(nie de vacances)** [kɔlɔ(nidvakɑ̃s)]	Ferienlager für Kinder
faire du camping [fɛrdykɑ̃piŋ]	campen
luxueux, -euse [lyksɥø, z]	Luxus-
le **prix forfaitaire** [priforfɛtɛr]	Pauschalpreis
la **réception** [resɛpsjɔ̃]	Empfang
la **réclamation** [reklamɑsjɔ̃]	Reklamation
la **tente** [tɑ̃t] J'ai couché sous la tente.	Zelt Ich habe im Zelt geschlafen.

17 Schule und Universität

―――――――――― **Schulsystem** ――――――――――

la **bibliothèque** [biblijɔtɛk]	Bibliothek
la **classe** [klɑs]	Klasse
Je vais en classe.	Ich gehe in die Schule.
le **collège** [kɔlɛʒ]	Gesamtschule
Tous les Français vont quatre ans au collège.	Alle Franzosen gehen vier Jahre in die Gesamtschule.
l'**échange** *m* [eʃɑ̃ʒ]	Austausch
l'**école** *f* [ekɔl]	Schule
l'**élève** *mf* [elɛv]	Schüler(in)
l'**enseignement** *m* [ɑ̃sɛɲəmɑ̃]	Unterricht
L'enseignement public est laïque et gratuit en France.	Der staatliche Unterricht ist konfessionslos und kostenlos in Frankreich.
l'**instituteur, -trice** [ɛ̃stitytœr, tris]	Grundschullehrer(in)
l'**instruction** *f* [ɛ̃stryksjɔ̃]	Unterweisung
le **lycée** [lise]	Gymnasium
privé, e [prive]	privat
le **prof(esseur)** [prɔf(ɛsœr)]	Lehrer(in)
le **programme** [prɔgram]	Lehrplan
Qu'est-ce que vous avez au programme cette année?	Was steht dieses Jahr auf dem Lehrplan?
la **réforme** [refɔrm]	Reform
la **salle** [sal]	Klassenzimmer
scolaire [skɔlɛr]	Schul-
secondaire [səgɔ̃dɛr]	Sekundar-
surveiller [syrveje]	aufpassen; beaufsichtigen
le **système** [sistɛm]	System
l'**analphabète** *mf* [analfabɛt]	Analphabet(in)
bilingue [bilɛ̃g]	zweisprachig
Nous aimerions être bilingues.	Wir wären gerne zweisprachig.
le **bilinguisme** [bilɛ̃gɥism]	Zweisprachigkeit

l'**enseignement primaire** *m* [ãsɛɲəmãprimɛr]	Grundschule
l'**enseignement secondaire** *m* [ãsɛɲəmãsəgõdɛr]	Sekundarstufe, weiterführende Schule
enseigner [ãsɛɲe]	unterrichten
la **formation professionnelle** [fɔrmasjõprɔfɛsjɔnɛl]	Berufsausbildung
francophone [frãkɔfɔn]	französischsprechend
la **francophonie** [frãkɔfɔni]	französischsprechende Welt
l'**indigène** *mf* [ɛ̃diʒɛn]	Einheimische(r)
la **maternelle** [matɛrnɛl]	Kindergarten
mixte [mikst]	koedukativ, gemischt
l'**option** *f* [ɔpsjõ]	Fachrichtung
le **primaire** [primɛr]	Grundschule
le **proviseur** [prɔvizœr]	Oberstudiendirektor(in)
redoubler [rəduble]	sitzenbleiben
la **scolarité** [skɔlarite] La scolarité obligatoire est de dix ans.	Schulzeit Die Schulpflicht dauert zehn Jahre.
le **surveillant**, la **surveillante** [syrvɛjã, t]	Aufsichtsperson

Unterrichtsfächer

le **calcul** [kalkyl]	Rechnung; Rechnen
la **chimie** [ʃimi]	Chemie
le **cours** [kur] Les cours durent une heure entière.	Unterrichtsstunde Die Unterrichtsstunde dauert eine ganze Stunde.
le **dessin** [desɛ̃]	Zeichnung; Zeichnen
l'**éducation physique** *f* [edykasjõfizik]	Sportunterricht
l'**étude** *f* [etyd]	Studie
la **géographie** [ʒeɔgrafi]	Erdkunde, Geographie

17 Schule und Universität — Unterrichtsfächer

la **gym(nastique)** [ʒim(nastik)]	Turnen
l'**histoire** f [istwar]	Geschichte
la **langue** [lãg]	Sprache
les **mathématiques** fpl [matematik]	Mathematik
les **maths** fpl [mat]	Mathematik
la **matière** [matjɛr]	Fach
la **musique** [myzik]	Musik
la **physique** [fizik]	Physik
les **sciences naturelles** fpl [sjãsnatyrɛl]	Biologie
l'**instruction civique** f [ɛ̃stryksjɔ̃sivik]	Gemeinschaftskunde
la **langue étrangère** [lãgetrãʒɛr]	Fremdsprache
la **langue maternelle** [lãgmatɛrnɛl]	Muttersprache
la **philo(sophie)** [filo(zɔfi)]	Philosophie
le **travail manuel** [travajmanɥɛl]	Handarbeit

	8 à 9	9 à 10	10 à 11	11 à 12	2 à 3	3 à 4
Lundi	Français	Anglais	Géographie	Mathématiques	Allemand	Gymnastique
Mardi	Mathématiques		Etude	Anglais	Chimie	
Mercredi	Physique	Etude	Mathématiques	Français		
Jeudi	Allemand	Français		Anglais	Plein air	
Vendredi	Physique	Etude	Histoire	Allemand	Anglais	Français
Samedi	Mathématiques	Histoire	Instruction civique			

Unterrichtsziele

le **but** [byt]	Ziel
le **candidat**, la **candidate** [kɑ̃dida, t]	Kandidat(in), Bewerber(in)
le **certificat** [sɛrtifika]	Zeugnis; Zertifikat
J'ai eu mon certificat d'études.	Ich habe den Hauptschulabschluß.
le **concours** [kɔ̃kur]	Wettbewerb
Tu as passé ton concours?	Hast du deinen Wettbewerb bestanden?
correct, e [kɔrɛkt]	richtig, korrekt
la **culture** [kyltyr]	Bildung
Il n'a aucune culture générale.	Er hat überhaupt keine Allgemeinbildung.
le **diplôme** [diplom]	Diplom
écrit, e [ekri, t]	schriftlich
l'**écriture** f [ekrityr]	Schrift
l'**éducation** f [edykɑsjɔ̃]	Erziehung
être reçu, e [ɛtrərəsy]	eine Prüfung bestehen
J'ai été reçu au bac.	Ich habe mein Abitur bestanden.
l'**examen** m [ɛgzamɛ̃]	Examen, Prüfung
J'ai passé mon examen de maths.	Ich habe meine Matheprüfung bestanden.
moyen, ne [mwajɛ̃, ɛn]	mittelmäßig
oral, e, -aux [ɔral, o]	mündlich
l'**orthographe** m [ɔrtɔgraf]	Rechtschreibung
le **prix** [pri]	Preis
le **progrès** [prɔgrɛ]	Fortschritt
le **résultat** [rezylta]	Ergebnis
J'ai eu de bons résultats.	Ich habe gute Noten gehabt.
savoir [savwar]	wissen; können
Sabine sait bien le français.	Sabine kann gut Französisch.
la **solution** [sɔlysjɔ̃]	Lösung
l'**usage** m [yzaʒ]	Brauch, Gebrauch
le **vocabulaire** [vɔkabylɛr]	Vokabular, Wortschatz

Schule und Universität — Unterrichtsgeschehen

distribuer [distribɥe]	verteilen, austeilen
la **distribution** [distribysjɔ̃]	Verteilung
le **lexique** [lɛksik]	Wortschatz
la **linguistique** [lɛ̃gɥistik]	Linguistik
le **niveau, x** [nivo]	Niveau
la **phonétique** [fɔnetik]	Phonetik
la **syntaxe** [sɛ̃taks]	Syntax

Les lettres de l'alphabet

A [ɑ]	**J** [ʒi]	**S** [ɛs]
B [be]	**K** [kɑ]	**T** [te]
C [se]	**L** [ɛl]	**U** [y]
D [de]	**M** [ɛm]	**V** [ve]
E [ə]	**N** [ɛn]	**W** [dubləve]
F [ɛf]	**O** [o]	**X** [iks]
G [ʒe]	**P** [pe]	**Y** [igrɛk]
H [aʃ]	**Q** [ky]	**Z** [zɛd]
I [i]	**R** [ɛr]	

Unterrichtsgeschehen

absent, e [apsɑ̃, t]	abwesend
Qui est absent?	Wer fehlt?
apprendre [aprɑ̃dr]	lernen
avoir de la volonté [avwardlavɔlɔ̃te]	Willenskraft haben
bref, brève [brɛf, brɛv]	kurz, knapp

calculer [kalkyle]	rechnen
le **chiffre** [ʃifr]	Ziffer, Zahl
compliqué, e [kɔ̃plike]	schwierig, kompliziert
la **composition** [kɔ̃pozisjɔ̃]	Klassenarbeit, Klausur
comprendre [kɔ̃prɑ̃dr]	verstehen
compter [kɔ̃te]	zählen
copier [kɔpje]	abschreiben
corriger [kɔriʒe]	verbessern
décrire [dekrir]	beschreiben
définir [definir]	bestimmen, definieren
dessiner [desine]	zeichnen
développer [devlɔpe]	entwickeln
les **devoirs** *mpl* [dəvwar]	Hausaufgabe
la **dictée** [dikte]	Diktat
la **difficulté** [difikylte]	Schwierigkeit
la **discussion** [diskysjɔ̃]	Diskussion
discuter [diskyte]	diskutieren
diviser [divize]	teilen, dividieren
écrire [ekrir]	schreiben
employer [ɑ̃plwaje]	benutzen
l'**épreuve** *f* [eprœv]	Beweis
étudier [etydje]	studieren; durchnehmen
J'ai étudié la grammaire basque.	Ich habe die baskische Grammatik studiert.
Nous étudions l'histoire des Francs.	Wir nehmen die Geschichte der Franken durch.
l'**exercice** *m* [ɛgzɛrsis]	Übung
l'**explication** *f* [ɛksplikasjɔ̃]	Erklärung
expliquer [ɛksplike]	erklären
l'**expression** *f* [ɛkspresjɔ̃]	Ausdruck
C'est une expression toute faite.	Das ist eine feste Redewendung.
familier, -ère [familje, ɛr]	vertraut
«Piger» est un mot familier.	„Kapieren" ist ein umgangssprachliches Wort.

la **faute** [fot] — Fehler
C'est une faute grave. — Das ist ein schwerer Fehler.

ignorer [iɲɔre] — nicht wissen
Tu ignores tout. — Du weißt nichts.

l'**image** f [imaʒ] — Bild

incompréhensible [ɛ̃kɔ̃preɑ̃sibl] — unverständlich

le **langage** [lɑ̃gaʒ] — Sprache
Le langage des jeunes — Die Jugendsprache

la **leçon** [ləsɔ̃] — Lektion

la **lettre** [lɛtr] — Buchstabe

lire [lir] — lesen

la **note** [nɔt] — Note; Notiz
Tu as pris des notes? — Hast du mitgeschrieben?

noter [nɔte] — benoten; notieren, aufschreiben

nouveau, -vel, -velle, x [nuvo, nuvɛl] — neu

l'**occupation** f [ɔkypɑsjɔ̃] — Beschäftigung

par cœur [parkœr] — auswendig

par écrit [parekri] — schriftlich

paresseux, -euse [parɛsø, z] — faul

parler [parle] — sprechen
Tu parles anglais? — Kannst du Englisch?
Parle plus haut. — Sprich lauter.

préparer [prepare] — vorbereiten
Vous préparez l'examen des Grandes Ecoles? — Bereiten Sie sich auf die Aufnahmeprüfung der Grandes Ecoles vor?

la **preuve** [prœv] — Beweis

le **problème** [prɔblɛm] — Problem, Aufgabe
J'ai résolu mon problème de maths. — Ich habe meine Matheaufgabe gelöst.

prouver [pruve] — beweisen
Qu'est-ce que ça prouve? — Was beweist das schon?

la **question** [kɛstjɔ̃] — Frage
Qui a posé la question? — Wer hat gefragt?

rater [rate] — verpassen; durchfallen
J'ai raté mon interro. — Ich habe meine Arbeit verpatzt.

résumer [rezyme] — zusammenfassen

la **serviette** [sɛrvjɛt]	Schultasche
signifier [siɲifje]	bedeuten
la **table des matières** [tablədematjɛr]	Inhaltsverzeichnis
le **texte** [tɛkst]	Text
traduire [traduir]	übersetzen
transformer [trãsfɔrme]	umwandeln

analyser [analize]	analysieren
l'**arc** *m* [ark]	Kreisbogen
le **brouillon** [brujõ]	Entwurf
citer [site]	zitieren
cocher [kɔʃe] Cochez la case.	ankreuzen Kreuzen Sie das Feld an.
le **contenu** [kõtny]	Inhalt
le **corrigé** [kɔriʒe]	Verbesserung
la **définition** [definisjõ]	Definition
démontrer [demõtre]	zeigen
la **description** [dɛskripsjõ]	Beschreibung
le **dossier** [dosje]	Unterrichtseinheit
dresser [drese]	aufstellen
l'**esquisse** *f* [ɛskis]	Skizze
l'**introduction** *f* [ɛ̃trɔdyksjõ]	Einführung
la **lecture** [lɛktyr]	Lesestoff; Lesen
le **paragraphe** [paragraf]	Abschnitt
prendre des notes [prãdrədenɔt]	Notizen machen
la **prononciation** [prɔnõsjasjõ]	Aussprache
souligner [suliɲe]	unterstreichen
la **traduction** [tradyksjõ]	Übersetzung

Schule und Universität — Grammatik

Unterrichtsmittel
---

le **bouquin** [bukɛ̃]	Buch
le **cahier** [kaje]	Heft
la **calculette** [kalkylɛt]	Taschenrechner
le **crayon** [krɛjɔ̃]	Bleistift
le **dictionnaire** [diksjɔnɛr]	Wörterbuch
l'**encre** f [ɑ̃krə]	Tinte
l'**éponge** f [epɔ̃ʒ]	Schwamm
la **feuille** [fœj]	Blatt; Folie
la **feuille de papier** [fœjdəpapje]	Blatt Papier
la **liste** [list]	Liste
le **livre** [livr]	Buch
le **stylo** [stilo]	Füller
le **stylo (à) bille** [stilo(a)bij]	Kugelschreiber
le **tableau, x** [tablo]	Tafel
le **classeur** [klɑsœr]	Ordner; Ringbuch
le **compas** [kɔ̃pa]	Zirkel
la **craie** [krɛ]	Kreide
la **gomme** [gɔm]	Radiergummi
le **manuel** [manɥɛl] Le manuel scolaire.	Lehrbuch Das Schulbuch.
le **scotch**® [skɔtʃ]	Tesafilm®
le **taille-crayons** [tɑjkrɛjɔ̃]	Anspitzer, Bleistiftspitzer

---
Grammatik
---

l'**accent** m [aksɑ̃]	Akzent
l'**adjectif** m [adʒɛktif]	Adjektiv
l'**adverbe** m [advɛrb]	Adverb

Grammatik — Schule und Universität

l'**article** *m* [artikl]	Artikel
la **cause** [koz]	Grund, Ursache
la **condition** [kɔ̃disjɔ̃]	Bedingung
le **discours** [diskur]	Rede
l'**exception** *f* [ɛksɛpsjɔ̃]	Ausnahme
l'**exemple** *m* [ɛgzɑ̃pl]	Beispiel
féminin, e [feminɛ̃, in]	weiblich
le **genre** [ʒɑ̃r]	Genus, Geschlecht
la **grammaire** [gramɛr]	Grammatik
masculin, e [maskylɛ̃, in]	männlich
le **mot** [mo]	Wort
négatif, -ive [negatif, iv]	negatif
le **nom** [nɔ̃]	Substantiv
la **phrase** [fraz]	Satz
le **pluriel** [plyrjɛl]	Plural, Mehrzahl
le **point** [pwɛ̃]	Punkt
positif, -ive [pozitif, iv]	positiv
le **présent** [prezɑ̃]	Präsens
relatif, -ive [rəlatif, iv]	Relativ-
le **singulier** [sɛ̃gylje]	Singular, Einzahl
le **sujet** [syʒɛ]	Subjekt
le **temps** [tɑ̃]	Zeit
le **verbe** [vɛrb]	Verb
le **complément d'objet direct** [kɔ̃plemɑ̃dɔbʒɛdirɛkt]	Akkusativobjekt
le **complément d'objet indirect** [kɔ̃plemɑ̃dɔbjɛɛ̃dirɛkt]	Dativobjekt
le **conditionnel** [kɔ̃disjɔnɛl]	Konditional
la **conjonction** [kɔ̃ʒɔ̃ksjɔ̃]	Konjunktion
défini, e [defini]	bestimmt
le **déterminant** [detɛrminɑ̃]	Begleiter
le **futur composé** [fytyrkɔ̃poze]	zusammengesetzte Zukunft

17 Schule und Universität

le **futur simple** [fytyrsɛ̃pl]	einfache Zukunft
l'**imparfait** m [ɛ̃parfɛ]	Imperfekt
l'**impératif** m [ɛ̃peratif]	Imperativ, Befehlsform
indéfini, e [ɛ̃defini]	unbestimmt
l'**indicatif** m [ɛ̃dikatif]	Indikativ
l'**infinitif** m [ɛ̃finitif]	Infinitiv
la **manière** [manjɛr]	Art und Weise
marquer [marke]	markieren, anstreichen
le **passé composé** [pasekɔ̃poze]	zusammengesetzte Vergangenheit
le **passé simple** [pasesɛ̃pl]	einfache Vergangenheit
le **plus-que-parfait** [plyskəparfɛ]	Plusquamperfekt
la **préposition** [prepozisjɔ̃]	Präposition
le **pronom** [prɔnɔ̃]	Pronomen
la **règle** [rɛgl]	Regel
le **subjonctif** [sybʒɔ̃ktif]	Konjunktiv
la **subordonnée** [sybɔrdɔne]	Nebensatz
la **syllabe** [silab]	Silbe
la **virgule** [virgyl]	Komma
la **voix active** [vwaaktiv]	Aktiv
la **voix passive** [vwapasiv]	Passiv

Universität

le **droit** [drwa] René est étudiant en droit.	Recht René ist Jurastudent.
l'**étudiant, e** [etydjɑ̃, t]	Student(in)
l'**expérience** f [ɛksperjɑ̃s]	Erfahrung; Experiment
l'**invention** f [ɛ̃vɑ̃sjɔ̃]	Erfindung
la **médecine** [mɛdsin]	Medizin
la **psychologie** [psikɔlɔʒi]	Psychologie
le **savant**, la **savante** [savɑ̃, t]	Wissenschaftler(in)
la **science** [sjɑ̃s]	Wissenschaft

les **sciences humaines** *fpl* [sjɑ̃symɛn]	Geisteswissenschaften
les **sciences naturelles** *fpl* [sjɑ̃snatyrɛl]	Naturwissenschaften
scientifique [sjɑ̃tifik]	wissenschaftlich
l'**université** *f* [ynivɛrsite]	Universität

l'**assistant, e** [asistɑ̃, t]	Assistent(in)
l'**autorité** *f* [ɔtɔrite]	Autorität
le **cours magistral** [kurmaʒistral]	Vorlesung
la **discipline** [disiplin]	Fach
les **études** *fpl* [etyd] J'ai fait mes études à Rennes.	Studium Ich habe in Rennes studiert.
la **fac(ulté)** [fak(ylte)]	Universität
la **faculté des lettres** [fakyltedelɛtr]	Philosophische Fakultät
inscrire (s') [sɛ̃skrir]	sich einschreiben
la **recherche** [rəʃɛrʃ]	Forschung
le **resto-U** [rɛstɔy]	Mensa
les **sciences économiques** *fpl* [sjɑ̃sekɔnɔmik]	Wirtschaftswissenschaften
les **sciences politiques** *fpl* [sjɑ̃spɔlitik]	Politologie

18 | Kunst

---- Allgemeine Begriffe ----

à la mode [alamɔd]
Le pop art n'est plus à la mode.
modern
Die Pop-art ist nicht mehr modern.

amusant, e [amyzɑ̃, t]
lustig, amüsant

applaudir [aplodir]
L'artiste a été applaudi longuement.
klatschen
Dem Künstler wurde lange applaudiert.

l'**art** *m* [ar]
L'art pour l'art.
Kunst
Kunst um ihrer selbst willen.

au premier plan [oprəmieplɑ̃]
im Vordergrund

beau, bel, belle, x [bo, bɛl]
schön

le **billet** [bijɛ]
Eintrittskarte

bref, brève [brɛf, brɛv]
kurz, knapp

célèbre [selɛbr]
berühmt

classique [klasik]
klassisch

complet, -ète [kɔ̃plɛ, t]
L'œuvre complète de Diderot.
vollständig, Gesamt-
Das Gesamtwerk von Diderot.

créer [kree]
Picasso a créé «Guernica».
erschaffen
Picasso hat „Guernica" geschaffen.

critiquer [kritike]
kritisieren

découvrir [dekuvrir]
entdecken

distraire (se) [sədistrɛr]
sich unterhalten

l'**esprit** *m* [ɛspri]
L'esprit critique.
Voltaire est un auteur plein d'esprit.
Geist
Der kritische Geist.
Voltaire ist ein geistreicher Schriftsteller.

faire la queue [fɛrlakø]
sich anstellen, warten

incompréhensible [ɛ̃kɔ̃preɑ̃sibl]
unverständlich

laid, e [lɛ, d]
häßlich

la **liberté** [libɛrte]
La liberté de l'art.
Freiheit
Die Freiheit der Kunst.

la **matinée** [matine]
Vormittagsveranstaltung

moderne [mɔdɛrn]
modern

Allgemeine Begriffe — Kunst 18

nouveau, -vel, -velle, x [nuvo, nuvɛl] — neu

l'**œuvre** *f* [œvr] — Werk

l'**original, -aux** *m* [ɔriʒinal, o] — Original
L'original de la Joconde est au Louvre. — Das Original der Mona Lisa ist im Louvre.

participer [partisipe] — teilnehmen
Nous avons participé à un concert pop. — Wir haben bei einem Popkonzert mitgemacht.

populaire [pɔpylɛr] — volkstümlich
J'aime les chansons populaires. — Ich mag Volkslieder.

premier, -ère [prəmje, ɛr] — erste(r, s)

le **prix** [pri] — Preis
Il y a 1500 prix littéraires en France. — Es gibt 1500 Literaturpreise in Frankreich.

le **public** [pyblik] — Publikum

rare [rar] — selten

réaliste [realist] — realistisch
Courbet est un peintre réaliste. — Courbet ist ein realistischer Maler.

réel, le [reɛl] — wirklich

siffler [sifle] — pfeifen
La chanteuse s'est fait siffler. — Die Sängerin wurde ausgepfiffen.

la **sortie** [sɔrti] — Ausgang

sortir [sɔrtir] — ausgehen

le **style** [stil] — Stil

le **sujet** [syʒɛ] — Thema

le **titre** [titr] — Titel

typique [tipik] — typisch

la **valeur** [valœr] — Wert

---

l'**artiste** *mf* [artist] — Künstler(in)

artistique [artistik] — künstlerisch

baroque [barɔk] — barock

la **beauté** [bote] — Schönheit

la **créativité** [kreativite] — Kreativität

18 Kunst — Literatur

doué, e [dwe]	begabt
Paul est doué pour la musique.	Paul ist musikalisch begabt.
Les Italiens sont doués en musique.	Die Italiener sind musikalisch.
la **fascination** [fasinɑsjɔ̃]	Begeisterung, Faszination
fasciner [fasine]	begeistern, fesseln
le **festival, s** [fɛstival]	Festspiel; Festival
gothique [gɔtik]	gotisch
historique [istɔrik]	historisch, geschichtlich
Woodstock a été un événement historique.	Woodstock war ein historisches Ereignis.
inconnu, e [ɛ̃kɔny]	unbekannt
médiéval, e, -aux [medjeval, o]	mittelalterlich
L'art médiéval.	Die Kunst des Mittelalters.
la **nouveauté** [nuvote]	Neuheit
le **prestige** [prɛstiʒ]	Ansehen
la **réalisation** [realizɑsjɔ̃]	Verwirklichung
La réalisation d'un film.	Die Herstellung eines Films.
roman, e [rɔmɑ̃, an]	romanisch
le **talent** [talɑ̃]	Talent, Begabung

Literatur

l'**auteur** m [otœr]	Autor(in), Schriftsteller(in)
avoir de l'esprit [avwardəlɛspri]	geistreich sein
le **bouquin** [bukɛ̃]	Buch
l'**écrivain** m [ekrivɛ̃]	Schriftsteller(in)
l'**histoire** f [istwar]	Geschichte
la **lettre** [lɛtr]	Brief
Un roman par lettres.	Ein Briefroman.
la **littérature** [literatyr]	Literatur
le **livre** [livr]	Buch
la **nouvelle** [nuvɛl]	Novelle
la **page** [paʒ]	Seite

Kunst

Musik

le **passage** [pɑsaʒ]	Abschnitt
la **poésie** [pɔezi]	Poesie, Dichtkunst
le **roman** [rɔmɑ̃]	Roman
le **volume** [vɔlym]	Band
L'œuvre complète de Goethe comprend 138 volumes.	Das Gesamtwerk Goethes umfaßt 138 Bände.

la **bande dessinée** [bɑ̃ddesine]	Comic
La b.d. est la littérature populaire moderne.	Comics sind moderne Volksliteratur.
le **dialecte** [djalɛkt]	Dialekt
intellectuel, le [ɛ̃telɛktɥɛl]	intellektuell
la **maison d'édition** [mɛzɔ̃dedisjɔ̃]	Verlag
les **mémoires** *fpl* [memwar]	Memoiren
le **poème** [pɔɛm]	Gedicht
le **poète** [pɔɛt]	Dichter
la **préface** [prefas]	Vorwort
le **récit** [resi]	Erzählung
le **recueil** [rəkœj]	Sammlung
«Les Fleurs du Mal» sont un recueil de poèmes.	„Die Blumen des Bösen" sind eine Gedichtsammlung.
le **roman policier** [rɔmɑ̃pɔlisje]	Kriminalroman
le **romancier**, la **romancière** [rɔmɑ̃sje, ɛr]	Romanschriftsteller(in)
le **tome** [tɔm]	Band
le **vers** [vɛr]	Vers
L'alexandrin est un vers de douze syllabes.	Der Alexandriner ist ein zwölfsilbiger Vers.

Musik

l'**air** *m* [ɛr]	Melodie
J'aime bien l'air de cette chanson.	Ich mag die Melodie dieses Liedes.
la **chanson** [ʃɑ̃sɔ̃]	Lied
chanter [ʃɑ̃te]	singen
Adamo chante l'amour.	Adamo singt über die Liebe.

18 Kunst — Musik

le **chanteur,** la **chanteuse** [ʃɑ̃tœr, øz]	Sänger(in)
la **clarinette** [clarinɛt]	Klarinette
le **concert** [kɔ̃sɛr]	Konzert
J'ai assisté à un concert symphonique.	Ich war in einem Sinfoniekonzert.
le **disque** [disk]	Schallplatte
la **flûte** [flyt]	Flöte
la **guitare** [gitar]	Gitarre
Tu joues de la guitare?	Spielst du Gitarre?
l'**instrument** m [ɛ̃strymɑ̃]	Instrument
l'**interprète** mf [ɛ̃tɛrprɛt]	Interpret(in)
le **jazz** [dʒaz]	Jazz
la **marche** [marʃ]	Marsch
La marche funèbre.	Der Trauermarsch.
le **mouvement** [muvmɑ̃]	Satz
La symphonie a quatre mouvements.	Die Sinfonie hat vier Sätze.
le **musicien,** la **musicienne** [myzisjɛ̃, ɛn]	Musiker(in)
la **musique** [myzik]	Musik
la **note** [nɔt]	Note
l'**opéra** m [ɔpera]	Oper
l'**orchestre** m [ɔrkɛstr]	Orchester; Kapelle
L'orchestre du village a ouvert le bal.	Die Dorfkapelle hat den Ball eröffnet.
L'orchestre philharmonique de Vienne a donné un concert.	Die Wiener Philharmoniker haben ein Konzert gegeben.
l'**orgue** m [ɔrg]	Orgel
le **piano** [pjano]	Klavier
la **pièce** [pjɛs]	Stück
le **rythme** [ritm]	Rhythmus
la **séance** [seɑ̃s]	Veranstaltung
le **son** [sɔ̃]	Ton, Klang
L'armée avance aux sons des tambours.	Die Armee schreitet unter Trommelschlägen voran.
la **trompette** [trɔ̃pɛt]	Trompete
le **violon** [vjɔlɔ̃]	Geige, Violine

Musik — Kunst

l'**alto** *m* [alto]	Bratsche
la **batterie** [batri]	Schlagzeug
le **concerto** [kɔ̃sɛrto]	Konzert
Un concerto pour violon.	Ein Violinkonzert.
la **contre-basse** [kɔ̃trəbas]	Kontrabaß
la **corde** [kɔrd]	Saite
la **gamme** [gam]	Tonleiter
la **harpe** ['arp]	Harfe
le **hautbois** ['obwa]	Oboe
l'**instrument à cordes** *m* [ɛ̃strymɑ̃akɔrd]	Streichinstrument
l'**instrument à percussion** *m* [ɛ̃strymɑ̃apɛrkysjɔ̃]	Schlaginstrument
l'**instrument à vent** *m* [ɛ̃strymɑ̃avɑ̃]	Blasinstrument
le **lied, lieder** [lid, lidœr]	Lied
Les lieder de Schubert.	Die Lieder von Schubert.
le **quatuor** [kwatyɔr]	Quartett
le **violoncelle** [vjɔlɔ̃sɛl]	Cello
majeur [maʒœr]	Dur
La symphonie en mi bémol majeur de Mozart.	Die Es-Dur-Sinfonie von Mozart.
mineur [minœr]	Moll
La messe en si mineur de Bach.	Bachs h-Moll-Messe.
do, ut [do, yt]	c
ré [re]	d
mi [mi]	e
fa [fa]	f
sol [sɔl]	g
la [la]	a
si [si]	h
le **dièse** [djɛz]	Kreuz, Erhöhungszeichen
le **bémol** [bemɔl]	B, Erniedrigungszeichen
si bémol	b

Kunst — Bildende Kunst, Theater und Film

Bildende Kunst

le **cadre** [kadr]	Rahmen
le **dessin** [desɛ̃]	Zeichnung
l'**exposition** f [ɛkspozisjɔ̃]	Ausstellung
le **gardien**, la **gardienne** [gardjɛ̃, ɛn]	Wächter(in), Wärter(in)
le **musée** [myze]	Museum
peindre [pɛ̃dr]	malen
le **peintre** [pɛ̃tr]	Maler(in)
la **peinture** [pɛ̃tyr]	Malerei; Bild
la **sculpture** [skyltyr]	Skulptur; Bildhauerei
la **statue** [staty]	Statue
le **tableau, x** [tablo]	Tafelbild, Gemälde
Le tableau le plus connu c'est la Joconde.	Das bekannteste Bild ist die Mona Lisa.
la **toile** [twal]	Bild; Leinwand
Les voleurs ont découpé la toile.	Die Diebe haben das Bild herausgeschnitten.
abstrait, e [apstrɛ, t]	abstrakt
l'**arc** m [ark]	Bogen
la **galerie** [galri]	Galerie, Kunstausstellung
le **sculpteur** [skyltœr]	Bildhauer(in)

Theater und Film

l'**acteur, -trice** [aktœr, tris]	Schauspieler(in)
la **caméra** [kamera]	Filmkamera
le **cinéma** [sinema]	Kino
Tu vas souvent au cinéma?	Gehst du oft ins Kino?
la **comédie** [kɔmedi]	Komödie, Lustspiel
comique [kɔmik]	lustig, komisch, drollig

Theater und Film — Kunst 18

le **costume** [kɔstym]	Kostüm
dramatique [dramatik]	dramatisch
l'**entracte** *m* [ɑ̃trakt]	Pause
On vend des glaces pendant l'entracte.	Während der Pause wird Eis verkauft.
l'**entrée** *f* [ɑ̃tre]	Auftritt
faire du théâtre [fɛrdyteatr]	Theater spielen
le **film** [film]	Film
la **mise en scène** [mizɑ̃sɛn]	Regie, Inszenierung
le **personnage** [pɛrsɔnaʒ]	Person
Le personnage de Maigret est joué par Jean Richard.	Maigret wird von Jean Richard gespielt.
la **pièce de théâtre** [pjɛsdəteatr]	Theaterstück
le **rang** [rɑ̃]	Rang
la **représentation** [rəprezɑ̃tasjɔ̃]	Vorstellung
La représentation est un succès total.	Die Vorstellung ist ein voller Erfolg.
représenter [rəprezɑ̃te]	darstellen
la **revue** [rəvy]	Revue, Show
le **rôle** [rol]	Rolle
la **salle** [sal]	Saal
la **scène** [sɛn]	Bühne; Szene
L'acteur est entré en scène.	Der Schauspieler trat auf.
le **spectacle** [spɛktakl]	Unterhaltung; Schauspiel
L'industrie du spectacle.	Die Unterhaltungsindustrie., Das Showbusineß.
Quel spectacle, toi sur un vélo.	Was für ein Schauspiel, du auf einem Fahrrad.
le **spectateur**, la **spectatrice** [spɛktatœr, tris]	Zuschauer(in)
le **théâtre** [teɑtr]	Theater
tourner un film [turneɛ̃film]	einen Film drehen
la **vedette** [vədɛt]	Star
J.P. Belmondo est la vedette du cinéma français.	J.P. Belmondo ist der Star des französischen Films.

Kunst — Theater und Film

l'**acte** m [akt]	Akt
le **cirque** [sirk]	Zirkus
le **décor** [dekɔr]	Dekoration
le **dénouement** [denumã] Ce film a un dénouement inattendu.	Lösung, Ausgang, Ende Dieser Film hat ein überraschendes Ende.
le **dessin animé** [desɛ̃anime] Cendrillon, un grand dessin animé de Walt Disney.	Zeichentrickfilm Cinderella, ein großer Zeichentrickfilm von Walt Disney.
la **distribution** [distribysjɔ̃]	Besetzung
le **drame** [dram]	Drama
l'**éclairage** m [eklɛraʒ]	Beleuchtung
le **film de cape et d'épée** [filmdəkapedepe] Les trois mousquetaires est un film de cape et d'épée.	Mantel-und-Degen-Film Die drei Musketiere ist ein Mantel-und-Degen-Film.
le **film de conte de fées** [filmdəkɔ̃tdəfe]	Märchenfilm
le **film de science fiction** [filmdəsjɑ̃sfiksjɔ̃]	Science-fiction-Film
le **film policier** [filmpɔlisje]	Kriminalfilm
le **metteur en scène** [mɛtœrɑ̃sɛn] Claude Chabrol est un metteur en scène très connu.	Regisseur Claude Chabrol ist ein sehr bekannter Regisseur.
le **monologue** [mɔnɔlɔg]	Monolog
le **prologue** [prɔlɔg]	Vorspiel
le **scénario** [senarjo]	Drehbuch
le, la **scénariste** [senarist]	Drehbuchautor(in)
la **tragédie** [traʒedi]	Tragödie
le **western** [wɛstɛrn]	Western

Bildungsgüter | 19

Philosophie

le **bon sens** [bɔ̃sɑ̃s]	gesunder Menschenverstand
la **catégorie** [kategɔri]	Kategorie, Klasse, Art
causer [koze]	verursachen
concret, -ète [kɔ̃krɛ, t]	konkret
la **contradiction** [kɔ̃tradiksjɔ̃]	Widerspruch
définitif, -ive [definitif, iv]	endgültig
l'**effet** *m* [efɛ]	Wirkung
Les causes et les effets	Ursachen und Wirkungen
élémentaire [elemɑ̃tɛr]	elementar
l'**esprit** *m* [ɛspri]	Geist
L'esprit critique.	Der kritische Geist.
l'**idée** *f* [ide]	Gedanke
l'**individu** *m* [ɛ̃dividy]	Individuum
le **mal** [mal]	Böse, Übel
Le bien et le mal.	Das Gute und das Böse.
la **méthode** [metɔd]	Methode
La méthode cartésienne.	Die kartesianische Denkweise.
le **modèle** [mɔdɛl]	Modell
moderne [mɔdɛrn]	modern
la **mort** [mɔr]	Tod
l'**œuvre** *f* [œvr]	Werk
L'œuvre complète.	Das Gesamtwerk
l'**origine** *f* [ɔriʒin]	Ursprung
De l'origine des espèces.	Von der Entstehung der Arten.
l'**ouvrage** *m* [uvraʒ]	Werk
la **pensée** [pɑ̃se]	Denken, Gedanken
penser [pɑ̃se]	denken
Je pense donc je suis.	Ich denke, also bin ich.
la **raison** [rɛzɔ̃]	Vernunft, Verstand
raisonnable [rɛzɔnabl]	vernünftig
le, la **réaliste** [realist]	Realist(in)

réel, le [reɛl]	wirklich
le **sens** [sãs]	Sinn
la **théorie** [teɔri]	Theorie
la **vérité** [verite]	Wahrheit
la **volonté** [vɔlɔ̃te]	Wille
vrai, e [vrɛ]	wahr

l'**acte** *m* [akt]	Handlung, Handeln
la **conception** [kɔ̃sɛpsjɔ̃]	Konzeption, Auffassung
concevoir [kɔ̃səvwar]	entwerfen
la **dimension** [dimɑ̃sjɔ̃]	Dimension
douter [dute]	zweifeln
Le nihiliste doute de tout.	Der Nihilist bezweifelt alles.
l'**existence** *f* [ɛgzistɑ̃s]	Existenz
le **hasard** [ˈazar]	Zufall
l'**ignorance** *f* [iɲɔrɑ̃s]	Unkenntnis
les **mœurs** *fpl* [mœrs]	Sitten
moral, e, -aux [mɔral, o]	moralisch
la **morale** [mɔral]	Moral
spirituel, le [spirituɛl]	geistig
le **symbole** [sɛ̃bɔl]	Symbol
le **terme** [tɛrm]	Begriff
vain, e [vɛ̃, ɛn]	vergeblich
Tout est vain.	Alles ist vergeblich.
Un vain espoir.	Eine vergebliche Hoffnung.

Religion

catholique [katɔlik]	katholisch
chrétien, ne [kretjɛ̃, ɛn]	christlich
le **ciel** [sjɛl]	Himmel
le **clergé** [klɛrʒe]	Klerus
Dieu [djø]	Gott
Je crois en Dieu.	Ich glaube an Gott.

Religion — Bildungsgüter

l'**Eglise** f [egliz]	die Kirche
L'Eglise catholique.	Die katholische Kirche.
Jésus-Christ [ʒezykri]	Jesus Christus
le **mariage** [marjaʒ]	Hochzeit
Le mariage à l'église.	Die kirchliche Trauung.
Le mariage civil.	Die standesamtliche Trauung.
Noël m [nɔɛl]	Weihnachten
Joyeux Noël.	Fröhliche Weihnachten.
Pâques fpl [pak]	Ostern
la **Pentecôte** [pãtkot]	Pfingsten
prier [prije]	beten
Priez Dieu.	Betet zu Gott.
Priez pour les âmes en peine.	Betet für die armen Seelen.
protestant, e [prɔtɛstã, t]	protestantisch, evangelisch
religieux, -euse [rəliʒjø, z]	religiös
la **religion** [rəliʒjõ]	Religion

l'**ange** m [ãʒ]	Engel
L'ange gardien.	Der Schutzengel.
le **baptême** [batɛm]	Taufe
la **Bible** [bibl]	Bibel
confesser (se) [səkõfese]	beichten
le **culte** [kylt]	Gottesdienst
le **curé** [kyre]	Pfarrer, Priester
le **diable** [djabl]	Teufel
Je ne crois ni à Dieu ni au diable.	Ich glaube weder an Gott noch an den Teufel.
l'**enfer** m [ãfɛr]	Hölle
la **foi** [fwa]	Glaube
La profession de foi.	Das Glaubensbekenntnis.
la **messe** [mɛs]	Messe
le **miracle** [mirakl]	Wunder
le **pape** [pap]	Papst
le **paradis** [paradi]	Paradies
le **pasteur** [pastœr]	Pastor

le **péché** [peʃe] Le péché originel.	Sünde Die Erbsünde.
le **prêtre** [prɛtr]	Priester
sacré, e [sakre]	heilig
saint, e [sɛ̃, t] La Sainte Vierge. Le Saint Esprit.	heilig Die Heilige Jungfrau. Der Heilige Geist.
solennel, le [sɔlanɛl]	feierlich
la **Toussaint** [tusɛ̃]	Allerheiligen

─────── **Geschichte** ───────

battre [batr] Les Romains ont battu les Gaulois.	schlagen Die Römer haben die Gallier geschlagen.
la **bourgeoisie** [burʒwazi]	Bürgertum
le **château, x** [ʃato]	Schloß
la **colonie** [kɔlɔni]	Kolonie
la **conquête** [kɔ̃kɛt] La conquête du Nouveau Monde.	Eroberung Die Eroberung der Neuen Welt.
la **constitution** [kɔ̃stitysjɔ̃]	Verfassung
la **découverte** [dekuvɛrt]	Entdeckung
l'**empire** *m* [ɑ̃pir] L'empire romain. L'Empire.	Kaiserreich Das Römische Reich. Das Kaiserreich (Napoleons).
la **Gaule** [gol]	Gallien
le **Gaulois**, la **Gauloise** [golwa, z]	Gallier(in)
la **guerre** [gɛr]	Krieg
la **guillotine** [gijɔtin]	Fallbeil, Guillotine
la **légion** [leʒjɔ̃] La Légion.	Legion Die Fremdenlegion.
la **liberté** [libɛrte] Les libertés individuelles.	Freiheit Die individuellen Freiheitsrechte.
la **Marseillaise** [marsɛjɛz]	französische Nationalhymne

Geschichte — **Bildungsgüter** **19**

la **monarchie** [mɔnarʃi]	Monarchie
La monarchie absolue.	Die absolute Monarchie.
la **noblesse** [nɔblɛs]	Adel
occuper [ɔkype]	besetzen
la **prise de la Bastille** [prizdəlabastij]	Sturm auf die Bastille
la **reine** [rɛn]	Königin
la **révolution** [revɔlysjɔ̃]	Revolution
la **Révolution** [revɔlysjɔ̃]	Französische Revolution 1789
le **roi** [rwa]	König
romain, e [rɔmɛ̃, ɛn]	römisch
la **tradition** [tradisjɔ̃]	Tradition

absolu, e [apsɔly]	absolut
l'**absolutisme** m [apsɔlytism]	Absolutismus
Charlemagne [ʃarləmaɲ]	Karl der Große
le **citoyen**, la **citoyenne** [sitwajɛ̃, ɛn]	Bürger(in)
colonial, e, -aux [kɔlɔnjal, o]	Kolonial-
le **combat** [kɔ̃ba]	Kampf
combattre [kɔ̃batr]	kämpfen
le **Débarquement** [debarkəmɑ̃]	Landung der Alliierten 6.6.44
dominer [dɔmine]	herrschen
les **droits de l'homme** mpl [drwadlɔm]	Menschenrechte
l'**égalité** f [egalite]	Gleichheit
Liberté, Egalité, Fraternité.	Freiheit, Gleichheit, Brüderlichkeit.
l'**empereur** m [ɑ̃prœr]	Kaiser
L'empereur Napoléon III.	Kaiser Napoleon der Dritte.
envahir [ɑ̃vair]	einfallen, erobern
Guillaume le Conquérant a envahi l'Angleterre.	Wilhelm der Eroberer hat England erobert.
l'**esclave** mf [ɛsklav]	Sklave, Sklavin
les **Etats généraux** mpl [etaʒenero]	Generalstände

19 Bildungsgüter — Geschichte

l'**exécution** f [εgzekysjɔ̃]	Hinrichtung
fonder [fɔ̃de]	gründen
la **fraternité** [fratεrnite]	Brüderlichkeit
la **gloire** [glwar]	Ruhm
l'**invasion** f [ɛ̃vɑzjɔ̃]	Invasion
libérer [libere]	befreien
la **lutte** [lyt] La lutte de la classe ouvrière.	Kampf Der Kampf der Arbeiterklasse.
misérable [mizerabl]	erbärmlich, elend
la **misère** [mizεr] Le peuple a vécu dans la misère.	Elend, Armut Das Volk hat in Armut gelebt.
le **plébiscite** [plebisit] Louis-Napoléon a été élu par plébiscite.	Volksentscheid Louis-Napoleon wurde durch Volksentscheid gewählt.
la **population** [pɔpylɑsjɔ̃]	Bevölkerung
la **Première guerre mondiale** [prəmjεrgεrmɔ̃djal]	Erster Weltkrieg
le **privilège** [privilεʒ]	Vorrecht, Privileg
le **règne** [rεɲ]	Herrschaft
régner [reɲe] Louis XIV a régné de 1643 à 1715.	herrschen Ludwig XIV. hat von 1643 bis 1715 regiert.
la **Résistance** [rezistɑ̃s]	französischer Widerstand im 2. Weltkrieg
royal, e, -aux [rwajal, o]	königlich
le **royaume** [rwajom]	Königreich
la **séparation des pouvoirs** [separɑsjɔ̃depuvwar]	Gewaltenteilung
le **Siècle des lumières** [sjεklədelymjεr] Les philosophes ont marqué le Siècle des lumières.	Zeitalter der Aufklärung Die Philosophen haben das Zeitalter der Aufklärung geprägt.
le **tiers état** [tjεrzeta]	der dritte Stand
la **torture** [tɔrtyr]	Folter
traditionnel, le [tradisjɔnεl]	herkömmlich
victorieux, -euse [viktɔrjø, z]	siegreich

20 Privatleben des Menschen

Familie

aîné, e [ene] — Erstgeborene(r); älter

le **bébé** [bebe] — Baby

cadet, te [kadɛ, t] — Jüngste(r); jünger
C'est moi la cadette. — Ich bin die Jüngste.

le **cousin**, la **cousine** [kuzɛ̃, in] — Cousin, Cousine

enceinte [ɑ̃sɛ̃t] — schwanger
Je suis enceinte de trois mois. — Ich bin im dritten Monat schwanger.

l'**enfant** *mf* [ɑ̃fɑ̃] — Kind

l'**enfant unique** [ɑ̃fɑ̃ynik] — Einzelkind

faire partie de [fɛrpartidə] — gehören zu
Le chien fait partie de la famille. — Der Hund gehört zur Familie.

la **famille** [famij] — Familie

la **femme** [fam] — Frau

fiancé, e [fjɑ̃se] — verlobt

la **fille** [fij] — Tochter

le **fils** [fis] — Sohn

le **frère** [frɛr] — Bruder

le **garçon** [garsɔ̃] — Junge

le, la **gosse** [gɔs] — Kind

la **grand-mère** [grɑ̃mɛr] — Großmutter

le **grand-père** [grɑ̃pɛr] — Großvater

les **grands-parents** *mpl* [grɑ̃parɑ̃] — Großeltern

l'**homme** *m* [ɔm] — Mann
L'homme était le chef de la famille. — Der Mann war das Oberhaupt der Familie.

la **maman** [mamɑ̃] — Mama

le **mari** [mari] — Ehemann
Mon mari est malade. — Mein Mann ist krank.

le **membre** [mɑ̃br] — Mitglied

la **mère** [mɛr] — Mutter

Familie Privatleben des Menschen 20

le **neveu, x** [nvø]	Neffe
la **nièce** [njɛs]	Nichte
l'**oncle** *m* [ɔ̃kl]	Onkel
le **papa** [papa]	Papa
les **parents** *mpl* [parɑ̃]	Eltern
le **père** [pɛr]	Vater
la **petite-fille** [ptitfij]	Enkelin
le **petit-fils** [ptifis]	Enkel
les **petits-enfants** *mpl* [ptizɑ̃fɑ̃]	Enkelkinder
la **sœur** [sœr]	Schwester
la **tante** [tɑ̃t]	Tante

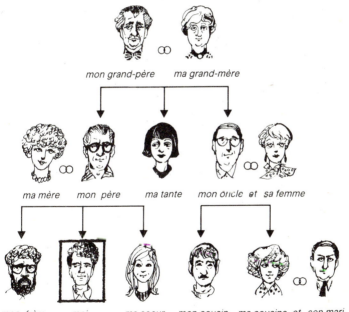

155

l'**ancêtre** m [ɑ̃sɛtr]	Vorfahr
le **beau-fils** [bofis]	Schwiegersohn; Stiefsohn
le **beau-père** [bopɛr]	Schwiegervater; Stiefvater
les **beaux-parents** mpl [boparɑ̃]	Schwiegereltern
la **belle-fille** [bɛlfij]	Schwiegertochter; Stieftochter
la **belle-mère** [bɛlmɛr]	Schwiegermutter; Stiefmutter
la **famille nombreuse** [famijnɔ̃brøz]	kinderreiche Familie
Ils ont trois enfants, c'est une famille nombreuse.	Sie haben drei Kinder, sie sind eine kinderreiche Familie.
la **génération** [ʒenerɑsjɔ̃]	Generation
Les gens de ma génération ont été élevés autrement.	Meine Generation ist anders erzogen worden.
la **mamie** [mami]	Oma
la **marraine** [marɛn]	Patentante
la **mémé** [meme]	Oma
mineur, e [minœr]	minderjährig
Le film est interdit aux mineurs.	Der Film ist für Jugendliche verboten.
le **papi** [papi]	Opa
le **parrain** [parɛ̃]	Patenonkel
le **pépé** [pepe]	Opa

Familienleben

abandonner [abɑ̃dɔne]	verlassen
Janine a dû abandonner son bébé.	Janine mußte ihr Baby weggeben.
l'**amour** m [amur]	Liebe
l'**anniversaire** m [anivɛrsɛr]	Geburtstag
Bon anniversaire.	Herzlichen Glückwunsch zum Geburtstag.
attendre (s') [satɑ̃dr]	gefaßt sein, erwarten
Je m'attends à tout.	Ich bin auf alles gefaßt.
Je ne m'y suis pas attendu.	Damit habe ich nicht gerechnet.
le **cadeau, x** [kado]	Geschenk
le **cimetière** [simtjɛr]	Friedhof

| Familienleben | Privatleben des Menschen |

commun, e [kɔmɛ̃, yn]
Nous, on fait tout en commun.

gemeinsam
Wir machen alles gemeinsam.

Dieu *m* [djø]

Gott

le **divorce** [divɔrs]

Scheidung

l'**éducation** *f* [edykɑsjɔ̃]

Erziehung

élever [elve]

aufziehen

l'**émotion** *f* [emosjɔ̃]
Mémé pleure d'émotion.

Aufregung; Rührung
Omi weint vor Rührung.

ému, e [emy]

gerührt

l'**enterrement** *m* [ɑ̃tɛrmɑ̃]

Beerdigung

l'**excursion** *f* [ɛkskyrsjɔ̃]

Ausflug

la **fête** [fɛt]
Bonne fête, Paulette.

Feier; Fest; Namenstag
Herzlichen Glückwunsch zum Namenstag, Paulette.

l'**intérêt** *m* [ɛ̃terɛ]

Interesse

le **mariage** [marjaʒ]

Hochzeit

marier (se) [səmarje]
Odile s'est mariée avec son cousin.

heiraten
Odile hat ihren Cousin geheiratet.

le **ménage** [menaʒ]
Scène de ménage.

Haushalt; Ehe
Ehekrach.

la **mort** [mɔr]

Tod

mort, e [mɔr, t]

tot

mourir [murir]

sterben

la **naissance** [nɛsɑ̃s]

Geburt

obéir [ɔbeir]

gehorchen

religieux, -euse [rəliʒjø, z]

religiös

la **religion** [rəliʒjɔ̃]

Religion

la **retraite** [rətrɛt]

Rente, Pension

séparer [separe]

trennen

uni, e [yni]
Stéphane et Berthe forment un couple uni.

harmonisch; einig
Stefan und Berta sind ein harmonisches Paar.

Privatleben des Menschen — Beziehungen zur Umwelt

le **baptême** [batɛm]	Taufe
baptiser [batize]	taufen
la **cérémonie** [seremɔni]	Zeremonie
la **communion solennelle** [kɔmynjɔ̃sɔlanɛl]	Firmung
conjugal, e, -aux [kɔ̃ʒygal, o]	ehelich
le **couple** [kupl]	Paar
divorcer [divɔrse] Si tu continues, je divorce.	sich scheiden lassen Wenn du so weitermachst, laß ich mich scheiden.
épouser [epuze]	heiraten
fiancer (se) [səfjɑ̃se]	sich verloben
l'**héritage** *m* [eritaʒ]	Erbe
hériter [erite] J'ai hérité de la maison. Il a tout hérité de son père.	erben Ich habe das Haus geerbt. Er ist ganz der Vater.
marier [marje] J'ai marié ma fille cadette.	verheiraten Ich habe meine jüngste Tochter verheiratet.
parent, e [parɑ̃, t]	verwandt
la **première communion** [prəmjɛrkɔmynjɔ̃]	Erstkommunion
rompre [rɔ̃pr] J'ai rompu mes fiançailles avec Guy.	brechen Ich habe meine Verlobung mit Guy gelöst.
la **séparation** [separɑsjɔ̃]	Trennung
séparer (se) [səsepare]	sich trennen

--- **Beziehungen zur Umwelt** ---

aimer [eme] J'aime les bébés.	lieben, gern haben Ich mag Babys.
l'**ambiance** *f* [ɑ̃bjɑ̃s]	Stimmung, Atmosphäre
l'**ami, e** [ami]	Freund(in)

l'**amitié** f [amitje]	Freundschaft
amoureux, -euse [amurø, z]	verliebt
Je suis amoureuse de Gérard Départdieu.	Ich bin in Gérard Départdieu verliebt.
le **camarade** [kamarad]	Kamerad
la **connaissance** [kɔnɛsɑ̃s]	Bekanntschaft
J'ai fait la connaissance d'une jolie fille.	Ich habe ein hübsches Mädchen kennengelernt.
connaître [kɔnɛtr]	kennen
le **contact** [kɔ̃takt]	Kontakt
Je ne suis plus en contact avec Joëlle.	Ich habe keine Verbindung mehr zu Joëlle.
le **copain**, la **copine** [kɔpɛ̃, in]	Freund(in)
détester [detɛste]	hassen, verabscheuen
embrasser [ɑ̃brase]	küssen
l'**ennemi, e** [ɛnmi]	Feind(in)
être bien avec qqn [ɛtrəbjɛ̃navɛkkɛlkɛ̃]	sich bei jdm geborgen fühlen
Je voudrais l'épouser, je suis bien avec lui.	Ich möchte ihn gern heiraten, wir verstehen uns gut.
faire la cour [fɛrlakur]	den Hof machen
froid, e [frwa, d]	kühl, kalt
proche [prɔʃ]	nahestehend
la **relation** [rəlɑsjɔ̃]	Beziehung, Verbindung
le **sentiment** [sɑ̃timɑ̃]	Gefühl
sympa(thique) [sɛ̃pa(tik)]	sympathisch
C'est un type sympa.	Er ist ein netter Kerl.
tomber amoureux, -euse de [tɔ̃beamurø, zdə]	sich verlieben in
tutoyer [tytwaje]	duzen
le **voisin**, la **voisine** [vwazɛ̃, in]	Nachbar(in)

20 Privatleben des Menschen — Positive Erfahrungen

affectif, -ive [afɛktif, iv]	Gefühls-
amical, e, -aux [amikal, o]	freundschaftlich
chaleureux, -euse [ʃalœrø, z]	herzlich, warm
cordial, e, -aux [kɔrdjal, o]	herzlich
Cordialement vôtre...	Herzlichst Ihr...
courir après qqn [kuriraprɛkɛlkɛ̃]	jdm nachlaufen
Il court après toutes les filles.	Er läuft allen Mädchen nach.
faire la bise [fɛrlabiz]	Küßchen geben
Fais la bise à la dame.	Gib der Tante ein Küßchen.
la **haine** [ˈɛn]	Haß
hostile [ɔstil]	feindlich
Nous sommes hostiles à toute répression.	Wir sind gegen jede Form von Unterdrückung.
l'**hostilité** f [ɔstilite]	Feindseligkeit
la **liaison** [ljɛzɔ̃]	Verbindung, Verhältnis
la **sympathie** [sɛ̃pati]	Sympathie
vouvoyer [vuvwaje]	siezen

Positive Erfahrungen

avoir confiance en qqn [avwarkɔ̃fjɑ̃sɑ̃kɛlkɛ̃]	jdm vertrauen
J'ai confiance en ma femme.	Ich vertraue meiner Frau.
avoir de la chance [avwardlaʃɑ̃s]	Glück haben
avoir de la veine [avwardlavɛn]	Glück haben
avoir du succès [avwardysyksɛ]	Erfolg haben
avoir envie de [avwarɑ̃vidə]	Lust haben auf
Tu n'as pas envie de faire une belote?	Hast du keine Lust, eine Partie Schafkopf zu spielen?
avoir la chance de [avwarlaʃɑ̃sdə]	Gelegenheit haben zu
J'ai la chance de passer une semaine à Paris.	Ich habe die Gelegenheit, eine Woche in Paris zu verbringen.

Positive Erfahrungen — **Privatleben des Menschen**

avoir pitié [avwarpitje]	Mitleid haben
Aie pitié de moi.	Hab Mitleid mit mir.
le **bonheur** [bɔnœr]	Glück
la **chance** [ʃɑ̃s]	Glück; Chance
la **confiance** [kɔ̃fjɑ̃s]	Vertrauen
désirer [dezire]	wünschen; sich wünschen
Que désirez-vous?	Was wünschen Sie?
Elle désire qu'il vienne la voir.	Sie wünscht sich, daß er sie besuchen kommt.
espérer [ɛspere]	hoffen
l'**espoir** *m* [ɛspwar]	Hoffnung
être dans la lune [ɛtrədɑ̃lalyn]	in Gedanken sein
faire fortune [fɛrfɔrtyn]	reich werden
fidèle [fidɛl]	treu
gai, e [gɛ]	fröhlich
heureux, -euse [œrø, z]	glücklich
indépendant, e [ɛ̃depɑ̃dɑ̃, t]	unabhängig
libre [libr]	frei
la **patience** [pasjɑ̃s]	Geduld
patient, e [pasjɑ̃, t]	geduldig
le **plaisir** [plezir]	Vergnügen
Avec plaisir.	Mit Vergnügen!, Gern!
la **responsabilité** [rɛspɔ̃sabilite]	Verantwortung
responsable [rɛspɔ̃sabl]	verantwortlich
Tu es responsable de tout.	Du bist für alles verantwortlich.
riche [riʃ]	reich
satisfait, e [satisfɛ, t]	zufrieden, befriedigt
Je suis satisfait de ton travail à l'école.	Ich bin mit deiner Leistung in der Schule zufrieden.

la **beauté** [bote]	Schönheit
le **bien-être** [bjɛ̃nɛtr]	Wohlbefinden
épanouir (s') [sepanwir]	aufblühen
être à l'aise [ɛtralɛz]	sich wohl fühlen
la **gaieté** [gɛte]	Fröhlichkeit; Freude

la **joie** [ʒwa]	Freude
l'**optimiste** mf [ɔptimist]	Optimist(in)
le **prestige** [prɛstiʒ]	Ansehen
la **richesse** [riʃɛs]	Reichtum
la **vertu** [vɛrty]	Tugend

Negative Erfahrungen

avoir de la peine [avwardlapɛn]
J'ai eu de la peine à comprendre.
Mühe haben
Ich hatte Mühe zu verstehen.

avoir des histoires [avwardezistwar]
Probleme haben

avoir du mal à [avwardymala]
J'ai du mal à comprendre ça.
Schwierigkeiten haben beim
Ich habe Schwierigkeiten, das zu verstehen.

avoir honte [avwar'ɔ̃t]
sich schämen

avoir peur [avwarpœr]
J'ai peur qu'il soit trop tard.
Angst haben
Ich fürchte, daß es zu spät ist.

le **chagrin** [ʃagrɛ̃]
Kummer, Sorge

la **charge** [ʃarʒ]
Verantwortung; Belastung

le **conflit** [kɔ̃fli]
Konflikt

être de mauvaise humeur [ɛtrədəmovɛzymœr]
Je ne l'aime pas trop, il est souvent de mauvaise humeur.
schlechte Laune haben
Ich mag ihn nicht besonders, er ist oft schlechter Laune.

la **déception** [desɛpsjɔ̃]
Enttäuschung

décevoir [decəvwar]
enttäuschen

décourager [dekuraʒe]
entmutigen

désespéré, e [dezɛspere]
verzweifelt

l'**embarras** m [ɑ̃bara]
Verlegenheit

embarrassé, e [ɑ̃barase]
verlegen

énerver (s') [senɛrve]
Ça ne vaut pas la peine de s'énerver.
Ne t'énerve pas!
sich aufregen
Das ist die Aufregung nicht wert.
Reg dich doch nicht auf!

Negative Erfahrungen — Privatleben des Menschen

l'**ennui** m [ãnɥi]	Langeweile; Ärger
ennuyer (s') [sãnɥije]	sich langweilen
l'**épreuve** f [eprœv]	Prüfung, Schicksalsschlag
être à plaindre [ɛtraplɛ̃dr]	beklagenswert sein
fâcher (se) [səfaʃe]	wütend werden; sich zerstreiten
Corinne s'est fâchée avec son ami.	Corinne hat sich mit ihrem Freund gestritten.
faire de la peine à qqn [fɛrdəlapɛnakɛlkɛ̃]	jdm Kummer bereiten
faire des scènes [fɛrdesɛn]	Szenen machen
faire pitié à qqn [fɛrpitjeakɛlkɛ̃]	jdm leid tun
faire une gaffe [fɛryngaf]	einen (peinlichen) Fehler machen
Jean a fait une gaffe et maintenant il a honte.	Hans hat einen peinlichen Fehler gemacht, und jetzt schämt er sich.
furieux, -euse [fyrjø, z]	wütend
inquiet, -iète [ɛ̃kjɛ, t]	beunruhigt
jaloux, -ouse [ʒalu, z]	eifersüchtig
Je suis jaloux de Paul.	Ich bin auf Paul eifersüchtig.
le **malheur** [malœr]	Unglück
malheureux, -euse [malœrø, z]	unglücklich
mécontent, e [mekɔ̃tã, t]	unzufrieden
Je suis mécontent de ton travail à l'école.	Ich bin mit deinen Leistungen in der Schule unzufrieden.
pauvre [povr]	arm
la **peur** [pœr]	Angst
seul, e [sœl]	allein
le **souci** [susi]	Sorge
triste [trist]	traurig

bouleversé, e [bulvɛrse]	verwirrt, erschüttert
le **désespoir** [dezɛspwar]	Verzweiflung
l'**excès** m [ɛksɛ]	Übertreibung; Übermaß
la **faiblesse** [fɛblɛs]	Schwäche
imprudent, e [ɛ̃prydã, t]	unvorsichtig
l'**inquiétude** f [ɛ̃kjetyd]	Unruhe, Sorge

20 Privatleben des Menschen — Allgemeine Lebensumstände

la **jalousie** [ʒaluzi]	Eifersucht
maladroit, e [maladrwa, t]	ungeschickt
la **misère** [mizɛr]	Elend, Armut
la **pauvreté** [povrəte]	Armut
le **regret** [rəgrɛ] Je te quitte sans regret.	Bedauern Ich verlasse dich ohne Bedauern.
la **solitude** [sɔlityd] Beaucoup de vieux vivent dans la solitude.	Einsamkeit Viele alte Leute leben einsam.
la **terreur** [tɛrœr]	Schrecken
tromper [trɔ̃pe] Robert a trompé sa femme.	täuschen; betrügen; reinlegen Robert hat seine Frau betrogen.

Allgemeine Lebensumstände

la **conscience** [kɔ̃sjɑ̃s] J'ai bonne conscience.	Gewissen; Bewußtsein Ich habe ein reines Gewissen.
courir un risque [kurirœ̃risk]	ein Risiko eingehen
l'**expérience** f [ɛksperjɑ̃s]	Erfahrung
l'**expression** f [ɛksprɛsjɔ̃]	Ausdruck
familier, -ère [familje, ɛr]	vertraut
garder [garde] Paul a gardé son sang-froid. Qui garde les enfants?	hüten; behalten; bewahren Paul hat die Ruhe bewahrt. Wer hütet die Kinder?
l'**habitude** f [abityd] J'ai l'habitude de faire la sieste. D'habitude, c'est moi qui fais la vaisselle.	Gewohnheit Ich mache gewöhnlich einen Mittagsschlaf. Gewöhnlich spüle ich.
habituel, le [abityɛl]	gewohnheitsmäßig
jeune [ʒœn]	jung
la **jeunesse** [ʒœnɛs]	Jugend
l'**obligation** f [ɔbligasjɔ̃]	Verpflichtung
l'**occasion** f [ɔkazjɔ̃]	Gelegenheit

Allgemeine Lebensumstände — Privatleben des Menschen

s'occuper de [sɔkypedə]
Je m'occupe des enfants.
sich kümmern um
Ich kümmere mich um die Kinder.

prendre des risques [prɑ̃drəderisk]
etwas riskieren

privé, e [prive]
C'est ma vie privée, ça ne te regarde pas.
privat
Das ist mein Privatleben und geht dich gar nichts an.

le **rêve** [rɛv]
Traum

le **vieillard** [vjɛjar]
Greis

la **vieillesse** [vjɛjɛs]
(hohes) Alter

vieillir [vjɛjir]
altern; älter werden

l'**adolescent, e** [adɔlɛsɑ̃, t]
Heranwachsende(r), Jugendliche(r)

l'**attitude** f [atityd]
Haltung, Einstellung

avoir des rapports [avwarderapɔr]
Beziehungen haben

la **carrière** [karjɛr]
Karriere

le **comportement** [kɔ̃pɔrtəmɑ̃]
Verhalten

le **moral** [mɔral]
Je n'ai pas le moral.
Stimmung
Ich bin deprimiert.

particulier, -ère [partikylje, ɛr]
besondere(r, s)

la **prise de conscience** [prizdəkɔ̃sjɑ̃s]
Bewußtwerden

propre [prɔpr]
Je n'aurais pas attendu ça de mes propres enfants.
eigen
Das hätte ich nie von meinen eigenen Kindern erwartet.

le **rapport** [rapɔr]
Beziehung

le **troisième âge** [trwazjɛmɑʒ]
Les gens du troisième âge sont de plus en plus nombreux.
Seniorenalter
Es gibt immer mehr Senioren.

21 Umgang mit Menschen

Allgemeine Begriffe

aller voir [alevwar]	besuchen
attendre [atɑ̃dr]	warten
chercher [ʃɛrʃe]	suchen
choisir [ʃwazir]	aussuchen, wählen
le **choix** [ʃwa]	Wahl
concerner [kɔ̃sɛrne]	betreffen, angehen
Ça nous concerne.	Das geht uns was an.
diriger [diriʒe]	führen, leiten
emmener [ɑ̃mne]	mitnehmen
inviter [ɛ̃vite]	einladen
montrer [mɔ̃tre]	zeigen
placer [plase]	unterbringen
On était mal placés.	Wir haben einen schlechten Platz gehabt.
présenter [prezɑ̃te]	vorstellen
ramener [ramne]	zurückbringen
Tu me ramènes?	Fährst du mich nach Hause?
recevoir [rəsvwar]	empfangen
On a été bien reçus.	Wir sind gut aufgenommen worden.
la **rencontre** [rɑ̃kɔ̃tr]	Begegnung
rencontrer [rɑ̃kɔ̃tre]	begegnen
le **rendez-vous** [rɑ̃devu]	Termin
retenir [rətnir]	zurückhalten
Je ne vous retiens pas plus longtemps.	Ich will Sie nicht länger aufhalten.
retrouver [rətruve]	wiederfinden
sauver [sove]	retten
supporter [sypɔrte]	ertragen
la **surprise** [syrpriz]	Überraschung
tirer [tire]	ziehen
trouver [truve]	finden
Comment tu trouves le nouveau prof?	Wie findest du die neue Lehrerin?

intéresser [ɛ̃terese]	interessieren
rattraper [ratrape]	fangen; einholen
rechercher [rəʃɛrʃe]	suchen
réclamer [reklame]	verlangen
réveiller [reveje]	wecken
revoir [rəvwar]	wiedersehen
le **sacrifice** [sakrifis]	Opfer
surprendre [syrprɑ̃dr]	überraschen
traiter [trete]	beschimpfen; behandeln
On s'est fait traiter d'imbéciles.	Man hat uns als Dummköpfe beschimpft.
Jean Luc traite sa femme comme une bonne.	Jean Luc behandelt seine Frau wie ein Dienstmädchen.

Positive Handlungen

aider [ede]	helfen
Il faut aider Marie Christine.	Man muß Marie Christine helfen.
aimer [eme]	lieben, gern haben
cacher [kaʃe]	verstecken
calmer [kalme]	beruhigen
caresser [karese]	streicheln
couvrir [kuvrir]	bedecken
donner [dɔne]	geben, schenken
donner un coup de main [dɔneɛ̃kudmɛ̃]	helfen
embrasser [ɑ̃brase]	küssen
louer [lwe]	loben
protéger [prɔteʒe]	schützen, beschützen
serrer [sere]	drücken
Serre-moi dans les bras.	Nimm mich in die Arme.
serrer la main [serelamɛ̃]	sich die Hand geben
soutenir [sutnir]	unterstützen
tolérer [tɔlere]	dulden, tolerieren

adopter [adɔpte]	annehmen, adoptieren
attirer [atire]	anziehen
Je me sens attiré par Nicole.	Ich fühle mich von Nicole angezogen.
délivrer [delivre]	befreien
libérer [libere]	befreien
respecter [rɛspɛkte]	achten, respektieren

Negative Handlungen

battre [batr]	schlagen
le **coup** [ku]	Schlag
Un coup de poing.	Ein Faustschlag.
Un coup de pied.	Ein Fußtritt.
enfermer [ɑ̃fɛrme]	einschließen, einsperren
faire du mal à qqn [fɛrdymalakɛlkɛ̃]	jdm weh tun
faire marcher [fɛrmarʃe]	reinlegen
Tu m'as fait marcher.	Du hast mich reingelegt.
frapper [frape]	schlagen
gêner [ʒene]	stören
la **gifle** [ʒifl]	Ohrfeige
imiter [imite]	nachahmen, nachmachen
lâcher [lɑʃe]	loslassen
Lâche-moi.	Laß mich los.
laisser [lese]	lassen
mettre à la porte [mɛtralapɔrt]	vor die Tür setzen
perdre de vue [pɛrdrədvy]	aus den Augen verlieren
pousser [puse]	stoßen, schubsen
punir [pynir]	bestrafen
quitter [kite]	verlassen
remplacer [rɑ̃plase]	ersetzen
renvoyer [rɑ̃vwaje]	entlassen
J'ai été renvoyé.	Ich bin entlassen worden.
repousser [rəpuse]	zurückstoßen, abweisen

Negative Handlungen — Umgang mit Menschen

salir [saliʀ] — beschmutzen
séparer [sepaʀe] — trennen
tuer [tɥe] — töten, umbringen

contraindre [kɔ̃tʀɛ̃dʀ] — zwingen
On m'a contraint à démissionner. — Man hat mich zum Rücktritt gezwungen.

la **contrainte** [kɔ̃tʀɛ̃t] — Zwang
dominer [dɔmine] — beherrschen
humilier [ymilje] — kränken
inquiéter [ɛ̃kjete] — beunruhigen
maltraiter [maltʀete] — mißhandeln
négliger [negliʒe] — vernachlässigen
la **perte** [pɛʀt] — Verlust
poursuivre [puʀsɥivʀ] — verfolgen
presser [pʀese] — bedrängen

priver [pʀive] — nicht geben
Je vais te priver de dessert. — Du bekommst keinen Nachtisch.

provoquer [pʀɔvɔke] — provozieren

sacrifier [sakʀifje] — opfern
Je t'ai sacrifié les meilleures années de ma vie. — Ich habe dir die besten Jahre meines Lebens geopfert.

secouer [səkwe] — schütteln
tromper [tʀɔ̃pe] — täuschen; betrügen; reinlegen
vexer [vɛkse] — beleidigen

22 | Der Mensch bei der Arbeit

Arbeitsstellen

la **banque** [bãk]	Bank
le **bureau, x** [byro]	Büro
Je travaille dans un bureau.	Ich arbeite in einem Büro.
les **chemins de fer** *mpl* [ʃmɛ̃dfɛr]	Eisenbahn
l'**école** *f* [ekɔl]	Schule
l'**hôpital, -aux** *m* [ɔpital, o]	Krankenhaus
l'**hôtel** *m* [ɔtɛl]	Hotel
le **magasin** [magazɛ̃]	Geschäft, Laden
la **poste** [pɔst]	Post
Je travaille à la poste.	Ich arbeite auf der Post.
le **restaurant** [rɛstɔrã]	Restaurant, Gaststätte
la **société** [sɔsjete]	Gesellschaft
Je travaille pour une société commerciale.	Ich arbeite für eine Handelsgesellschaft.
l'**usine** *f* [yzin]	Fabrik
l'**atelier** *m* [atəlje]	Werkstatt
le **chantier** [ʃãtje]	Baustelle
l'**exploitation** *f* [ɛksplwatasjɔ̃]	Betrieb
Je travaille dans une exploitation agricole.	Ich arbeite in einem landwirtschaftlichen Betrieb.
la **ferme** [fɛrm]	Bauernhof
la **grande surface** [grãdsyrfas]	Einkaufszentrum
la **mine** [min]	Zeche, Bergwerk
les **P.T.T.** *fpl* [petete]	französische Post
la **S.N.C.F.** [ɛsɛnseɛf]	französische Eisenbahngesellschaft

Arbeitsbereiche

le **bâtiment** [batimã] Je travaille dans le bâtiment.	Gebäude Ich arbeite im Baugewerbe.
le **commerce** [kɔmɛrs]	Handel
l'**enseignement** m [ãsɛɲəmã]	Unterrichtswesen
l'**entreprise** f [ãtrəpriz]	Unternehmen
l'**industrie** f [ɛ̃dystri]	Industrie
le **spectacle** [spɛktakl]	Schaugeschäft
l'**administration** f [administrasjɔ̃]	Verwaltung
l'**agriculture** f [agrikyltyr]	Landwirtschaft
l'**hôtellerie** f [ɔtɛlri]	Hotelfach
l'**informatique** f [ɛ̃fɔrmatik]	Informatik
la **marine** [marin]	Marine
les **services publics** mpl [sɛrvispyblik]	öffentlicher Dienst
le **textile** [tɛkstil]	Textilbranche
le **tourisme** [turism]	Tourismus
les **transports** mpl [trãspɔr]	Transportwesen

Arbeitsleben

actif, -ive [aktif, iv]	aktiv, tätig
l'**activité** f [aktivite]	Tätigkeit
l'**affaire** f [afɛr]	Geschäft
le **chef** [ʃɛf]	Chef(in)
le **chômage** [ʃomaʒ] Je suis au chômage.	Arbeitslosigkeit Ich bin arbeitslos.
le **concours** [kɔ̃kur]	Wettbewerb

Der Mensch bei der Arbeit — Arbeitsleben

le **congé** [kɔ̃ʒe]	Freizeit, Urlaub
Les congés payés existent depuis 50 ans.	Seit 50 Jahren gibt es den bezahlten Urlaub.
Je suis en congé de maladie.	Ich bin krank geschrieben.
l'**emploi** *m* [ɑ̃plwa]	Arbeitsplatz, Stellung
l'**employé, e** [ɑ̃plwaje]	Angestellte(r)
employer [ɑ̃plwaje]	beschäftigen
engager [ɑ̃gaʒe]	einstellen
être pris, e [ɛtrəpri, z]	keine Zeit haben
Je suis pris tout l'après-midi.	Ich habe den ganzen Nachmittag keine Zeit.
être reçu, e [ɛtrərəsy]	eine Prüfung bestanden haben
exporter [ɛkspɔrte]	ausführen, exportieren
la **fonction** [fɔ̃ksjɔ̃]	Funktion; Amt, Posten
le, la **fonctionnaire** [fɔ̃ksjɔnɛr]	Beamter, Beamtin
gagner [gaɲe]	verdienen
gagner de l'argent [gaɲedlarʒɑ̃]	Geld verdienen
gagner sa vie [gaɲesavi]	seinen Lebensunterhalt verdienen
l'**heure supplémentaire** *f* [œrsyplemɑ̃tɛr]	Überstunde
importer [ɛ̃pɔrte]	einführen, importieren
livrer [livre]	liefern
l'**ouvrier, -ère** [uvrije, ɛr]	Arbeiter(in)
le **patron,** la **patronne** [patrɔ̃, ɔn]	Chef(in), Arbeitgeber(in)
le **personnel** [pɛrsɔnɛl]	Personal
le **poste** [pɔst]	Stellung
prendre [prɑ̃dr]	nehmen
produire [prɔdɥir]	produzieren, herstellen
le **produit** [prɔdɥi]	Produkt
le **salaire** [salɛr]	Gehalt, Lohn
taper à la machine [tapealamaʃin]	Schreibmaschine schreiben
le **travail, -aux** [travaj, o]	Arbeit
travailler [travaje]	arbeiten

Arbeitsleben — **Der Mensch bei der Arbeit**

le **travailleur immigré** [travajœrimigre]	Gastarbeiter
la **vente** [vãt]	Verkauf

l'**apprentissage** m [aprãtisaʒ]	Lehre
le **boulot** [bulo]	Arbeit
le **cadre moyen** [kadrəmwajɛ̃]	mittlerer Angestellter
le **cadre supérieur** [kadrəsyperjœr]	leitender Angestellter
le **chômeur**, la **chômeuse** [ʃomœr, øz]	Arbeitslose(r)
le **contrat** [kõtra]	Vertrag
le **curriculum vitae** [kyrikylɔmvite]	Lebenslauf
les **débouchés** mpl [debuʃe]	Berufsaussichten
Il n'y a pas de débouchés dans le bâtiment.	Im Baugewerbe gibt es keine Berufsaussichten.
la **demande d'emploi** [dəmãddãplwa]	Stellengesuch
Il y a de plus en plus de demandes d'emploi.	Es gibt immer mehr Stellengesuche.
embaucher [ãboʃe]	einstellen
On embauche.	Wir stellen ein.
être au chômage [ɛtroʃomaʒ]	arbeitslos sein
expérimenté, e [ɛksperimãte]	erfahren
faire le pont [fɛrləpõ]	ein verlängertes Wochenende machen
Vendredi, je ne viens pas, je fais le pont.	Freitag komme ich nicht, ich mache ein verlängertes Wochenende.
le **jour de congé** [ʒurdəkõʒe]	arbeitsfreier Tag
Le lundi est mon jour de congé.	Montag ist mein freier Tag.
la **main d'œuvre** [mɛ̃dœvr]	Arbeitskräfte
la **qualification** [kalifikɑsjõ]	Eignung, Qualifikation
qualifié, e [kalifje]	spezialisiert
les **revenus** mpl [rəvny]	Einkommen
le **salarié**, la **salariée** [salarje]	Lohn-, Gehaltsempfänger(in)
le **siège social** [sjɛʒsɔsjal]	Hauptsitz

173

le, la **spécialiste** [spesjalist]	Spezialist(in)
le **stage** [staʒ]	Praktikum
le, la **stagiaire** [staʒjɛr]	Praktikant(in)
le **travail manuel** [travajmanɥɛl]	Handarbeit

Arbeitsprobleme

l'**action** f [aksjɔ̃] — Handlung

assister [asiste] — helfen, beistehen

augmenter [ɔgmɑ̃te] — zunehmen; erhöhen
Le taux de chômage a augmenté. — Die Arbeitslosenquote hat zugenommen.

automatique [ɔtɔmatik] — automatisch

contester [kɔ̃tɛste] — bestreiten
Les mesures du gouvernement sont très contestées. — Die Maßnahmen der Regierung sind sehr umstritten.

la **difficulté** [difikylte] — Schwierigkeit

économique [ekɔnɔmik] — wirtschaftlich

économiser [ekɔnɔmize] — sparen; einsparen

être en rapport [ɛtrɑ̃rapɔr] — in Beziehung stehen

être en réunion [ɛtrɑ̃reynjɔ̃] — in einer Versammlung sein
M. le directeur est en réunion. — Der Herr Direktor ist in einer Besprechung.

la **grève** [grɛv] — Streik

licencier [lisɑ̃sje] — entlassen

la **manifestation** [manifɛstɑsjɔ̃] — Demonstration

mener [məne] — führen, leiten
Il faut mener une campagne contre les licenciements. — Wir müssen eine Kampagne gegen die Entlassungen führen.

l'**organisation** f [ɔrganizɑsjɔ̃] — Organisation

responsable [rɛspɔ̃sabl] — verantwortlich
Je suis responsable de tout. — Ich bin für alles verantwortlich.

la **réunion** [reynjɔ̃] — Versammlung

la **revendication** [rəvɑ̃dikɑsjɔ̃] — Forderung

social, e, -aux [sɔsjal, o] — sozial

le **syndicat** [sɛ̃dika]	Gewerkschaft
le **tarif** [tarif]	Tarif
l'**accroissement** *m* [akrwasmɑ̃]	Wachstum, Zunahme
le **clochard**, la **clocharde** [klɔʃar, d]	Stadtstreicher(in)
la **démarche** [demarʃ]	Vorgehen
Il faut faire des démarches auprès du préfet.	Wir müssen etwas beim Präfekten unternehmen.
l'**expansion** *f* [ɛkspɑ̃sjɔ̃]	Ausweitung
la **faillite** [fajit]	Konkurs
Cette banque privée a fait faillite.	Diese Privatbank hat Konkurs gemacht.
le **licenciement** [lisɑ̃simɑ̃]	Entlassung
lutter [lyte]	kämpfen
le **niveau de vie** [nivodvi]	Lebensstandard
le **pouvoir d'achat** [puwardaʃa]	Kaufkraft
les **ressources** *fpl* [rəsurs]	Anlage- und Kapitalvermögen
revendiquer [rəvɑ̃dike]	fordern, verlangen
le **S.M.I.C.** [smik]	gesetzlicher Mindestlohn
syndical, e, -aux [sɛ̃dikal, o]	gewerkschaftlich
le **taux de chômage** [todʃomaʒ]	Arbeitslosenquote
En 1986, le taux de chômage était de 11,25%.	1986 betrug die Arbeitslosenquote 11,25%.

23 Der Mensch im Verkehr

Fahrer und Fahrzeuge

l'**assurance** f [asyrɑ̃s] — Versicherung

assurer [asyre] — versichern

l'**autobus** m [ɔtobys] — Autobus

l'**avion** m [avjɔ̃] — Flugzeug
Je suis allé en avion à Munich. — Ich bin nach München geflogen.

le **bateau, x** [bato] — Boot, Schiff

le **bus** [bys] — Autobus
Pour aller à la gare, il faut prendre le bus. — Wenn Sie zum Bahnhof wollen, müssen Sie den Bus nehmen.

le **camion** [kamjɔ̃] — LKW, Lastwagen

le **car** [kar] — Reisebus

le **chauffeur** [ʃofœr] — Fahrer

conduire [kɔ̃dɥir] — fahren
Tu me laisses conduire la voiture? — Läßt du mich mal fahren?

lent, e [lɑ̃, t] — langsam, träge

la **machine** [maʃin] — Maschine

la **moto** [mɔto] — Motorrad

le **moyen de transport** [mwajɛ̃dətrɑ̃spɔr] — Beförderungsmittel

neuf, neuve [nœf, nœv] — neu
Mais tu as une voiture toute neuve. — Du hast ja ein nagelneues Auto.

nouveau, -vel, -velle, x [nuvo, nuvɛl] — neu
Voilà ma nouvelle voiture, elle n'a que 10.000 km. — Das ist mein neues Auto, es hat erst 10000 km drauf.

le **permis** [pɛrmi] — Führerschein

rapide [rapid] — schnell

le **taxi** [taksi] — Taxi

le **train** [trɛ̃] — Zug, Eisenbahn

le **vélo** [velo] — Fahrrad
Je vais au travail en vélo. — Ich fahre mit dem Rad zur Arbeit.

la **voiture** [vwatyr]	Auto; Eisenbahnwagen
la **voiture d'occasion** [vwatyrdɔkazjɔ̃]	Gebrauchtwagen

l'**auto** f [ɔto]	Auto
l'**automobiliste** mf [ɔtɔmɔbilist]	Autofahrer(in)
la **bicyclette** [bisiklɛt]	Fahrrad
le **break** [brɛk]	Kombi
la **camionnette** [kamjɔnɛt]	Lieferwagen
la **caravane** [karavan]	Wohnwagen
la **carte grise** [kartəgriz]	Fahrzeugpapiere
la **décapotable** [dekapɔtabl]	Cabriolet
l'**hélicoptère** m [ɛlikɔptɛr]	Hubschrauber
la **mobylette** [mɔbilɛt]	Mofa
le **T.G.V.** [teʒeve] Le T.G.V. roule à 270 km à l'heure.	Hochgeschwindigkeitszug Der T.G.V. fährt mit 270 Kilometern pro Stunde.
le **tram** [tram]	Straßenbahn
le **véhicule** [veikyl]	Fahrzeug
le **vélomoteur** [velɔmɔtœr]	Mofa
le **wagon** [wagɔ̃]	Eisenbahnwagen; Güterwagen
le **wagon-lit** [wagɔ̃li]	Schlafwagen
le **wagon-restaurant** [wagɔ̃rɛstɔrɑ̃]	Speisewagen

―――― **Verkehrswege und Verkehrszeichen** ――――

l'**agent** m [aʒɑ̃]	Polizist
l'**autoroute** f [ɔtɔrut]	Autobahn
le **carrefour** [karfur]	Kreuzung
le **chemin** [ʃmɛ̃]	Weg
le **code de la route** [kɔddəlarut]	Straßenverkehrsordnung
le **danger** [dɑ̃ʒe] Danger de mort	Gefahr Lebensgefahr

23 Der Mensch im Verkehr — Verkehrswege und Verkehrszeichen

dangereux, -euse [dãʒrø, z] — gefährlich

le **feu, x** [fø] — Ampel
Tournez au feu à droite. — Biegen Sie an der Ampel rechts ein.

limiter [limite] — begrenzen, beschränken

la **nationale** [nasjɔnal] — Nationalstraße

obligatoire [ɔbligatwar] — verbindlich, vorgeschrieben
Sens obligatoire — Vorgeschriebene Fahrtrichtung

le **panneau, x** [pano] — Schild

le **parking** [parkiŋ] — Parkplatz; Parkhaus

le **passage** [pɑsaʒ] — Durchfahrt
Passage à niveau — Achtung Bahnübergang
Passage interdit — Durchgang verboten

la **priorité** [prijɔrite] — Vorfahrt
Vous n'avez pas la priorité — Vorfahrt achten
Priorité à droite — Vorfahrt von rechts

le **règlement** [rɛgləmã] — Regelung, Vorschrift

la **route** [rut] — Straße
La route de Strasbourg passe par Saverne. — Die Straße nach Straßburg geht durch Zabern.

la **rue** [ry] — Straße
J'habite rue de Strasbourg. — Ich wohne in der Straßburger Straße.

sens interdit [sãsɛ̃tɛrdi] — Verbot der Einfahrt

sens unique [sãsynik] — Einbahnstraße

la **sortie** [sɔrti] — Ausgang; Ausfahrt

le **stationnement** [stasjɔnmã] — Parken
Stationnement réglementé — Alternierende Parkregelung

le **verglas** [vɛrgla] — Glatteis
Verglas fréquent — Glatteisgefahr

le **virage** [viraʒ] — Kurve

---

le **chantier** [ʃãtje] — Baustelle

chaussée déformée [ʃosedefɔrme] — Fahrbahnschäden

la **déviation** [devjasjɔ̃] — Umleitung

les **gravillons** *mpl* [gravijɔ̃] — Rollsplitt

la **limitation de vitesse** [limitɑsjɔ̃dvitɛs]	Geschwindigkeitsbegrenzung
le **parcomètre** [parkɔmɛtr]	Parkuhr
le **péage** [peaʒ]	Autobahngebühr, Maut
sans issue [sɑ̃zisy]	Sackgasse
le **sentier** [sɑ̃tje]	Pfad
stationnement interdit [stasjɔnmɑ̃ɛ̃tɛrdi]	Parkverbot
la **voie rapide** [vwarapid]	Schnellstraße
la **zone bleue** [zɔnblø]	Kurzparkzone

In Werkstatt und Tankstelle

arrêter le moteur [aretelmɔtœr]	den Motor ausmachen
la **ceinture** [sɛ̃tyr]	Gurt
la **clé** [kle]	Schlüssel
l'**essence** f [esɑ̃s]	Benzin
faire le plein [fɛrləplɛ̃]	tanken, volltanken
le **feu, x** [fø] Mon feu arrière ne marche pas.	Licht Mein Rücklicht ist kaputt.
le **frein** [frɛ̃]	Bremse
le **garage** [garaʒ]	Werkstatt
gonfler [gɔ̃fle]	aufpumpen
l'**huile** f [ɥil] Vérifiez l'huile s.v.p.	Öl Schauen Sie bitte nach dem Öl.
la **marche arrière** [marʃarjɛr]	Rückwärtsgang
la **marche avant** [marʃavɑ̃]	Vorwärtsgang
le **moteur** [mɔtœr]	Motor
l'**ordinaire** m [ɔrdinɛr]	Normalbenzin
la **panne** [pan] Je suis tombé en panne.	Panne Ich hatte eine Panne.
le **pneu** [pnø] J'ai changé de marque de pneus.	Reifen Ich habe die Reifenmarke gewechselt.
la **roue** [ru]	Rad

Der Mensch im Verkehr — In Werkstatt und Tankstelle

la **roue de secours** [rudsəkur]	Reserverad
sans plomb [sɑ̃plɔ̃]	bleifrei
la **station-service** [stasjɔ̃sɛrvis]	Tankstelle
le **super** [sypɛr]	Super
vérifier [verifje]	überprüfen
la **vitesse** [vitɛs]	Geschwindigkeit; Gang
Le nouveau modèle a cinq vitesses.	Das neue Modell hat fünf Gänge.
le **volant** [vɔlɑ̃]	Lenkrad

la **banquette arrière** [bɑ̃kɛtarjɛr]	Rücksitz
la **boîte de vitesse** [bwatdəvitɛs]	Getriebe
la **bougie** [buʒi]	Zündkerze
le **capot** [kapo]	Motorhaube
le **carburateur** [karbyratœr]	Vergaser
le **clignotant** [kliɲɔtɑ̃]	Blinker
consommer [kɔ̃sɔme]	verbrauchen
le **démarreur** [demarœr]	Anlasser
l'**essuie-glace** m [esɥiglas]	Scheibenwischer
J'ai crevé. [ʒekrəve]	Ich habe einen Platten.
le **lave-glace** [lavglas]	Scheibenwaschanlage
le **niveau d'huile** [nivodɥil]	Ölstand
le **pare-brise** [parbriz]	Windschutzscheibe
le **pare-chocs** [parʃɔk]	Stoßstange
le **phare** [far]	Scheinwerfer
le **pot catalytique** [pokatalitik]	Katalysator
le **pot d'échappement** [podeʃapmɑ̃]	Auspufftopf
la **précaution** [prekosjɔ̃]	Vorsicht
le **radiateur** [radjatœr]	Kühler
la **vidange** [vidɑ̃ʒ]	Ölwechsel
Faites la vidange s.v.p.	Einen Ölwechsel bitte.

Verkehrsgeschehen

l'**accident** m [aksidã] — Unfall

arrêter (s') [sarete] — stehenbleiben, halten

attacher [ataʃe] — festmachen
Attachez vos ceintures. — Bitte anschnallen!

bloquer [blɔke] — versperren
La route est complètement bloquée. — Die Straße ist voll gesperrt.

le **bouchon** [buʃɔ̃] — Stau
Sur la N7, il y a un bouchon de 10 km. — Auf der N7 ist ein 10 km langer Stau.

la **circulation** [sirkylasjɔ̃] — Verkehr

circuler [sirkyle] — fahren
Dans Paris, je circule prudemment. — In Paris fahre ich vorsichtig.

le **commissariat** [kɔmisarja] — Polizeirevier

le **contrôle** [kɔ̃trol] — Kontrolle

courir un risque [kurirɛ̃risk] — ein Risiko eingehen

démarrer [demare] — starten, anlassen
Démarre. — Fahr los!

dépasser [depɑse] — überholen

le **détour** [detur] — Umweg

doubler [duble] — überholen

éclairer [eklere] — beleuchten
Mes phares éclairent mal. — Meine Scheinwerfer sind zu dunkel.

l'**embouteillage** m [ãbutɛjaʒ] — Stau

l'**énergie** f [enɛrʒi] — Energie

être au volant [ɛtrovolã] — steuern, am Steuer sitzen
Arrête! C'est moi qui suis au volant. — Hör auf! Ich fahre!

faire un détour [fɛrɛ̃detur] — einen Umweg machen

freiner [frene] — bremsen

garer [gare] — parken
Il vaut mieux garer la voiture dans un parking. — Man parkt besser in einem Parkhaus.

mettre en marche [mɛtrãmarʃ] — in Gang setzen

passer [pɑse] — vorbeigehen; vorbeifahren

le **plan** [plɑ̃]	Stadtplan
la **police** [pɔlis]	Polizei
le **poste (de police)** [pɔst(dəpɔlis)]	Polizeiwache
prendre des risques [prɑ̃drəderisk]	etwas riskieren
Tu prends trop de risques au volant.	Du fährst zu riskant.
prendre le volant [prɑ̃drəlvɔlɑ̃]	sich ans Steuer setzen
ralentir [ralɑ̃tir]	langsamer werden
rouler [rule]	fahren
Ma voiture roule à 160 km à l'heure.	Mein Auto fährt 160 Kilometer in der Stunde.
la **sécurité** [sekyrite]	Sicherheit
tenir la route [tənirlarut]	eine gute Straßenlage haben
tourner [turne]	drehen
tourner à droite [turneadrwat]	nach rechts abbiegen
tourner à gauche [turneagoʃ]	nach links abbiegen
tout droit [tudrwa]	geradeaus
Continuez tout droit.	Fahren Sie geradeaus weiter.
le **transport** [trɑ̃spɔr]	Transport
transporter [trɑ̃spɔrte]	transportieren
traverser [travɛrse]	überqueren
le **trou** [tru]	Loch
la **victime** [viktim]	Opfer
Il y a trop de victimes de la circulation.	Es gibt zu viele Straßenverkehrsopfer.

accélérer [akselere]	beschleunigen
l'**amende** f [amɑ̃d]	Bußgeld
l'**avertissement** m [avɛrtismɑ̃]	Warnung
la **contravention** [kɔ̃travɑ̃sjɔ̃]	Strafzettel
donner un coup de frein [dɔneɛ̃kudfrɛ̃]	bremsen
écraser [ekraze]	überfahren
Chaque matin, je vois un chat écrasé sur la route.	Jeden Morgen sehe ich eine überfahrene Katze auf der Straße.

l'**encombrement** m [ãcɔ̃brəmã]	Stockung, Stau
l'**excès de vitesse** m [ɛksɛdvitɛs]	Geschwindigkeitsüberschreitung
J'ai eu une amende pour excès de vitesse.	Ich habe ein Strafmandat wegen zu hoher Geschwindigkeit erhalten.
faire demi-tour [fɛrdəmitur]	umdrehen
Faire demi-tour est dangereux.	Umdrehen ist gefährlich.
le **procès verbal** [prɔsɛvɛrbal]	Strafmandat, Strafzettel
Alors l'agent m'a collé un P.V.	Dann gab mir der Polizist einen Strafzettel.
rater le virage [ratelviraʒ]	aus der Kurve getragen werden
serrer à droite [sereadrwat]	rechts fahren
Véhicules lents, serrez à droite.	Langsame Fahrzeuge rechts fahren.
stationner [stasjɔne]	parken
tenir sa droite [tənirsadrwat]	rechts fahren

——— Nichtmotorisierte Verkehrsteilnehmer ———

l'**arrêt d'autobus** m [arɛdɔtɔbys]	Bushaltestelle
attendre [atãdr]	warten
le **carnet** [karnɛ]	Fahrscheinheft
changer [ʃãʒe]	umsteigen
Il faut changer à Châtelet.	Man muß in Châtelet umsteigen.
descendre [desãdr]	aussteigen
Tous les voyageurs descendent du train.	Alle Reisenden steigen aus.
la **direction** [dirɛksjɔ̃]	Richtung
Direction Mairie d'Issy	Richtung Mairie d'Issy
la **gare** [gar]	Bahnhof
les **gens** mpl [ʒã]	Leute
la **ligne** [liɲ]	Linie
le **métro** [metro]	Metro, U-Bahn
monter [mɔ̃te]	einsteigen
Je suis monté dans le bus.	Ich bin in den Bus gestiegen.
le **passager**, la **passagère** [pɑsaʒə, ɛr]	Fahrgast

Der Mensch im Verkehr — Nichtmotorisierte Verkehrsteilnehmer

le **passant,** la **passante** [pasā, t]	Passant(in)
le **piéton** [pjetɔ̃]	Fußgänger(in)
presser (se) [səprese]	sich beeilen
le **quai** [ke]	Bahnsteig
rater [rate] J'ai raté le bus.	verpassen Ich habe den Bus verpaßt.
la **station de métro** [stasjɔ̃dmetro]	Metrohaltestelle
le **ticket** [tikɛ]	Fahrkarte
le **trajet** [traʒɛ] Chaque matin j'ai une heure de trajet pour aller au travail.	Route; Fahrt Ich brauche jeden Morgen eine Stunde zur Arbeit.
valable [valabl] En dehors de cette limite, les tickets ne sont plus valables.	gültig Hier verlieren die Fahrkarten ihre Gültigkeit.

accès interdit *m* [aksɛɛ̃tɛrdi]	Zutritt verboten
composter [kɔ̃pɔste]	entwerten
la **correspondance** [kɔrɛspɔ̃dās]	Anschlußzug
le **R.E.R.** [ɛrəɛr]	S-Bahn
le **terminus** [tɛrminys]	Endstation
les **transports en commun** *mpl* [trãspɔrāk ɔmɛ̃]	öffentliche Verkehrsmittel

Post und Bank 24

――――― **Post** ―――――

l'**adresse** *f* [adrɛs]
C'est à quelle adresse?

Adresse
An welche Adresse geht das?

la **boîte aux lettres** [bwatolɛtr]

Briefkasten

la **cabine (téléphonique)**
[kabin(telefɔnik)]
Les nouvelles cabines fonctionnent toutes par carte.

Telefonzelle

Die neuen Telefonzellen funktionieren nur mit einer Karte.

le **cachet** [kaʃɛ]

Stempel

la **carte postale** [kartpɔstal]

Postkarte

le **courrier** [kurje]
J'ai reçu un tas de courrier ce matin.

Post
Heute morgen habe ich einen Haufen Post bekommen.

écrire [ekrir]

schreiben

l'**enveloppe** *f* [ãvlɔp]

Umschlag

envoyer [ãvwaje]

schicken, senden

le **facteur,** la **factrice**
[faktœr, tris]

Briefträger(in)

faire part [fɛrpar]
Claudine nous fait part de son mariage.

mitteilen
Claudine teilt uns mit, daß sie heiratet.

le **guichet** [giʃɛ]
Adressez-vous au guichet trois.

Schalter
Wenden Sie sich an den Schalter drei.

la **lettre** [lɛtr]

Brief

Ne quittez pas. [nəkitepa]

Ich verbinde.

le **paquet** [pakɛ]

Paket

la **poste** [pɔst]
Le bureau de poste est fermé à six heures.

Post
Die Post macht um sechs zu.

le **tarif** [tarif]

Preisliste

le **téléphone** [telefɔn]
J'ai reçu un coup de téléphone de Paul.

Telefon
Ich habe einen Anruf von Paul erhalten.

téléphoner [telefɔne]
J'ai téléphoné à ta mère.

telefonieren
Ich habe mit deiner Mutter telefoniert.

le **timbre** [tɛ̃mbr]
On peut acheter des timbres au bureau de tabac.

Briefmarke
Briefmarken kann man im Tabakladen kaufen.

urgent, e [yrʒɑ̃, t]

eilig, dringend

les **vœux** *mpl* [vø]
Meilleurs Vœux

Glückwünsche
Alles Gute

---

la **boîte postale** [bwatpɔstal]	Postfach
le **colis** [kɔli]	Paket
le **compte chèque postal** [kɔ̃tʃɛkpɔstal]	Postscheckkonto
l'**expéditeur** *m* [ɛkspeditœr]	Absender
la **lettre expresse** [lɛtrɛksprɛs]	Eilbrief
le **mandat** [mɑ̃da]	Überweisung
poste restante [pɔstrɛstɑ̃t]	postlagernd
recommandé, e [rəkɔmɑ̃de]	per Einschreiben; eingeschrieben
le **télégramme** [telegram]	Telegramm
télégraphier [telegrafje]	telegrafieren

Geldangelegenheiten

l'**addition** *f* [adisjɔ̃]
L'addition s.v.p.

Rechnung
Zahlen bitte.

l'**argent** *m* [arʒɑ̃]

Geld

avoir de la monnaie
[avwardlamɔnɛ]
Vous avez de la monnaie?

Kleingeld haben

Haben Sie Kleingeld?

la **banque** [bɑ̃k]

Bank

le **billet** [bijɛ]
Un billet de cent francs.

Banknote
Ein Hundertfrancschein.

la **caisse** [kɛs]
Passez à la caisse.

Kasse
Gehen Sie bitte zur Kasse.

le **centime** [sɑ̃tim]

kleinste französische Münze

Geldangelegenheiten

Post und Bank

changer [ʃãʒe]
Je voudrais changer des marks en francs.
wechseln
Ich möchte gern DM in Franc wechseln.

le **chèque** [ʃɛk]
Scheck

le **compte** [kõt]
Vous avez un compte en banque?
Konto
Haben Sie ein Bankkonto?

compter [kõte]
zählen

coûter [kute]
Ça coûte combien?
kosten
Was kostet das?

le **crédit** [kredi]
Kredit

dépenser [depãse]
ausgeben

la **dette** [dɛt]
Je n'aime pas faire des dettes.
Schuld
Ich mache nicht gerne Schulden.

devoir [dəvwar]
Combien je vous dois?
schulden
Was schulde ich Ihnen?

emprunter [ãprɛ̃te]
ausleihen

faire des économies [fɛrdezekɔnɔmi]
sparen

la **fortune** [fɔrtyn]
J.R. a fait fortune dans le pétrole.
Vermögen
J.R. hat im Ölgeschäft ein Vermögen gemacht.

les **frais** *mpl* [frɛ]
Les frais de voyage.
On partage les frais?
Kosten
Reisespesen.
Teilen wir uns die Kosten?

le **franc** [frã]
Franken, Franc

gratuit, e [gratɥi, t]
kostenlos, umsonst

la **monnaie** [mɔnɛ]
L'ECU est la monnaie européenne.
Kleingeld; Währung
Der Ecu ist die europäische Währung.

payer [peje]
bezahlen

payer comptant [pejekõtã]
Vous payez comptant?
bar zahlen
Sie zahlen bar?

la **pièce de monnaie** [pjɛsdəmɔnɛ]
Geldstück, Münze

le **portefeuille** [pɔrtəfœj]
Brieftasche

le **porte-monnaie** [pɔrtmɔnɛ]
Portemonnaie, Geldbeutel

prêter [prete]
Tu me prêtes dix mille balles?
verleihen
Leihst du mir hundert Francs?

le **prix** [pri]	Preis
rembourser [rãburse]	erstatten
la **somme** [sɔm]	Summe
valable [valabl]	gültig
la **valeur** [valœr]	Wert
la **carte de crédit** [kartdəkredi] Vous acceptez les cartes de crédit?	Kreditkarte Akzeptieren Sie Kreditkarten?
le **change** [ʃãʒ]	Geldwechsel
le **chèque de voyage** [ʃɛkdəvwaʒ]	Reisescheck
le **chéquier** [ʃekje]	Scheckheft
coûteux, -euse [kutø, z]	teuer
les **devises** *fpl* [dəviz]	Devisen
l'**eurochèque** *m* [ørɔʃɛk] Il y a des maisons qui n'acceptent pas les eurochèques.	Euroscheck Es gibt Häuser, die keine Euroschecks akzeptieren.
le **livret d'épargne** [livrɛdeparɲ]	Sparbuch
les **recettes** *fpl* [rəsɛt]	Einnahmen
le **sou** [su] Je n'ai pas de sous.	Groschen Ich habe keine Knete.
le **taux d'intérêt** [todɛ̃terɛ]	Zinssatz
la **tirelire** [tirlir]	Spardose, Sparschwein

25 | Politik

―――― **Verfassung** ――――

l'**Assemblée nationale** f [asɑ̃blənasjɔnal]	Nationalversammlung
L'Assemblée nationale et le Sénat constituent le Parlement.	Die Nationalversammlung und der Senat bilden das Parlament.
central, e, -aux [sɑ̃tral, o]	zentral
le **conseil** [kɔ̃sɛj]	Rat
la **constitution** [kɔ̃stitysjɔ̃]	Verfassung
la **déclaration** [deklarɑsjɔ̃]	Erklärung
démocratique [demokratik]	demokratisch
l'**élection** f [elɛksjɔ̃]	Wahl
élire [elir]	wählen
Le Président est élu au suffrage universel direct.	Der Präsident wird direkt vom Volk gewählt.
le **gouvernement** [guvɛrnmɑ̃]	Regierung
l'**individu** m [ɛ̃dividy]	Individuum
légal, e, -aux [legal, o]	gesetzlich, legal
la **liberté** [libɛrte]	Freiheit
la **loi** [lwa]	Gesetz
le **membre** [mɑ̃br]	Mitglied
le **ministre** [ministr]	Minister(in)
Le ministre de l'Intérieur.	Der Innenminister.
Le ministre des Finances.	Der Finanzminister.
Le ministre de la Défense Nationale.	Der Verteidigungsminister.
Le ministre de la Santé Publique.	Der Gesundheitsminister.
Le ministre de l'Education Nationale.	Der Kultusminister.
la **nationalité** [nasjɔnalite]	Nationalität
le **Premier ministre** [prəmjeministr]	Premierminister(in)
le **président**, la **présidente** [prezidɑ̃, t]	Präsident(in)

la **république** [repyblik]	Republik
la **séance** [seɑ̃s]	Sitzung
La séance publique.	Die öffentliche Sitzung.
La séance est ouverte.	Die Sitzung ist eröffnet.
la **société** [sɔsjete]	Gesellschaft
le **système** [sistɛm]	System
la **voix** [vwa]	Stimme
le **vote** [vɔt]	Stimme; Abstimmung
Les Françaises ont le droit de vote depuis 1944.	Die Französinnen haben seit 1944 das Wahlrecht.
voter [vɔte]	abstimmen, wählen
voter une loi [vɔteynlwa]	ein Gesetz verabschieden
l'**autorité** f [ɔtɔrite]	Amtsgewalt, Obrigkeit
le **chef d'Etat** [ʃɛfdeta]	Staatsoberhaupt
Le chef d'Etat, c'est le Président.	Der Präsident ist der Staatschef.
le **citoyen**, la **citoyenne** [sitwajɛ̃, ɛn]	Bürger(in)
dissoudre [disudr]	auflösen
Le Président peut dissoudre l'Assemblée.	Der Präsident kann die Nationalversammlung auflösen.
le **drapeau, x** [drapo]	Fahne
l'**égalité** f [egalite]	Gleichheit
les **élections législatives** fpl [elɛksjɔ̃leʒislativ]	Parlamentswahlen
l'**élection présidentielle** f [elɛksjɔ̃prezidɑ̃sjɛl]	Präsidentschaftswahl
l'**indépendance** f [ɛ̃depɑ̃dɑ̃s]	Unabhängigkeit
la **législative** [leʒislativ]	Legislative
nommer [nɔme]	ernennen
M. Groß a été nommé ambassadeur à Paris.	Herr Groß ist zum Botschafter in Paris ernannt worden.
le **parlement** [parləmɑ̃]	Parlament
parlementaire [parləmɑ̃tɛr]	Parlaments-; parlamentarisch
le **pouvoir exécutif** [puvwarɛksekytif]	ausführende Gewalt

25 Politik — Verfassung

le **pouvoir judiciaire** [puvwarʒydisjɛr]	rechtsprechende Gewalt
le **pouvoir législatif** [puvwarleʒislatif]	gesetzgebende Gewalt
proclamer [prɔklame]	ausrufen, verkünden
Charles de Gaulle a proclamé la Cinquième République.	Charles de Gaulle hat die fünfte Republik ausgerufen.
ratifier [ratifje]	ratifizieren
le **Sénat** [sena]	Senat, zweite Kammer
le **sénateur** [senatœr]	Senator(in)
le **siège** [sjɛʒ]	Sitz
Le Parti Communiste a obtenu 35 sièges.	Die kommunistische Partei hat 35 Sitze erhalten.
le **suffrage universel** [syfraʒynivɛrsɛl]	allgemeine Wahlen
Le Président est élu au suffrage universel direct.	Der Präsident wird direkt vom Volk gewählt.

Öffentliche Verwaltung

la **capitale** [kapital]	Hauptstadt
le **département** [departəmɑ̃]	Departement
l'**Etat** *m* [eta]	Staat
la **mairie** [meri]	Rathaus
officiel, le [ɔfisjɛl]	offiziell
l'**organisation** *f* [ɔrganizɑsjɔ̃]	Organisation
le **pays** [pei]	Land
le **règlement** [rɛgləmɑ̃]	Regelung; Geschäftsordnung; Verordnung
administratif, -ive [administratif, iv]	Verwaltungs-
l'**administration** *f* [administrɑsjɔ̃]	Verwaltung
l'**arrondissement** *m* [arɔ̃dismɑ̃]	Arrondissement
la **bureaucratie** [byrokrasi]	Bürokratie
bureaucratique [byrokratik]	bürokratisch
la **centralisation** [sɑ̃tralisɑsjɔ̃] La centralisation a diminué depuis 1982.	Zentralisierung Seit 1982 hat die Zentralisierung abgenommen.
la **collectivité** [kɔlɛktivite]	Allgemeinheit
communal, e, -aux [kɔmynal, o]	Gemeinde-, Stadt-
la **commune** [kɔmyn]	Gemeinde
le **conseil municipal** [kɔ̃sɛjmynisipal]	Gemeinderat
le **conseil régional** [kɔ̃sɛjreʒjɔnal]	Regionalrat
la **décentralisation** [desɑ̃tralizɑsjɔ̃]	Dezentralisierung
décentraliser [desɑ̃tralize]	dezentralisieren

les **D.O.M.-T.O.M.** *mpl* [dɔmtɔm]	Überseegebiete Frankreichs
La Nouvelle Calédonie est un territoire d'outre-mer.	Neukaledonien ist ein Überseeterritorium.
La Martinique est un département d'outre-mer.	Martinique ist ein Überseedepartement.
l'**institution** *f* [ɛ̃stitysjɔ̃]	Einrichtung
la **métropole** [metrɔpɔl]	Hauptstadt
La Métropole	Frankreich (ohne Korsika und Überseegebiete)
le **ministère** [ministɛr]	Ministerium
municipal, e, -aux [mynisipal, o]	Gemeinde-, Stadt-
la **préfecture** [prefɛktyr]	Präfektur
le **préfet** [prefɛ]	Präfekt(in)
Le préfet est nommé par le ministre de l'Intérieur.	Der Präfekt wird vom Innenminister ernannt.
régional, e, -aux [reʒjɔnal, o]	regional
la **régionalisation** [reʒjɔnalizɑsjɔ̃]	Regionalisierung

Das politische Leben

la **bourgeoisie** [burʒwazi]	Bürgertum
La bourgeoisie est au pouvoir depuis la Révolution.	Seit der Revolution ist das Bürgertum an der Macht.
le **candidat**, la **candidate** [kɑ̃dida, t]	Bewerber(in), Kandidat(in)
le **changement** [ʃɑ̃ʒmɑ̃]	Veränderung, Wende, Wechsel
le, la **communiste** [kɔmynist]	Kommunist(in)
diriger [diriʒe]	führen, leiten
la **droite** [drwat]	die Rechte
efficace [efikas]	erfolgreich, wirkungsvoll
être de droite [ɛtrədədrwat]	politisch rechts stehen
Le Figaro est de droite.	Der Figaro steht politisch rechts.
être de gauche [ɛtrədgoʃ]	politisch links stehen
fonctionner [fɔ̃ksjɔne]	funktionieren

la **gauche** [goʃ]	die Linke
les **gens** *mpl* [ʒɑ̃]	Leute
le **groupe** [grup]	Gruppe
Le Front National est un groupe politique minoritaire.	Die Nationale Front ist eine politische Minderheitsgruppe.
l'**homme d'Etat** *m* [ɔmdeta]	Staatsmann
indépendant, e [ɛ̃depɑ̃dɑ̃, t]	unabhängig
industriel, le [ɛ̃dystrijɛl]	Industrie-
La France est un pays industriel.	Frankreich ist ein Industriestaat.
l'**initiative** *f* [inisjativ]	Initiative
la **majorité** [maʒɔrite]	Mehrheit
Au sein de la majorité.	Innerhalb der Mehrheitsfraktionen.
la **minorité** [minɔrite]	Minderheit
L'Assemblée a mis le gouvernement en minorité.	Die Nationalversammlung hat die Regierung überstimmt.
national, e, -aux [nasjɔnal, o]	national
l'**opposition** *f* [ɔpozisjɔ̃]	Opposition
le **parti** [parti]	Partei
politique [pɔlitik]	politisch
le **programme** [prɔgram]	Programm
le **résultat** [rezylta]	Ergebnis
la **réunion** [reynjɔ̃]	Versammlung
la **revendication** [rəvɑ̃dikasjɔ̃]	Forderung
le, la **secrétaire** [səkretɛr]	Sekretär(in)
Le secrétaire d'Etat.	Der Staatssekretär.
le, la **socialiste** [sɔsjalist]	Sozialist(in)
la **solution** [sɔlysjɔ̃]	Lösung
le **sujet** [syʒɛ]	Untertan
le **syndicat** [sɛ̃dika]	Gewerkschaft
Les négociations avec les syndicats n'ont pas encore abouti.	Die Verhandlungen mit den Gewerkschaften sind noch nicht abgeschlossen.
la **victoire** [viktwar]	Sieg

25 Politik — Das politische Leben

adhérer [adere]
J'ai adhéré au parti socialiste.

eintreten
Ich bin in die sozialistische Partei eingetreten.

adopter [adɔpte]
L'Assemblée nationale a adopté une loi importante.

annehmen
Die Nationalversammlung hat ein wichtiges Gesetz verabschiedet.

l'**adversaire** *mf* [advɛrsɛr]

Gegner(in)

analyser [analize]

analysieren

assumer la responsabilité [asymelarɛspõsabilite]

die Verantwortung übernehmen

l'**autonomie** *f* [ɔtɔnɔmi]

Unabhängigkeit

l'**autonomiste** *mf* [ɔtɔnɔmist]

Unabhängigkeitskämpfer(in)

le **budget** [bydʒɛ]
L'Assemblée a voté le budget.

Haushalt, Budget
Die Nationalversammlung hat den Haushalt verabschiedet.

le **capitalisme** [kapitalism]

Kapitalismus

le, la **capitaliste** [kapitalist]

Kapitalist(in)

consulter [kõsylte]

beraten

la **contestation** [kõtɛstasjõ]

Protest

le **débat** [deba]

Debatte

la **démission** [demisjõ]

Abdankung, Rücktritt

démissionner [demisjɔne]

abdanken, zurücktreten

le **député** [depyte]
M. Lecanuet, député-maire de Rouen.

Abgeordnete(r)
Herr Lecanuet, Bürgermeister und Abgeordneter von Rouen.

gouverner [guvɛrne]

regieren

le **leader** [lidɛr]
M. Marchais est le leader du parti communiste.

Parteiführer(in)
Marchais ist der Chef der kommunistischen Partei.

manifester [manifɛste]

demonstrieren

le **message** [mesaʒ]
Il faut que le message passe.

Botschaft
Die Botschaft muß ankommen.

négocier [negɔsje]
Le traité a été négocié avec soin.

verhandeln
Der Vertrag ist sorgfältig ausgehandelt worden.

le **patronat** [patrɔna]

Arbeitgeberverband

la **population** [pɔpylasjɔ̃]	Bevölkerung
la **population active** [pɔpylasjɔ̃aktiv]	erwerbstätige Bevölkerung
le **projet de loi** [prɔʒɛdlwa]	Gesetzesvorhaben
le **racisme** [rasism]	Rassismus
La lutte anti-racisme.	Der Kampf gegen den Rassismus.
le, la **raciste** [rasist]	Rassist(in)
rassembler (se) [sərasɑ̃ble]	sich versammeln
la **subvention** [sybvɑ̃sjɔ̃]	Subvention, Unterstützung
succéder (se) [səsyksede]	aufeinanderfolgen
le **sympathisant**, la **sympathisante** [sɛ̃patizɑ̃, t]	Sympathisant(in)

Internationale Beziehungen

l'**échange** *m* [eʃɑ̃ʒ]	Austausch
On s'est contenté d'un échange de vues.	Man hat sich mit einem Meinungsaustausch begnügt.
les **Etats-Unis** *mpl* [etazyni]	Vereinigte Staaten
l'**étranger** *m* [etrɑ̃ʒe]	Ausland
étranger, -ère [etrɑ̃ʒe, ɛr]	ausländisch
l'**Europe** *f* [ørɔp]	Europa
européen, ne [ørɔpeɛ̃, ɛn]	europäisch
franco-allemand, e [frɑ̃kɔalmɑ̃, d]	deutsch-französisch
international, e, -aux [ɛ̃tɛrnasjɔnal, o]	international
mondial, e, -aux [mɔ̃djal, o]	Welt-
la **paix** [pɛ]	Frieden
En temps de paix.	In Friedenszeiten.
La paix par le désarmement.	Frieden durch Abrüstung.
Le traité de paix.	Der Friedensvertrag.
la **puissance** [pɥisɑ̃s]	Macht
puissant, e [pɥisɑ̃, t]	mächtig
le **régime** [reʒim]	Regierungsform; Regime

25 Politik — Internationale Beziehungen

la **relation** [rəlɑsjɔ̃] Les relations internationales sont tendues.	Beziehung, Verbindung Die internationalen Beziehungen sind gespannt.
la **réunion au sommet** [reynjɔ̃osɔmɛ]	Gipfeltreffen
le **tiers monde** [tjɛrmɔ̃d]	die dritte Welt

l'**accord** m [akɔr] Les deux pays sont arrivés à un accord.	Übereinkunft Die beiden Länder haben eine Übereinkunft getroffen.
l'**ambassadeur**, l'**ambassadrice** [ɑ̃basadœr, dris]	Botschafter(in)
l'**amélioration** f [ameljorɑsjɔ̃] L'amélioration des relations est considérable.	Verbesserung Die Verbesserung der Beziehungen ist beträchtlich.
asiatique [azjatik]	asiatisch
l'**Asie** f [azi]	Asien
l'**Australie** f [ɔstrali]	Australien
australien, ne [ɔstraliɛ̃, ɛn]	australisch
avoir des rapports [avwarderapɔr]	Beziehungen haben
la **C.E.E.** [seəə] Communauté économique européenne.	EG Europäische Gemeinschaft.
la **Chine** [ʃin]	China
chinois, e [ʃinwa, z]	chinesisch
la **coopération** [kɔɔperɑsjɔ̃]	Mitarbeit, Zusammenarbeit
la **détente** [detɑ̃t] La politique de détente.	Entspannung Die Entspannungspolitik.
l'**évolution** f [evɔlysjɔ̃]	Entwicklung
francophone [frɑ̃kɔfɔn]	französischsprechend
la **francophonie** [frɑ̃kɔfɔni]	französischsprechende Welt
le **Marché Commun** [marʃekɔmɛ̃]	der Gemeinsame Markt
la **négociation** [negɔsjɑsjɔ̃]	Verhandlung
l'**ONU** f [ɔny]	Uno

l'**OTAN** f [ɔtã]	Nato
la **pression** [prɛsjõ]	Druck
la **R.D.A.** [ɛrdea]	DDR
la **R.F.A.** [ɛrɛfa]	Bundesrepublik Deutschland
le **traité** [trete]	Vertrag
Le traité de Versailles.	Der Versailler Vertrag.

──────────── **Krisen** ────────────

le **conflit** [kõfli]	Konflikt
Un conflit a éclaté au Liban.	Im Libanon ist ein Konflikt ausgebrochen.
le **coup d'Etat** [kudeta]	Staatsstreich
la **crise** [kriz]	Krise
le **danger** [dãʒe]	Gefahr
la **dictature** [diktatyr]	Diktatur
la **difficulté** [difikylte]	Schwierigkeit
la **révolution** [revɔlysjõ]	Revolution
la **violence** [vjɔlãs]	Gewalt

aggraver (s') [sagrave]	schlimmer werden
l'**agitation** f [aʒitasjõ]	Agitation; Aufregung; Unruhe
l'**attentat** m [atãta]	Attentat
intervenir [ɛ̃tɛrvənir]	eingreifen, intervenieren
la **provocation** [prɔvokasjõ]	Provokation
renverser [rãvɛrse]	stürzen
Renverser le gouvernement.	Die Regierung stürzen.
répandre (se) [sərepãdr]	sich ausbreiten
la **révolte** [revɔlt]	Aufstand, Revolte
révolter [revɔlte]	revoltieren, sich erheben
la **terreur** [tɛrœr]	Schreckensherrschaft
le **terrorisme** [tɛrɔrism]	Terrorismus

26 Massenmedien

---— Presse ———

à suivre [asɥivr]	Fortsetzung folgt
l'**affiche** f [afiʃ]	Plakat
l'**annonce** f [anɔ̃s]	Anzeige, Inserat
annoncer [anɔ̃se]	inserieren
l'**article** m [artikl]	Artikel
assister à [asistea]	dabeisein
l'**auteur** m [otœr]	Autor(in), Verfasser(in), Urheber(in)
le **concurrent**, la **concurrente** [kɔ̃kyrɑ̃, t]	Konkurrent(in)
critique [kritik] Le Canard Enchaîné est un journal critique.	kritisch Der Canard Enchaîné ist eine kritische Zeitung.
la **critique** [kritik]	Kritik
critiquer [kritike]	kritisieren
le **détail** [detaj] C'est expliqué en détail.	Einzelheit, Detail Das ist in allen Einzelheiten erklärt.
l'**hebdomadaire** m [ɛbdɔmadɛr]	Wochenzeitung, -zeitschrift
illustré, e [ilystre]	illustriert
l'**influence** f [ɛ̃flɥɑ̃s]	Einfluß
influencer [ɛ̃flɥɑ̃se]	beeinflussen
l'**information** f [ɛ̃fɔrmasjɔ̃]	Information
informer [ɛ̃fɔrme]	informieren
le **journal, -aux** [ʒurnal, o]	Zeitung
le, la **journaliste** [ʒurnalist]	Journalist(in)
la **nouvelle** [nuvɛl]	Nachricht
l'**opinion** f [ɔpinjɔ̃] L'opinion publique change vite.	Meinung Die öffentliche Meinung ändert sich schnell.
la **page** [paʒ] Un journal à la page.	Seite Eine gutinformierte Zeitung.

200

Presse — Massenmedien

paraître [parɛtr]	erscheinen
Le Monde paraît tous les soirs sauf le dimanche.	Le Monde erscheint jeden Abend außer sonntags.
le **point de vue** [pwɛ̃dvy]	Gesichtspunkt, Standpunkt
la **position** [pozisjɔ̃]	Stellung
la **presse** [prɛs]	Presse
le **reportage** [rəpɔrtaʒ]	Reportage
résumer [rezyme]	zusammenfassen
la **revue** [rəvy]	Illustrierte
la **série** [seri]	Serie
la **suite** [sɥit]	Folge, Fortsetzung
le **sujet** [syʒɛ]	Thema
le **texte** [tɛkst]	Text
le **titre** [titr]	Titel

l'**agence de presse** f [aʒɑ̃sdəprɛs]	Presseagentur
l'**audace** f [odas]	Kühnheit
le **correspondant**, la **correspondante** [kɔrɛspɔ̃dɑ̃, t]	Korrespondent(in)
l'**éditeur, -trice** [editœr, tris]	Verleger; Herausgeber(in)
l'**envoyé spécial** m [ɑ̃vwajespesjal]	Sonderberichterstatter
les **faits divers** mpl [fɛdivɛr]	Nachrichten aus aller Welt
fonder [fɔ̃de]	gründen
imprimer [ɛ̃prime]	drucken
l'**imprimerie** f [ɛ̃primri]	Druckerei
le **lecteur**, la **lectrice** [lɛktœr, tris]	Leser(in)
la **lecture** [lɛktyr]	Lesestoff, Lesen
le **magazine** [magazin]	Zeitschrift
la **maison d'édition** [mɛzɔ̃dedisjɔ̃]	Verlag
le **mensuel** [mɑ̃sɥɛl]	Monatszeitschrift
objectif, -ive [ɔbʒɛktif, iv]	objektiv

26 Massenmedien

l'**objectivité** f [ɔbʒɛktivite]	Objektivität
le **périodique** [perjɔdik]	Zeitschrift
le, la **photographe** [fɔtɔgraf]	Fotograf(in)
la **publication** [pyblikɑsjɔ̃]	Veröffentlichung
publier [pyblije]	veröffentlichen
le **quotidien** [kɔtidjɛ̃]	Tageszeitung
le **rédacteur,** la **rédactrice** [redaktœr, tris]	Redakteur(in)
le **rédacteur en chef** [redaktœrɑ̃ʃɛf]	Chefredakteur
rédiger [rediʒe]	verfassen
la **rubrique** [rybrik]	Rubrik
la **sensation** [sɑ̃sɑsjɔ̃]	Sensation
le **tirage** [tiraʒ] Ouest-France a le plus grand tirage en France.	Auflage Ouest-France hat die höchste Auflage in Frankreich.

--- **Radio und Fernsehen** ---

l'**actualité** f [aktɥalite]	Zeitgeschehen
actuel, le [aktɥɛl]	aktuell
au courant [okurɑ̃]	auf dem laufenden
la **chaîne** [ʃɛn] Les Dossiers de l'Ecran, c'est sur quelle chaîne?	Programm In welchem Programm gibt es die Dossiers de l'Ecran?
l'**écran** m [ekrɑ̃] Sur le petit écran.	Bildschirm Im Fernsehen.
l'**émission** f [emisjɔ̃]	Sendung
enregistrer [ɑ̃rəʒistre]	aufnehmen
être au courant de [ɛtrokurɑ̃də]	Bescheid wissen über
l'**interview** f [ɛ̃tɛrvju]	Interview
la **météo** [meteo]	Wettervorhersage, Wetterkarte
le **micro** [mikro] Léon Zitrone au micro.	Mikrophon Léon Zitrone am Mikrophon.

Radio und Fernsehen — Massenmedien

le **programme** [prɔgram]	Programm
public, -ique [pyblik]	öffentlich
la **pub(licité)** [pyb(lisite)]	Werbung
Je ne regarde que la pub.	Ich gucke nur die Werbung an.
le **son** [sɔ̃]	Ton
le **studio** [stydjo]	Studio
la **télé(vision)** [tele(vizjɔ̃)]	Fernsehen
la **voix** [vwa]	Stimme

l'**antenne** f [ãtɛn]	Sender
Je vous rends l'antenne.	Zurück ins Studio.
l'**audience** f [odjãs]	Publikum
audio-visuel, le [odjovisɥɛl]	audio-visuell
l'**auditeur, -trice** [oditœr, tris]	Zuhörer(in)
le **débat** [deba]	Debatte
diffuser [difyze]	senden, verbreiten
l'**émetteur** m [emɛtœr]	Sender
L'émetteur pour la Bretagne est en panne.	Der Sender für die Bretagne hat eine Störung.
le **feuilleton** [fœjtɔ̃]	Fortsetzungsroman; Fernseh-, Radioserie
Les Français raffolent des feuilletons comme Dallas.	Die Franzosen sind verrückt nach Serien wie Dallas.
l'**héroïne** f [erɔin]	Heldin
le **héros** ['ero]	Held
publicitaire [pyblisitɛr]	Werbe-
Slogan publicitaire.	Werbespruch.
la **réception** [resɛpsjɔ̃]	Empfang
le **téléspectateur**, la **téléspectatrice** [telespɛktatœr, tris]	Fernsehzuschauer(in)
les **variétés** fpl [varjete]	Varietésendung

Über Krieg und Militär

l'**action** f [aksjɔ̃]	Handlung; Einsatz
attaquer [atake]	angreifen
la **bataille** [bataj]	Schlacht
bloquer [blɔke]	versperren
la **bombe** [bɔ̃b]	Bombe
brutal, e, -aux [brytal, o]	brutal, grausam
le **chef** [ʃɛf]	Chef, Führer, Anführer
le **conflit** [kɔ̃fli]	Konflikt
la **conséquence** [kɔ̃sekɑ̃s]	Folge, Konsequenz
le **coup de feu** [kudfø] Le coup de feu a tué un manifestant.	Schuß Der Schuß hat einen Demonstranten getötet.
déclarer [deklare] Le gouvernement a déclaré la guerre au terrorisme.	erklären Die Regierung hat dem Terrorismus den Krieg erklärt.
défendre [defɑ̃dr]	verteidigen
la **défense** [defɑ̃s] Le ministre de la Défense Nationale.	Verteidigung Der Verteidigungsminister.
efficace [efikas]	erfolgreich, wirkungsvoll
l'**ennemi, e** [ɛnmi]	Feind(in)
grave [grav] Un incident grave s'est produit à la frontière.	schlimm, schwer, ernst An der Grenze hat sich ein schwerer Zwischenfall ereignet.
le **groupe** [grup]	Gruppe
la **guerre** [gɛr]	Krieg
l'**incident** m [ɛ̃sidɑ̃]	Vorfall, Zwischenfall
mener [məne]	führen, leiten
militaire [militɛr]	militärisch
nucléaire [nykleɛr] La guerre nucléaire n'aura pas lieu.	Atom-, Nuklear- Der Atomkrieg findet nicht statt.
l'**occupation** f [ɔkypasjɔ̃]	Besetzung

occuper [ɔkype]	besetzen
l'**ordre** *m* [ɔrdr]	Befehl, Anordnung
la **paix** [pɛ]	Frieden
le **pays** [pei]	Land
le **plan** [plɑ̃]	Plan
la **province** [prɔvɛ̃s]	Provinz
la **région** [reʒjɔ̃]	Region
rétablir [retablir]	wiederherstellen
L'armée syrienne a rétabli l'ordre.	Die syrische Armee hat die Ordnung wiederhergestellt.
le **soldat** [sɔlda]	Soldat
tuer [tɥe]	töten, umbringen
la **victime** [viktim]	Opfer
L'attentat de la rue de Rennes a fait de nombreuses victimes.	Das Attentat der Rue de Rennes hat viele Opfer gefordert.
la **victoire** [viktwar]	Sieg

l'**adversaire** *mf* [advɛrsɛr]	Gegner(in)
l'**arme** *f* [arm]	Waffe
l'**armée** *f* [arme]	Heer, Armee
armer [arme]	bewaffnen
l'**armistice** *m* [armistis]	Waffenstillstand
L'armistice a été respecté pendant trois jours.	Der Waffenstillstand wurde drei Tage eingehalten.
l'**avertissement** *m* [avɛrtismɑ̃]	Warnung
les **blessés** *mpl* [blese]	Verwundete
capituler [kapityle]	kapitulieren, aufgeben
la **défaite** [defɛt]	Niederlage
le **défilé** [defile]	Parade
envahir [ɑ̃vair]	einfallen in
l'**exécution** *f* [ɛgzekysjɔ̃]	Hinrichtung
l'**expansion** *f* [ɛkspɑ̃sjɔ̃]	Ausbreitung, Ausdehnung
la **force de frappe** [fɔrsdəfrap]	Atomstreitmacht Frankreichs
la **fuite** [fɥit]	Flucht

hostile [ɔstil]	feindlich
l'**invasion** f [ɛ̃vazjɔ̃]	Invasion
les **morts** mpl [mɔr]	Tote
l'**objecteur de conscience** m [ɔbʒɛktœrdkɔ̃sjɑ̃s]	Kriegsdienstverweigerer
le **service militaire** [sɛrvismilitɛr]	Wehrdienst
Guy a fait son service militaire en Allemagne.	Guy hat seinen Wehrdienst in Deutschland geleistet.
la **torture** [tɔrtyr]	Folter
Le prisonnier a parlé sous la torture.	Der Gefangene hat unter der Folter ausgesagt.
la **trahison** [traizɔ̃]	Verrat
le **traître**, la **traîtresse** [trɛtr, ɛs]	Verräter(in)
la **troupe** [trup]	Truppe
le **vainqueur** [vɛ̃kœr]	Sieger
volontaire [vɔlɔ̃tɛr]	freiwillig
Jean s'est porté volontaire.	Hans hat sich freiwillig gemeldet.

Über die Justiz

accuser [akyze]	anklagen
On vous accuse de vol.	Sie sind des Diebstahls angeklagt.
la **bagarre** [bagar]	Schlägerei
le **cas** [kɑ]	Fall
compliqué, e [kɔ̃plike]	schwierig, kompliziert
condamner [kɔ̃dane]	verurteilen
coupable [kupabl]	schuldig
le **crime** [krim]	(Kapital)Verbrechen
le **droit** [drwa]	Recht
enlever [ɑ̃lve]	entführen
l'**enquête** f [ɑ̃kɛt]	Untersuchung
La police mène l'enquête sur ce hold-up.	Die Polizei untersucht diesen Überfall.
l'**injustice** f [ɛ̃ʒystis]	Ungerechtigkeit

innocent, e [inɔsɑ̃, t]	unschuldig
interroger [ɛ̃tɛrɔʒe]	verhören, vernehmen
le **juge** [ʒyʒ]	Richter(in)
jurer [ʒyre]	schwören
juste [ʒyst]	gerecht; richtig
la **justice** [ʒystis]	Gerechtigkeit; Justiz
Je demande justice.	Ich bitte um Gerechtigkeit.
On m'a traîné en justice.	Man hat mich vor Gericht gezerrt.
la **liberté** [libɛrte]	Freiheit
la **loi** [lwa]	Gesetz
Il a passé sa vie à violer la loi.	Er hat während seines ganzen Lebens die Gesetze mißachtet.
majeur, e [maʒœr]	volljährig
la **police** [pɔlis]	Polizei
le **poste (de police)** [pɔst(dəpɔlis)]	Polizeiwache
la **preuve** [prœv]	Beweis
la **prison** [prizɔ̃]	Gefängnis
prouver [pruve]	beweisen
punir [pynir]	bestrafen
la **question** [kɛstjɔ̃]	Frage
le **témoin** [temwɛ̃]	Zeuge, Zeugin
la **violence** [vjɔlɑ̃s]	Gewalt
violent, e [vjɔlɑ̃, t]	heftig; gewalttätig
le **vol** [vɔl]	Diebstahl
le **voleur**, la **voleuse** [vɔlœr, øz]	Dieb(in)

l'**accusé, e** [akyze]	Angeklagte(r)
l'**assassin** m [asasɛ̃]	Mörder(in)
la **bande** [bɑ̃d]	Bande
le **délit** [deli]	Tat, Delikt
le **dossier** [dosje]	Akten
la **drogue** [drɔg]	Rauschgift

l'**escroc** m [ɛskro]	Betrüger(in)
le **gangster** [gãgstɛr]	Verbrecher(in), Gangster
l'**interrogatoire** f [ɛ̃tɛrɔgatwar]	Verhör, Vernehmung
le **juge d'instruction** [ʒyʒdɛ̃stryksjɔ̃]	Untersuchungsrichter(in)
le **meurtre** [mœrtr]	Mord
le **mobile** [mɔbil]	Motiv
l'**otage** m [ɔtaʒ] Les bandits ont pris un vendeur en otage.	Geisel Die Verbrecher haben einen Verkäufer als Geisel genommen.
le **paragraphe** [paragraf]	Paragraph
la **piste** [pist] La police est sur la piste des malfaiteurs.	Spur Die Polizei ist den Verbrechern auf der Spur.
la **Police judiciaire** [pɔlisʒydisjɛr]	Kriminalpolizei
le **procès** [prɔsɛ] On lui a fait le procès.	Prozeß Man hat ihm den Prozeß gemacht.
la **rafle** [rɑfl]	Razzia
rechercher [rəʃɛrʃe]	suchen; ermitteln
suspect, e [syspɛ, ɛkt]	verdächtig
la **trace** [tras] Le cambrioleur n'a pas laissé de traces.	Spur Der Einbrecher hat keine Spuren hinterlassen.
le **tribunal, -aux** [tribynal, o]	Gericht
le **verdict** [vɛrdikt]	Urteil

Über Politik

améliorer [ameljɔre]	verbessern
contester [kɔ̃tɛste] Les syndicats contestent ce projet de loi.	protestieren; widersprechen Die Gewerkschaften protestieren gegen diese Gesetzesvorlage.
l'**équilibre** m [ekilibr]	Gleichgewicht
l'**étape** f [etap]	Etappe

l'**événement** m [evɛnmɑ̃]	Ereignis
il se passe [ilsəpɑs]	es geschieht
Il se passe des événements graves.	Es geschehen schlimme Dinge.
la **manif(estation)** [manif(ɛstɑsjɔ̃)]	Demonstration
officiel, le [ɔfisjɛl]	offiziell
le **progrès** [prɔgrɛ]	Fortschritt
la **radio** [radjo]	Radio, Rundfunk
le **résultat** [rezylta]	Ergebnis
la **situation** [sitɥasjɔ̃]	Situation, Lage
la **solution** [sɔlysjɔ̃]	Lösung
supprimer [syprime]	unterdrücken; beseitigen
On a supprimé les plus grandes injustices.	Man hat die größten Ungerechtigkeiten beseitigt.
l'**union** f [ynjɔ̃]	Bündnis

aggraver (s') [sagrave]	schlimmer werden
La situation du tiers monde s'aggrave.	Die Situation der dritten Welt verschlimmert sich.
l'**Hexagone** m [ɛgzagɔn]	Frankreich
l'**intrigue** f [ɛ̃trig]	Intrige, Machenschaft
le **message** [mesaʒ]	Botschaft
le **militant**, la **militante** [militɑ̃, t]	aktives Mitglied
occidental, e, -aux [ɔksidɑ̃tal, o]	westlich
opposé, e [ɔpoze]	entgegengesetzt
provoquer [prɔvɔke]	provozieren, hervorrufen
le **scandale** [skɑ̃dal]	Skandal
secret, -ète [səkrɛ, t]	geheim
le **symbole** [sɛ̃bɔl]	Symbol

Über Katastrophen

l'**accident** m [aksidɑ̃]	Unfall
brûler [bryle]	brennen; verbrennen
la **catastrophe** [katastrɔf]	Katastrophe, Unglück
la **chimie** [ʃimi]	Chemie
le **danger** [dɑ̃ʒe]	Gefahr
les **dégâts** mpl [dega]	Schäden, Zerstörungen
dramatique [dramatik]	dramatisch
l'**élément** m [elemɑ̃]	Element
l'**explosion** f [ɛksplozjɔ̃]	Explosion
inattendu, e [inatɑ̃dy]	unerwartet
l'**incendie** m [ɛ̃sɑ̃di]	Brand
pollué, e [pɔlɥe]	verschmutzt
la **pollution** [pɔlysjɔ̃] La pollution chimique du Rhin a tué tous les poissons.	Umweltverschmutzung Die chemische Verschmutzung des Rheins hat alle Fische getötet.
prendre feu [prɑ̃drəfø]	anfangen zu brennen, Feuer fangen
tragique [traʒik]	tragisch

l'**avalanche** f [avalɑ̃ʃ]	Lawine
les **besoins** mpl [bəswɛ̃]	Bedürfnisse
la **centrale nucléaire** [sɑ̃tralnykleɛr]	Atomkraftwerk
le **choc** [ʃɔk]	Schock
la **coulée de lave** [kuledlav] La coulée de lave a détruit S. Pierre.	Lavastrom Der Lavastrom hat S. Pierre zerstört.
le **désastre** [dezastr] Le désastre de Lisbonne a coûté 60000 morts.	Katastrophe Die Katastrophe von Lissabon hat 60000 Menschenleben gekostet.
la **dimension** [dimɑ̃sjɔ̃]	Ausmaß
distribuer [distribɥe]	verteilen, austeilen

la **distribution** [distribysjɔ̃]	Verteilung
l'**épidémie** f [epidemi]	Epidemie
Le SIDA est en train de devenir une épidémie.	AIDS ist auf dem Wege eine Epidemie zu werden.
l'**éruption** f [erypsjɔ̃]	Ausbruch
héroïque [erɔik]	heldenhaft
imprévu, e [ɛ̃prevy]	unerwartet, unvorhergesehen
l'**inondation** f [inɔ̃dasjɔ̃]	Überschwemmung
intervenir [ɛ̃tɛrvənir]	eingreifen
la **marée noire** [marenwar]	Ölpest
le **nuage radioactif** [nɥaʒradjoaktif]	radioaktive Wolke
Le nuage radioactif de Tchernobyl a traversé toute l'Europe.	Die radioaktive Wolke von Tschernobyl hat ganz Europa überquert.
le **nuage toxique** [nɥaʒtɔksik]	Giftwolke
la **précaution** [prekosjɔ̃]	Vorsichtsmaßnahme
la **radioactivité** [radjoaktivite]	Radioaktivität
la **tempête** [tɑ̃pɛt]	Sturm, Unwetter
On annonce une tempête sur la Manche.	Es wird ein Sturm überm Ärmelkanal angekündigt.
la **tornade** [tɔrnad]	Wirbelsturm
le **tremblement de terre** [trɑ̃bləmɑ̃dtɛr]	Erdbeben

─────────── **Über Soziales** ───────────

le **chômage** [ʃomaʒ]	Arbeitslosigkeit
Le taux de chômage ne cesse d'augmenter.	Die Arbeitslosenquote steigt unaufhörlich.
la **civilisation** [sivilisasjɔ̃]	Zivilisation, Kultur
la **difficulté** [difikylte]	Schwierigkeit
diminuer [diminɥe]	kleiner werden; verringern
Le taux de croissance diminue.	Die Wachstumsrate nimmt ab.
l'**économie** f [ekɔnɔmi]	Wirtschaft
économique [ekɔnɔmik]	wirtschaftlich

faire partie de [fɛrpartidə] La France fait partie des pays riches.	gehören zu Frankreich gehört zu den reichen Ländern.
les **gens** *mpl* [ʒɑ̃]	Leute
l'**impôt** *m* [ɛ̃po]	Steuer, Abgabe
les **jeunes** *mpl* [ʒœn]	Jugendliche
la **jeunesse** [ʒœnɛs]	Jugend
mériter [merite]	verdienen
le **monde** [mɔ̃d]	Welt
le **mouvement** [muvmɑ̃] Le mouvement ouvrier existe depuis plus d'un siècle.	Bewegung Die Arbeiterbewegung besteht seit mehr als einem Jahrhundert.
l'**ouvrier, -ère** [uvrije, ɛr]	Arbeiter(in)
pauvre [povr]	arm
positif, -ive [pozitif, iv]	positiv
la **possibilité** [pɔsibilite]	Möglichkeit
possible [pɔsibl]	möglich
réaliste [realist]	realistisch
la **réalité** [realite] La réalité dépasse souvent la fiction.	Wirklichkeit Die Wirklichkeit ist oft schlimmer als man sich vorstellen kann.
la **réduction** [redyksjɔ̃]	Preisnachlaß
la **réforme** [refɔrm]	Reform
riche [riʃ]	reich
scandaleux, -euse [skɑ̃dalø, z]	skandalös
la **société** [sɔsjete]	Gesellschaft
soulever un problème [sulveɛ̃prɔblɛm]	ein Problem aufwerfen
la **vieillesse** [vjɛjɛs]	(hohes) Alter

Massenmedien

accroître [akrwatr]	wachsen, zunehmen
les **conditions de vie** *fpl* [kɔ̃disjɔ̃dvi]	Lebensbedingungen
dépeupler (se) [sədepœple] L'Allemagne se dépeuple rapidement.	sich entvölkern Die Bevölkerung Deutschlands nimmt schnell ab.
l'**exode rural** *m* [ɛgzɔdryral]	Landflucht
l'**exode urbain** *m* [ɛgzɔdyrbɛ̃]	Stadtflucht
immigré, e [imigre]	eingewandert; Gastarbeiter(in)
la **lutte** [lyt]	Kampf
lutter [lyte] Nous luttons pour un meilleur monde.	kämpfen Wir kämpfen für eine bessere Welt.
le **milieu, x** [miljø]	Umwelt
le **niveau, x** [nivo]	Niveau
la **pauvreté** [povrəte]	Armut

Wetter und Klima

Allgemeine Begriffe

améliorer (s') [sameljɔre] — besser werden
Le temps s'améliore. — Das Wetter bessert sich.

le **changement** [ʃãʒmã] — Veränderung, Wetterwechsel
Je ne supporte pas le changement de temps. — Ich vertrage den Wetterwechsel nicht.

le **ciel** [sjɛl] — Himmel

le **climat** [klima] — Klima

coucher (se) [səkuʃe] — untergehen

le **degré** [dəgre] — Grad
Il fait 25 degrés. — Es sind 25 Grad.

diminuer [diminɥe] — abnehmen

faible [fɛbl] — schwach

fort, e [fɔr, t] — kräftig, stark

lever (se) [səlve] — aufgehen; sich erheben
Le soleil se lève à six heures. — Die Sonne geht um sechs Uhr auf.
Le vent se lève. — Es kommt Wind auf.

la **météo** [meteo] — Wettervorhersage, Wetterkarte

moyen, ne [mwajɛ̃, ɛn] — Durchschnitts-

l'**ombre** f [ɔ̃br] — Schatten

prévoir [prevwar] — vorhersagen, vorhersehen

souffler [sufle] — blasen
Le vent souffle fort. — Der Wind bläst stark.

la **température** [tãperatyr] — Temperatur

le **temps** [tã] — Wetter

le **vent** [vã] — Wind

Wetter und Klima

l'**anticyclone** m [ɑ̃tisiklɔn]	Hoch
l'**arc-en-ciel** m [arkɑ̃sjɛl]	Regenbogen
la **bourrasque** [burask]	Windstoß, Bö
la **brise** [briz]	Brise
la **dépression** [deprɛsjɔ̃]	Tief
les **prévisions** fpl [previzjɔ̃]	Wettervorhersage

Warmes, schönes Wetter

agréable [agreabl]	angenehm
beau, bel, belle, x [bo, bɛl] Il fait beau.	schön Es ist schönes Wetter.
briller [brije] Le soleil brille.	glänzen Die Sonne scheint.
la **chaleur** [ʃalœr]	Hitze
clair, e [klɛr]	klar
doux, douce [du, dus]	mild
en plein soleil [ɑ̃plɛ̃sɔlɛj]	in der prallen Sonne
favorable [favɔrabl]	günstig
Il fait chaud. [ilfɛʃo]	Es ist heiß.
le **rayon** [rɛjɔ̃]	Strahl
sec, sèche [sɛk, sɛʃ]	trocken
le **soleil** [sɔlɛj] Il fait du soleil.	Sonne Es ist sonnig.
tiède [tjɛd]	lau

la **canicule** [kanikyl]	Hitzewelle, Hundstage
l'**éclaircie** f [eklɛrsi]	Aufheiterung
éclaircir (s') [seklɛrsir]	sich aufheitern
Le soleil tape. [ləsɔlɛjtap]	Die Sonne sticht.

Kaltes, schlechtes Wetter

baisser [bese]	sinken
La température baisse.	Es wird kälter.
bas, se [bɑ, s]	niedrig, tief
le **courant d'air** [kurɑ̃dɛr]	Luftstrom
dur, e [dyr]	hart, rauh
frais, fraîche [frɛ, frɛʃ]	kühl, frisch
le **froid** [frwa]	Kälte
froid, e [frwa, d]	kalt
geler [ʒle]	frieren
Il gèle.	Es friert.
la **glace** [glas]	Eis
Il fait du vent. [ilfɛdyvɑ̃]	Es ist windig.
Il fait frais. [ilfɛfrɛ]	Es ist kühl.
Il fait froid. [ilfɛfrwa]	Es ist kalt.
la **neige** [nɛʒ]	Schnee
neiger [neʒe]	schneien
Il neige.	Es schneit.
le **verglas** [vɛrgla]	Glatteis
le **blizzard** [blizar]	Schneesturm
le **flocon de neige** [flɔkɔ̃dnɛʒ]	Schneeflocke
fondre [fɔ̃dr]	schmelzen
le **gel** [ʒɛl]	Frost
la **gelée** [ʒle]	Reif
la **givre** [ʒivr]	Rauhreif
la **grêle** [grɛl]	Hagel

Feuchtes Wetter

le **brouillard** [brujar]
Il fait du brouillard.
Nebel
Es ist nebelig.

épais, se [epɛ, s]
Quel brouillard épais!
dicht, dick
Was für eine dicke Suppe!

la **goutte** [gut]
Tropfen

humide [ymid]
feucht

Il fait mauvais. [ilfɛmɔvɛ]
Es ist schlechtes Wetter.

Il fait meilleur. [ilfɛmɛjœr]
Das Wetter ist besser geworden.

le **nuage** [nɥaʒ]
Wolke

l'**orage** *m* [ɔraʒ]
Gewitter

pleuvoir [plœvwar]
Il pleut.
regnen
Es regnet.

la **pluie** [plɥi]
Regen

tomber [tɔ̃be]
fallen

le **tonnerre** [tɔnɛr]
Donner

variable [varjabl]
veränderlich

l'**averse** *f* [avɛrs]	Schauer
la **brume** [brym]	Nebel, Dunst
le **ciel couvert** [sjɛlkuvɛr]	bedeckter Himmel
le **crachin** [kraʃɛ̃]	Nieselregen
l'**éclair** *m* [eklɛr]	Blitz
être trempé, e [ɛtrətrɑ̃pe]	durchnäßt sein
la **foudre** [fudr] La foudre s'est abattue sur un arbre.	Blitzschlag Der Blitz hat in einen Baum eingeschlagen.
la **tempête** [tɑ̃pɛt]	Sturm, Unwetter

Die natürliche Umwelt | 28

Tiere

l'**animal, -aux** m [animal, o]	Tier
la **bête** [bɛt]	Tier
le **canard** [kanar]	Ente
le **chat** [ʃa]	Katze
le **cheval, -aux** [ʃval, o]	Pferd
le **chien** [ʃjɛ̃]	Hund
le **cochon** [kɔʃɔ̃]	Schwein
l'**insecte** m [ɛ̃sɛkt]	Insekt
le **lapin** [lapɛ̃]	Kaninchen
le **lion** [ljɔ̃]	Löwe
le **loup** [lu]	Wolf
la **mouche** [muʃ]	Fliege
le **mouton** [mutɔ̃]	Schaf
l'**oiseau, x** m [wazo]	Vogel
le **papillon** [papijɔ̃]	Schmetterling
le **poisson** [pwasɔ̃]	Fisch
la **poule** [pul]	Huhn, Henne
le **serpent** [sɛrpɑ̃]	Schlange
le **singe** [sɛ̃ʒ]	Affe
la **souris** [suri]	Maus
le **tigre** [tigr]	Tiger
la **vache** [vaʃ]	Kuh
le **veau, x** [vo]	Kalb
l'**abeille** f [abɛj]	Biene
l'**agneau, x** m [aɲo]	Lamm
l'**aigle** m [ɛgl]	Adler
l'**alouette** f [alwɛt]	Lerche
l'**âne** m [ɑn]	Esel

la **baleine** [balɛn]	Walfisch
la **chèvre** [ʃɛvr]	Ziege
la **cigogne** [sigɔɲ]	Storch
la **coccinelle** [kɔksinɛl]	Marienkäfer
le **coq** [kɔk]	Hahn
la **femelle** [fəmɛl]	Weibchen
la **fourmi** [furmi]	Ameise
la **guêpe** [gɛp]	Wespe
le **hareng** ['arã]	Hering
l'**hirondelle** f [irõdɛl]	Schwalbe
le **mâle** [mɑl]	Männchen
le **merle** [mɛrl]	Amsel; Drossel
le **moustique** [mustik]	Mücke
l'**ours** m [urs]	Bär
le **pigeon** [piʒõ]	Taube
la **queue** [kø]	Schwanz
la **race** [ras]	Rasse
le **rat** [ra]	Ratte
le **renard** [rənar]	Fuchs
le **requin** [rəkɛ̃]	Haifisch
le **taureau, x** [tɔro]	Stier
la **trace** [tras]	Spur
le **troupeau, x** [trupo]	Herde
la **truite** [trɥit]	Forelle
la **vipère** [vipɛr]	Viper

Pflanzen

l'**arbre** m [arbr]	Baum
le **blé** [ble]	Weizen; Korn
le **bouton** [butõ]	Knospe
la **branche** [brãʃ]	Zweig, Ast

Pflanzen Die natürliche Umwelt **28**

la **cerise** [səriz]	Kirsche
le **champignon** [ʃɑ̃piɲɔ̃]	Pilz
la **feuille** [fœj]	Blatt
la **fleur** [flœr]	Blume
la **fraise** [frɛz]	Erdbeere
le **fruit** [frɥi]	Obst, Frucht
l'**herbe** f [ɛrb]	Kraut; Gras
mûr, e [myr]	reif
la **plante** [plɑ̃t]	Pflanze
la **poire** [pwar]	Birne
la **pomme** [pɔm]	Apfel
la **pomme de terre** [pɔmdətɛr]	Kartoffel
la **prune** [pryn]	Pflaume, Zwetschge
la **rose** [roz]	Rose
la **vigne** [viɲ]	Weinstock, Rebe

l'**avoine** f [avwan]	Hafer
la **betterave** [bɛtrav]	Rübe
le **bouleau, x** [bulo]	Birke
la **bruyère** [brɥjɛr]	Heidekraut, Erika
le **cassis** [kasis]	schwarze Johannisbeere
le **cerisier** [sərizje]	Kirschbaum
le **chêne** [ʃɛn]	Eiche
le **colza** [kɔlza]	Raps
le **coquelicot** [kɔkliko]	Klatschmohn
fâner [fane]	verwelken
fleurir [flœrir]	blühen
la **framboise** [frɑ̃bwaz]	Himbeere
le **froment** [frɔmɑ̃]	Weizen
le **genêt** [ʒnɛ]	Ginster
le **glaïeul** [glajœl]	Gladiole
la **groseille** [grosɛj]	rote Johannisbeere; Stachelbeere

le **hêtre** ['ɛtr]	Buche
le **jonc** [ʒɔ̃]	Schilfrohr
la **jonquille** [ʒɔ̃kij]	Osterglocke
les **lilas** *mpl* [lila]	Flieder
le **maïs** [mais]	Mais
le **muguet** [mygɛ]	Maiglöckchen
la **mûre** [myr]	Brombeere
la **noisette** [nwazɛt]	Haselnuß
la **noix** [nwa]	Walnuß
l'**œillet** *m* [œjɛ]	Nelke
l'**olivier** *m* [ɔlivje]	Ölbaum, Olivenbaum
l'**orge** *f* [ɔrʒ]	Gerste
l'**orme** *m* [ɔrm]	Ulme
le **palmier** [palmje]	Palme
la **pâquerette** [pakrɛt]	Gänseblümchen
le **pêcher** [peʃe]	Pfirsichbaum
le **peuplier** [pøplije]	Pappel
le **pin** [pɛ̃]	Kiefer, Pinie
le **platane** [platan]	Platane
le **pommier** [pɔmje]	Apfelbaum
la **racine** [rasin]	Wurzel
la **ronce** [rɔ̃s]	Brombeerstrauch
le **sapin** [sapɛ̃]	Tanne, Fichte
le **seigle** [sɛgl]	Roggen
le **tilleul** [tijœl]	Linde
le **tournesol** [turnəsɔl]	Sonnenblume
la **tulipe** [tylip]	Tulpe
la **violette** [vjɔlɛt]	Veilchen

Mensch und Natur

abandonner [abɑ̃dɔne]
Sur les terres abandonnées poussent les ronces.

aufgeben, verlassen
Auf verlassenen Feldern wachsen wilde Brombeeren.

agricole [agrikɔl]

landwirtschaftlich

le **champ** [ʃɑ̃]

Feld

cueillir [kœjir]

pflücken

la **culture** [kyltyr]
La culture du colza progresse.

Anbau, Kultur
Der Rapsanbau nimmt zu.

l'**élevage** m [ɛlvaʒ]

Viehzucht

élever [elve]

züchten

l'**environnement** m [ɑ̃virɔnmɑ̃]
La protection de l'environnement est primordiale.

Umwelt
Der Umweltschutz ist äußerst wichtig.

le **jardin** [ʒardɛ̃]

Garten

le **légume** [legym]

Gemüse

le **parc** [park]

Park

le **paysan**, la **paysanne** [peizɑ̃, an]

Bauer, Bäuerin

planter [plɑ̃te]

pflanzen; anbauen

pollué, e [pɔlɥe]

verschmutzt

la **pollution** [pɔlysjɔ̃]
La pollution cause la mort des forêts.

Umweltverschmutzung
Die Umweltverschmutzung verursacht das Waldsterben.

le, la **propriétaire** [prɔprijetɛr]

Eigentümer(in)

protéger [prɔteʒe]

schützen, beschützen

la **récolte** [rekɔlt]

Ernte

semer [səme]

säen

28 Die natürliche Umwelt

le **bétail** [betaj]	Vieh
les **céréales** *fpl* [sereal]	Getreide
la **coopérative** [kɔɔperativ] Les coopératives agricoles sont très répandues en France.	Genossenschaft Landwirtschaftliche Genossenschaften sind in Frankreich sehr verbreitet.
cultiver [kyltive]	anbauen, anpflanzen
l'**écologie** *f* [ekɔlɔʒi]	Umweltschutz
l'**écologiste** *mf* [ekɔlɔʒist] Les écologistes sont une minorité en France.	Umweltschützer(in) In Frankreich sind die Umweltschützer eine Minderheit.
l'**engrais** *m* [ãgrɛ]	Dünger
irriguer [irige]	bewässern
la **protection de la nature** [prɔtɛksjɔ̃dlanatyr]	Naturschutz
le **remembrement** [rəmãbrəmã] Le remembrement est la cause de beaucoup d'ennuis.	Flurbereinigung Die Flurbereinigung verursacht viel Ärger.
rural, e, -aux [ryral, o] Le nombre des exploitations rurales est en baisse.	ländlich Die Zahl der Landwirtschaftsbetriebe nimmt ab.
le **verger** [vɛrʒe]	Obstgarten

---------- **Land** ----------

les **Alpes** *fpl* [alp]	Alpen
l'**Amérique** *f* [amerik]	Amerika
l'**Europe** *f* [ørɔp]	Europa
européen, ne [ørɔpeɛ̃, ɛn]	europäisch
la **Forêt-Noire** [fɔrɛnwar]	Schwarzwald
le **Midi** [midi]	Südfrankreich
le **monde** [mɔ̃d]	Welt
le **pays** [pei]	Land
la **province** [prɔvɛ̃s]	Provinz
les **Pyrénées** *fpl* [pirene]	Pyrenäen

la **région** [reʒjõ]	Region
le **sol** [sɔl]	Boden
le **terrain** [tɛrɛ̃]	Gelände
la **terre** [tɛr]	Erde, Land
les **Vosges** *fpl* [voʒ]	Vogesen
les **Ardennes** *fpl* [ardɛn]	Ardennen
le **continent** [kõtinã]	Kontinent, Erdteil
le **Jura** [ʒyra]	Jura
le **Massif Central** [masifsãtral]	Zentralmassif
méridional, e, -aux [meridjɔnal, o]	südlich
le **pôle Nord** [polnɔr]	Nordpol
le **pôle Sud** [polsyd]	Südpol
terrestre [tɛrɛstr] La surface terrestre.	Erd- Die Erdoberfläche.

─── Geologische Formationen ───

bas, se [bɑ, s]	niedrig, tief
le **col** [kɔl] Le plus haut col des Alpes est le col de Stelvio à 2757 m.	Paß Der höchste Paß in den Alpen ist das Stilfser Joch mit 2757 m.
la **colline** [kɔlin]	Hügel
la **côte** [kot]	Küste
le **désert** [dezɛr]	Wüste
la **gorge** [gɔrʒ]	Schlucht
haut, e ['o, t] Le Mont Blanc est haut de 4807 m.	hoch Der Montblanc ist 4807 m hoch.
la **hauteur** ['otœr]	Höhe
l'**île** *f* [il] L'île de Sein est au large de la Pointe du Raz.	Insel Die Insel Sein ist der Pointe du Raz vorgelagert.
la **montagne** [mõtaɲ]	Gebirge, Berg

Die natürliche Umwelt — Geologische Formationen

la **pierre** [pjɛr]	Stein
la **plage** [plaʒ]	Strand
plat, e [pla, t]	flach, platt
la **poussière** [pusjɛr]	Staub
le **rocher** [rɔʃe]	Felsen
le **sable** [sabl]	Sand
le **sommet** [sɔmɛ]	Gipfel
la **vallée** [vale]	Tal

aigu, aiguë [egy]	spitz
l'**altitude** f [altityd]	Höhe
Il fait froid en altitude.	In der Höhe ist es kalt.
le **bassin** [basɛ̃]	Becken
la **chaîne de montagnes** [ʃɛndəmõtaɲ]	Bergkette, Gebirgszug
la **dune** [dyn]	Düne
l'**étendue** f [etɑ̃dy]	Weite
la **falaise** [falɛz]	Steilküste
le **glacier** [glasje]	Gletscher
la **grotte** [grɔt]	Grotte
le **littoral, -aux** [litɔral, o]	Küstengebiet
Le littoral breton est très propre.	Das bretonische Küstengebiet ist sehr sauber.
la **pente** [pɑ̃t]	Abhang
la **plaine** [plɛn]	Ebene
le **plateau, x** [plato]	Hochebene
la **superficie** [sypɛrfisi]	Flächeninhalt
le **volcan** [vɔlkɑ̃]	Vulkan

Wasser

couler [kule]	fließen
le **Danube** [danyb]	Donau
l'**eau, x** *f* [o]	Wasser
le **fleuve** [flœv]	Strom
le **lac** [lak]	der See
le **large** [larʒ]	hohe See
Le requin bleu est un poisson du large.	Der Blauhai ist ein Hochseefisch.
la **Loire** [lwar]	Loire
la **mer** [mɛr]	Meer
profond, e [prɔfɔ̃, d]	tief
le **Rhin** [rɛ̃]	Rhein
le **Rhône** [ron]	Rhone
la **rivière** [rivjɛr]	Fluß
L'Odet est une rivière qui se jette dans la mer.	Der Odet ist ein Fluß, der ins Meer fließt.
le **ruisseau, x** [rɥiso]	Bach
la **Seine** [sɛn]	Seine
la **source** [surs]	Quelle
la **vague** [vag]	Woge, Welle

l'**Atlantique** *m* [atlɑ̃tik]	Atlantik
la **baie** [bɛ]	Bucht
le **canal, -aux** [kanal, o]	Kanal
la **chute d'eau** [ʃytdo]	Wasserfall
le **courant** [kurɑ̃]	Strömung
la **Dordogne** [dɔrdɔɲ]	Dordogne
l'**embouchure** *f* [ɑ̃buʃyr]	Mündung
Nantes se trouve à l'embouchure de la Loire.	Nantes liegt an der Loiremündung.

28 Die natürliche Umwelt

en amont [ɑ̃namɔ̃] Paris est en amont de Rouen.	stromaufwärts Paris liegt stromaufwärts von Rouen.
en aval [ɑ̃naval]	stromabwärts
l'**Escaut** *m* [ɛsko]	Schelde
l'**étang** *m* [etɑ̃]	Teich; Lagune
fondre [fɔ̃dr]	schmelzen
la **Garonne** [garɔn]	Garonne
le **golfe** [gɔlf] Le golfe du Morbihan.	Bucht, Golf Die Bucht von Morbihan.
maritime [maritim]	Meer-, See-
la **Marne** [marn]	Marne
la **Méditerranée** [mediterane]	Mittelmeer
la **mer Baltique** [mɛrbaltik]	Ostsee
la **mer du Nord** [mɛrdynɔr]	Nordsee
la **Meuse** [møz]	Maas
la **Moselle** [mɔzɛl]	Mosel
l'**océan** *m* [ɔseɑ̃]	Ozean
la **Saône** [son]	Saone
le **torrent** [tɔrɑ̃]	reißender Fluß/Bach

Himmel

l'**air** *m* [ɛr]	Luft
le **ciel** [sjɛl]	Himmel
l'**étoile** *f* [etwal]	Stern
la **lune** [lyn]	Mond
le **nuage** [nɥaʒ]	Wolke
le **soleil** [sɔlɛj]	Sonne

l'**année-lumière** f [anelymjɛr]	Lichtjahr
la **comète** [kɔmɛt]	Komet
l'**étoile filante** f [etwalfilɑ̃t]	Sternschnuppe
la **nébuleuse** [nebyløz]	Spiralnebel
la **planète** [planɛt]	Planet
l'**univers** m [ynivɛr]	Universum, Weltall
la **voie lactée** [vwalakte]	Milchstraße

Naturbeschreibung

beau, bel, belle, x [bo, bɛl]	schön, hübsch
le **bois** [bwa]	Wald
le **bruit** [brɥi]	Lärm
calme [kalm]	ruhig
la **campagne** [kɑ̃paɲ]	Land
les **environs** mpl [ɑ̃virɔ̃] Les environs de Fontainebleau sont très boisés.	Gegend, Umgebung Die Umgebung von Fontainebleau ist stark bewaldet.
l'**équilibre** m [ekilibr] L'équilibre naturel est en danger.	Gleichgewicht Das natürliche Gleichgewicht ist in Gefahr.
étendre (s') [setɑ̃dr] La plaine s'étend sur une centaine de kilomètres.	sich erstrecken Die Ebene erstreckt sich über hundert Kilometer.
la **forêt** [fɔrɛ]	Wald
la **nature** [natyr]	Natur
l'**odeur** f [ɔdœr]	Geruch
l'**ombre** f [ɔ̃br]	Schatten
le **paysage** [peizaʒ]	Landschaft
pur, e [pyr]	rein, sauber
le **silence** [silɑ̃s]	Ruhe, Stille
la **surface** [syrfas]	Oberfläche
tranquille [trɑ̃kil]	ruhig
visible [vizibl]	sichtbar

Die natürliche Umwelt — Naturbeschreibung

l'**arc-en-ciel** m [arkãsjɛl]	Regenbogen
l'**aube** f [ob]	Morgendämmerung
la **beauté** [bote]	Schönheit
le **bocage** [bɔkaʒ]	Heckenlandschaft
brumeux, -euse [brymø, z]	neblig, dunstig
la **clairière** [klɛrjɛr]	Lichtung
le **coucher de soleil** [kuʃedsɔlɛj]	Sonnenuntergang
le **crépuscule** [krepyskyl]	Abenddämmerung
désert, e [dezɛr, t]	leer, verlassen
étaler (s') [setale]	sich erstrecken
la **haie** ['ɛ]	Hecke
la **lande** [lãd]	Ödland, Heide
le **lever du soleil** [lvedysɔlɛj]	Sonnenaufgang
le **maquis** [maki]	Gestrüpp, Buschwald
le **marais** [marɛ]	Sumpf
pittoresque [pitɔrɛsk]	malerisch
la **rosée** [roze]	Tau
sauvage [sovaʒ]	wild
silencieux, -euse [silãsjø, z]	still, leise
le **site** [sit]	schöne Gegend
la **solitude** [sɔlityd]	Einsamkeit

Gestaltete Umwelt — Die Stadt

la **banlieue** [bãljø]
J'habite en banlieue.

Vorstadt
Ich wohne in der Vorstadt.

la **capitale** [kapital]

Hauptstadt

carré, e [kare]
J'ai 1000 mètres carrés de terrain.

Quadrat-
Ich habe ein Grundstück von 1000 Quadratmetern.

le **centre** [sãtr]

Zentrum

les **environs** *mpl* [ãvirõ]

Umgebung

l'**espace** *m* [ɛspas]

Raum

étendre (s') [setãdr]

sich erstrecken

l'**industrie** *f* [ɛ̃dystri]

Industrie

industriel, le [ɛ̃dystrijɛl]
Lille est une ville industrielle.

Industrie-
Lille ist eine Industriestadt.

le **quartier** [kartje]

Stadtviertel

le **village** [vilaʒ]

Dorf

la **ville** [vil]

Stadt

l'**agglomération** *f* [aglɔmerasjõ]
L'agglomération parisienne comprend 10 millions d'habitants.

Siedlungsgebiet
Im Ballungszentrum Paris leben 10 Millionen Menschen.

le **centre-ville** [sãtrəvil]

Innenstadt

la **cité-dortoir** [sitedɔrtwar]
Sarcelles est une affreuse cité-dortoir.

Schlafstadt
Sarcelles ist eine furchtbare Schlafstadt.

le **grand ensemble** [grãtãsãbl]

Wohnblock

le **pâté de maisons** [patedmezõ]

Häuserblock

la **périphérie** [periferi]

Umland; Außenbezirke

le **quartier populaire** [kartjepɔpylɛr]

Wohnviertel einfacher Leute

le **quartier résidentiel** [kartjerezidãsjɛl]

Wohnviertel

urbain, e [yrbɛ̃, ɛn]

städtisch, Stadt-

villageois, e [vilaʒwa, z]	dörflich, Dorf-
la **ville nouvelle** [vilnuvɛl]	neue Stadt
Evry-ville-nouvelle, au sud de Paris.	Evry-ville-nouvelle südlich von Paris.

Gebäude

le **bâtiment** [bɑtimɑ̃]	Gebäude
la **cathédrale** [katedral]	Dom, Kathedrale, Münster
le **château, x** [ʃato]	Schloß
la **clinique** [klinik]	Krankenhaus, Klinik
le **collège** [kɔlɛʒ]	Gesamtschule
la **construction** [kɔ̃stryksjɔ̃]	Bau, Konstruktion
l'**église** *f* [egliz]	Kirche
le **garage** [garaʒ]	Garage
la **gare** [gar]	Bahnhof
le **grand magasin** [grɑ̃magazɛ̃]	Kaufhaus
le **H.L.M.** [aʃɛlɛm]	sozialer Wohnungsbau
J'ai droit à un H.L.M.	Ich habe das Recht auf eine Sozialwohnung.
Il y a beaucoup de H.L.M. en banlieue.	Es gibt viele billige Hochhäuser in den Vorstädten von Paris.
l'**hôpital, -aux** *m* [ɔpital, o]	Krankenhaus
l'**hôtel de ville** *m* [ɔtɛldəvil]	Rathaus
l'**immeuble** *m* [imœbl]	Gebäude
le **lycée** [lise]	Gymnasium
le **magasin** [magazɛ̃]	Geschäft, Laden
la **mairie** [meri]	Rathaus
la **maison** [mɛzɔ̃]	Haus
le **monument** [mɔnymɑ̃]	Monument
Notre-Dame est un monument historique.	Notre-Dame ist eine historische Sehenswürdigkeit.
le **mur** [myr]	Mauer
le **musée** [myze]	Museum
la **poste** [pɔst]	Post

la **prison** [prizɔ̃]	Gefängnis
le **restaurant** [rɛstɔrɑ̃]	Restaurant, Gaststätte
les **ruines** *fpl* [rɥin]	Ruinen
A Languidou il y a une chapelle en ruines.	In Languidou stehen die Ruinen einer Kapelle.
le **stade** [stad]	Stadion
le **supermarché** [sypɛrmarʃe]	Supermarkt
la **tour** [tur]	Hochhaus; Turm
l'**université** *f* [ynivɛrsite]	Universität

l'**architecture** *f* [arʃitɛktyr]	Architektur
la **centrale nucléaire** [sɑ̃tralnykleɛr]	Atomkraftwerk
le **centre commercial** [sɑ̃trəkɔmɛrsial]	Einkaufszentrum
le **centre culturel** [sɑ̃trəkyltyrɛl]	Kulturzentrum
l'**édifice** *m* [edifis]	Gebäude
la **grande surface** [grɑ̃dsyrfas]	Einkaufszentrum
le **pavillon** [pavijɔ̃]	Reihenhaus
la **résidence** [rezidɑ̃s]	Wohnsitz

Anlagen und Verkehrswege

l'**aéroport** *m* [aerɔpɔr]	Flughafen
l'**autoroute** *f* [ɔtɔrut]	Autobahn
l'**avenue** *f* [avəny]	Avenue
le **boulevard** [bulvar]	Boulevard
le **carrefour** [karfur]	Kreuzung
la **chaussée** [ʃose]	Fahrbahn
le **chemin** [ʃmɛ̃]	Weg
le **cimetière** [simtjɛr]	Friedhof
la **cour** [kur]	Hof
le **marché** [marʃe]	Markt

la **nationale** [nasjɔnal]	Nationalstraße
le **parking** [parkiŋ]	Parkplatz; Parkhaus
la **piscine** [pisin]	Schwimmbad
la **place** [plas]	Platz
le **pont** [pɔ̃]	Brücke
le **port** [pɔr]	Hafen
le **quai** [ke]	Mole, Ufermauer
la **route** [rut]	Landstraße
la **rue** [ry]	Straße
le **terrain** [tɛrɛ̃]	Gelände
le **trottoir** [trɔtwar]	Bürgersteig
la **voie** [vwa]	Gleis; Fahrbahn

l'**échangeur** m [eʃɑ̃ʒœr]	Autobahnkreuz
l'**égout** m [egu] Le tout-à-l'égout parisien date de 1850.	Kanalisation Die vollständige Kanalisation von Paris ist aus dem Jahre 1850.
le **périphérique** [periferik]	Ringautobahn um Paris
le **rail** [raj]	Schiene
le **tunnel** [tynɛl]	Tunnel
la **voie piétonne** [vwapjetɔn]	Fußgängerweg
la **zone piétonne** [zɔnpjetɔn]	Fußgängerzone

Veränderungen und Probleme

abandonner [abɑ̃dɔne]	aufgeben
affreux, -euse [afrø, z]	häßlich
améliorer [ameljɔre]	verbessern
automatique [ɔtomatik]	automatisch
beau, bel, belle, x [bo, bɛl]	schön, hübsch
le **béton** [betɔ̃]	Beton
le **bruit** [brɥi]	Lärm
bruyant, e [brɥijɑ̃, t]	laut, lärmend

carré, e [kare]	quadratisch
central, e, -aux [sɑ̃tral, o]	zentral
le **changement** [ʃɑ̃ʒmɑ̃]	Veränderung
le **charbon** [ʃarbɔ̃]	Kohle
construire [kɔ̃strɥir]	bauen
démolir [demɔlir]	abreißen, zerstören
détruire [detrɥir]	zerstören
l'**électricité** f [elɛktrisite]	Elektrizität
électrique [elɛktrik]	elektrisch
l'**environnement** m [ɑ̃virɔnmɑ̃]	Umwelt
fonctionner [fɔ̃ksjɔne]	funktionieren
la **fumée** [fyme]	Rauch
gaspiller [gaspije]	verschwenden
haut, e [ˈo, t]	hoch
la **hauteur** [ˈotœr]	Höhe
l'**incendie** m [ɛ̃sɑ̃di]	Brand
moderne [mɔdɛrn]	modern
neuf, neuve [nœf, nœv] J'habite un bâtiment tout neuf.	neu Ich wohne in einem ganz neuen Gebäude.
nouveau, -vel, -velle, x [nuvo, nuvɛl] Mon nouvel appartement est plus grand.	neu Meine neue Wohnung ist größer.
populaire [pɔpylɛr]	volkstümlich
profond, e [prɔfɔ̃, d]	tief
le **projet** [prɔʒɛ]	Projekt
la **technique** [tɛknik]	Technik
transformer [trɑ̃sfɔrme]	umwandeln, verändern

l'**aménagement** m [amenaʒmɑ̃] L'aménagement du Rhin a provoqué des problèmes.	Bebauungsplan, Raumordnung Der Ausbau des Rheins hat Probleme verursacht.
aménager [amenaʒe]	ausbauen, herrichten
l'**assainissement** m [asenismɑ̃]	Sanierung

le **chantier** [ʃɑ̃tje]	Baustelle
les **déchets** *mpl* [deʃɛ]	Abfall
la **dégradation** [degradɑsjɔ̃]	Verfall
La dégradation des vieux quartiers.	Der Verfall der alten Stadtviertel.
polluer [pɔlɥe]	verschmutzen
le **taudis** [todi]	Elendsquartier; Bruchbude
l'**urbanisation** *f* [yrbanizɑsjɔ̃]	Verstädterung
l'**urbanisme** *m* [yrbanism]	Städtebau

───── Städte in Europa ─────

Aix-la-Chapelle [ɛkslaʃapɛl]	Aachen
Anvers [ɑ̃vɛrs]	Antwerpen
Athènes [atɛn]	Athen
Bâle [bɑl]	Basel
Berne [bɛrn]	Bern
Brême [brɛm]	Bremen
Bruges [bryʒ]	Brügge
Brunswick [brɛ̃svik]	Braunschweig
Bruxelles [brysɛl]	Brüssel
Coblence [kɔblɑ̃s]	Koblenz
Cologne [kɔlɔɲ]	Köln
Copenhague [kɔpɛn'ag]	Kopenhagen
Cordoue [kɔrdu]	Cordoba
Cracovie [krakɔvi]	Krakau
Dresde [drɛsd]	Dresden
Francfort [frɑ̃kfɔr]	Frankfurt
Fribourg [fribur]	Freiburg
Gand [gɑ̃]	Gent
Gênes [ʒɛn]	Genua
Genève [ʒnɛv]	Genf
Hambourg [ɑ̃bur]	Hamburg

Länder in Deutschland und Großbritannien   **Gestaltete Umwelt 29**

Hanovre [anɔvr]	Hannover
La Haye [la'ɛ]	Den Haag
Liège [ljɛʒ]	Lüttich
Lisbonne [lisbɔn]	Lissabon
Londres [lõdr]	London
Mayence [majãs]	Mainz
Milan [milã]	Mailand
Moscou [mɔsku]	Moskau
Munich [mynik]	München
Naples [napl]	Neapel
Nuremberg [nyrãbɛr]	Nürnberg
Prague [prag]	Prag
Ratisbonne [ratisbɔn]	Regensburg
Rome [rɔm]	Rom
Trèves [trɛv]	Trier
Varsovie [varsɔvi]	Warschau
Venise [vəniz]	Venedig
Vienne [vjɛn]	Wien

—— Länder in Deutschland und Großbritannien ——

le **Bade-Wurtemberg** [badwyrtãbɛr]	Baden-Württemberg
la **Basse-Saxe** [bassaks]	Niedersachsen
la **Bavière** [bavjɛr]	Bayern
la **Cornouaille** [kɔrnuaj]	Cornwall
l'**Ecosse** f [ekɔs]	Schottland
la **Hesse** ['ɛs]	Hessen
le **Pays de Galles** [peidgal]	Wales
la **Rhénanie-du-Nord-Westphalie** [renanidynɔrvɛstfali]	Nordrhein-Westfalen

29 Gestaltete Umwelt — Länder in Deutschland und Großbritannien

la **Rhénanie-Palatinat** [renanipalatina]	Rheinland-Pfalz
la **Sarre** [sar]	Saarland
le **Schleswig-Holstein** [ʃlɛswigɔlsten]	Schleswig-Holstein

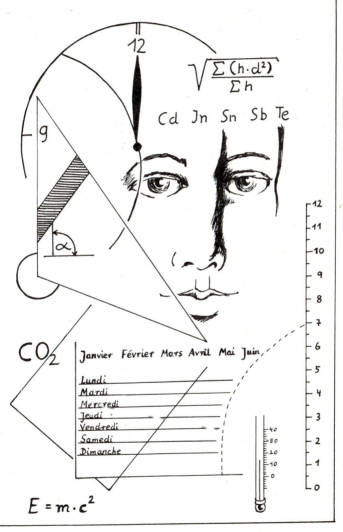

30 Farben und Formen

---- Farben ----

blanc, blanche [blɑ̃, blɑ̃ʃ]	weiß
bleu, e [blø]	blau
J'ai acheté une robe bleu ciel.	Ich habe ein himmelblaues Kleid gekauft.
blond, e [blɔ̃, d]	blond
brillant, e [brijɑ̃, t]	glänzend
brun, e [brɛ̃, bryn]	dunkelbraun
clair, e [klɛr]	hell
la **couleur** [kulœr]	Farbe
De quelle couleur sont ses yeux?	Welche Farbe haben seine Augen?
foncé, e [fɔ̃se]	dunkel
gris, e [gri, z]	grau
jaune [ʒon]	gelb
marron *unv* [marɔ̃]	braun
noir, e [nwar]	schwarz
orange *unv* [ɔrɑ̃ʒ]	orange
Des chaussettes orange.	Orangefarbene Socken.
pâle [pɑl]	blaß, bleich
rose [roz]	rosa
rouge [ruʒ]	rot
roux, rousse [ru, rus]	rothaarig
sombre [sɔ̃br]	dunkel
ton [tɔ̃]	Farbton
uni, e [yni]	einfarbig
vif, vive [vif, viv]	lebhaft
violet, te [vjɔlɛ, t]	violett

blanc cassé *unv* [blɑ̃kase]	altweiß
châtain *kein f* [ʃatɛ̃]	dunkelblond
Marie-Louise est châtain.	Marie-Luise hat dunkelblondes Haar.
Claire a des cheveux châtains.	Claire hat dunkelblondes Haar.

d'argent [darʒɑ̃]	silbern
d'or [dɔr]	golden
Elle a les cheveux d'or.	Sie hat goldene Haare.
lilas *unv* [lila]	lila
mauve [mov]	malvenfarbig
ocre *unv* [ɔkr]	ocker
paille *unv* [paj]	strohfarben

Formen

aigu, aiguë [egy]	spitz
le **carré** [kare]	Quadrat
carré, e [kare]	kariert
le **cercle** [sɛrkl]	Kreis
la **droite** [drwat]	Gerade
en forme de [ɑ̃fɔrmdə]	geformt wie, in Form von
En forme de cœur.	Herzförmig.
la **forme** [fɔrm]	Form
former [fɔrme]	formen, bilden
la **ligne** [liɲ]	Linie
le **point** [pwɛ̃]	Punkt
raide [rɛd]	steif, steil
le **rectangle** [rɛktɑ̃gl]	Rechteck
régulier, -ère [regylje, ɛr]	regelmäßig
rond, e [rɔ̃, d]	rund
le **trait** [trɛ]	Strich
le **triangle** [trijɑ̃gl]	Dreieck

la **courbe** [kurb]	Kurve
le **cube** [kyb]	Würfel, Kubus
la **pyramide** [piramid]	Pyramide
la **rangée** [rɑ̃ʒe]	Reihe
la **sphère** [sfɛr]	Kugel

31 | Stoffe und Materialien

Allgemeine Begriffe

l'**énergie** f [enɛrʒi]	Energie
fin, fine [fɛ̃, fin]	fein
fragile [fraʒil]	zerbrechlich
le **liquide** [likid]	Flüssigkeit
le **matériel** [materjɛl]	Material
la **matière** [matjɛr]	Materie
nucléaire [nykleɛr]	Nuklear-, Atom-
Energie nucléaire.	Atomenergie.
solide [sɔlid]	fest
la **sorte** [sɔrt]	Sorte

consister en [kɔ̃sisteɑ̃]	bestehen aus
Le diamant consiste en carbone.	Der Diamant besteht aus Kohlenstoff.
inflammable [ɛ̃flamabl]	brennbar, feuergefährlich
la **matière première** [matjɛrprəmjɛr]	Rohstoff
opaque [ɔpak]	undurchsichtig
l'**oxygène** m [ɔksiʒɛn]	Sauerstoff
soluble [sɔlybl]	löslich
transparent, e [trɑ̃sparɑ̃, t]	durchsichtig

Stoffe pflanzlichen und tierischen Ursprungs

le **bois** [bwa]	Holz
Ce jouet est en bois.	Dies Spielzeug ist aus Holz.
le **caoutchouc** [kautʃu]	Gummi
le **carton** [kartɔ̃]	Karton
le **charbon** [ʃarbɔ̃]	Kohle
le **coton** [kɔtɔ̃]	Baumwolle
le **cuir** [kɥir]	Leder

la **ficelle** [fisɛl]	Bindfaden
le **fil** [fil]	Faden
Fil à coudre.	Nähgarn.
la **fourrure** [furyr]	Pelz
la **laine** [lɛn]	Wolle
le **papier** [papje]	Papier
le **tissu** [tisy]	Stoff
la **toile** [twal]	Leinen
la **corde** [kɔrd]	Seil, Kordel
le **duvet** [dyvɛ]	Daune
en osier [ãnozje]	Weiden-
la **fibre naturelle** [fibrənatyrɛl]	Naturfaser
le **lin** [lɛ̃]	Leinen
le **parchemin** [parʃəmɛ̃]	Pergament
la **soie** [swa]	Seide
tissé, e [tise]	gewebt
tisser [tise]	weben

Mineralische und chemische Stoffe

l'**argent** m [arʒã]	Silber
le **béton** [betõ]	Beton
chimique [ʃimik]	chemisch
la **colle** [kɔl]	Klebstoff, Kleber, Leim
l'**essence** f [esãs]	Benzin
le **fer** [fɛr]	Eisen
L'âge du fer.	Die Eisenzeit.
Le fil de fer.	Der Draht.
Le fil de fer barbelé.	Der Stacheldraht.
Le fer blanc.	Das Weißblech.
le **gaz** [gaz]	Gas
le **laiton** [lɛtõ]	Messing

Stoffe und Materialien — Mineralische und chemische Stoffe

le **métal, -aux** [metal, o]	Metall
le **nylon** [nilɔ̃]	Nylon
l'**or** *m* [ɔr]	Gold
La médaille d'or.	Die Goldmedaille.
le **pétrole** [petrɔl]	Erdöl
la **pierre** [pjɛr]	Stein
le **plastique** [plastik]	Plastik
le **verre** [vɛr]	Glas
l'**acier** *m* [asje]	Stahl
l'**ardoise** *f* [ardwaz]	Schiefer
Un toit d'ardoises.	Ein Schieferdach.
l'**argile** *m* [arʒil]	Ton
l'**asphalte** *m* [asfalt]	Asphalt
le **bronze** [brɔ̃z]	Bronze
L'âge du bronze.	Die Bronzezeit.
le **carburant** [karbyrɑ̃]	Treibstoff
la **céramique** [seramik]	Keramik
la **craie** [krɛ]	Kreide
le **cristal, -aux** [kristal, o]	Kristall
le **cuivre** [kɥivr]	Kupfer
l'**étain** *m* [etɛ̃]	Zinn
la **fibre artificielle** [fibrartifisjɛl]	Kunstfaser
la **fibre synthétique** [fibrsɛ̃tetik]	Kunstfaser
fondre [fɔ̃dr]	schmelzen
le **gas-oil**, le **gazole** [gazwal, gazɔl]	Diesel
le **goudron** [gudrɔ̃]	Teer
le **grès** [grɛ]	Sandstein
Le grès rouge des Vosges.	Der Buntsandstein der Vogesen.
le **marbre** [marbr]	Marmor
le **mazout** [mazut]	Heizöl
métallique [metalik]	metallisch
le **minerai** [minrɛ]	Mineral

Mineralische und chemische Stoffe — Stoffe und Materialien 31

la **mousse** [mus]	Schaumgummi
le **plâtre** [plɑtr]	Gips
le **plomb** [plɔ̃]	Blei
le **polystirène** [polistirɛn]	Styropor®
la **porcelaine** [pɔrsəlɛn]	Porzellan
le **produit pétrolier** [prodɥipetrɔlje]	Erdölprodukt
souder [sude]	schweißen; löten
la **tôle** [tol]	Blech
La tôle ondulée.	Das Wellblech.
le **zinc** [zɛ̃g]	Zink

Agence pour les Economies d'Energie.

Son rôle est d'aider tous les secteurs de la vie économique à mieux utiliser l'énergie.

Consultez-la : elle vous indiquera les règles simples, les solutions adaptées à votre cas personnel qui vous permettront d'économiser l'énergie sans changer votre façon de vivre.

Economiser l'énergie doit être un effort commun. Un effort d'imagination. Dans l'intérêt de tous.

En France on n'a pas de pétrole mais on a des idées.

32 | Zahlen und Maße

---------- **Zahlentabellen** ----------

zéro [zero]	null
un [ɛ̃]	eins
deux [dø]	zwei
trois [trwa]	drei
quatre [katr]	vier
cinq [sɛ̃k]	fünf
six [sis]	sechs
sept [sɛt]	sieben
huit [ɥit]	acht
neuf [nœf]	neun
dix [dis]	zehn
onze [ɔ̃z]	elf
douze [duz]	zwölf
treize [trɛz]	dreizehn
quatorze [katɔrz]	vierzehn
quinze [kɛ̃z]	fünfzehn
seize [sɛz]	sechzehn
dix-sept [disɛt]	siebzehn
dix-huit [dizɥit]	achtzehn
dix-neuf [diznœf]	neunzehn
vingt [vɛ̃]	zwanzig
vingt et un [vɛ̃teɛ̃]	einundzwanzig
vingt-deux [vɛ̃tdø]	zweiundzwanzig
trente [trɑ̃t]	dreißig
quarante [karɑ̃t]	vierzig
cinquante [sɛ̃kɑ̃t]	fünfzig
soixante [swasɑ̃t]	sechzig
soixante-dix [swasɑ̃tdis]	siebzig
soixante et onze [swasɑ̃teɔ̃z]	einundsiebzig
soixante-douze [swasɑ̃tduz]	zweiundsiebzig

Zahlwörter	Zahlen und Maße

quatre-vingts [katrəvẽ] | achtzig
quatre-vingt-un [katrəvẽ ẽ] | einundachtzig
quatre-vingt-dix [katrvẽdis] | neunzig
quatre-vingt-onze [katrəvẽɔ̃z] | einundneunzig
cent [sã] | hundert
mille [mil] | tausend
Audierne a six mille habitants. | Audierne hat sechstausend Einwohner.

un million [miljɔ̃] | eine Million
Paris a deux millions d'habitants. | Paris hat zwei Millionen Einwohner.

un milliard [miljar] | eine Milliarde

──────── Zahlwörter ────────

demi, e [dəmi] | halb
Un kilo et demi | Eineinhalb Kilo.
Deux heures et demie. | Zweieinhalb Stunden.

tiers [tjɛr] | drittel

quart [kar] | viertel

un cinquième [ɛ̃sɛ̃kjɛm] | ein Fünftel

premier, -ère [prəmje, ɛr] | erste(r, s)

second, e [səgɔ̃, d] | zweite(r, s)

troisième [trwazjɛm] | dritte(r, s)

la **dizaine** [dizɛn] | ungefähr zehn

la **douzaine** [duzɛn] | Dutzend
J'ai acheté une douzaine d'œufs. | Ich habe ein Dutzend Eier gekauft.

la **quinzaine** [kɛ̃zɛn] | vierzehn Tage
J'ai passé une quinzaine agréable à Paris. | Ich habe vierzehn schöne Tage in Paris verbracht.

la **centaine** [sãtɛn] | ungefähr hundert

le **millier** [milje] | ungefähr tausend

les **milliers** *mpl* [milje] | Tausende

double [dubl] | doppelt
Ça fait le double de ce qu'on a prévu. | Das ist doppelt soviel wie vorgesehen.

triple [tripl] | dreifach

Allgemeine Begriffe

à peu près [apøprɛ] — ungefähr

au total [otɔtal] — im ganzen, insgesamt
Ça fait combien au total? — Was macht das im ganzen?

le **chiffre** [ʃifr] — Ziffer

comparer [kɔ̃pare] — vergleichen

compter [kɔ̃te] — zählen

correspondre [kɔrɛspɔ̃dr] — entsprechen
Ça correspond à quoi? — Was entspricht dem?

la **différence** [diferɑ̃s] — Unterschied

diminuer [diminɥe] — kleiner werden

la **division** [divizjɔ̃] — Division, Teilung

égal, e, -aux [egal, o] — gleich

en moyenne [ɑ̃mwajɛn] — im Durchschnitt

entier, -ière [ɑ̃tje, ɛr] — ganz, vollständig
Les nombres entiers. — Die ganzen Zahlen.

environ [ɑ̃virɔ̃] — ungefähr

exact, e [ɛgzakt] — genau

fois [fwa] — mal
Trois fois dix font trente. — Drei mal zehn ist dreißig.

la **majorité** [maʒɔrite] — Mehrheit

le **maximum** [maksimɔm] — Maximum

le **minimum** [minimɔm] — Minimum

moins [mwɛ̃] — weniger
Huit moins trois font cinq. — Acht weniger drei sind fünf.

la **moitié** [mwatje] — Hälfte
La moitié des gens. — Die Hälfte der Leute.

le **nombre** [nɔ̃br] — Zahl

le **numéro** [nymero] — Nummer

l'**ordre** *m* [ɔrdr] — Ordnung
Dans l'ordre alphabétique. — In alphabetischer Reihenfolge.

pareil, le [parɛj]	gleich
C'est du pareil au même.	Das ist genau dasselbe.
le **rang** [rã]	Rang
la **somme** [sɔm]	Summe
supérieur, e [syperjœr]	höher
total, e, -aux [tɔtal, o]	vollständig
l'**unité** f [ynite]	Einheit

considérable [kõsiderabl]	beträchtlich
l'**égalité** f [egalite]	Gleichheit
faire ses comptes [fɛrsekõt]	zusammenrechnen
impair, e [ɛpɛr]	ungerade
Nombre impair.	Ungerade Zahl.
inférieur, e [ɛferjœr]	niedriger
pair, e [pɛr]	gerade
Nombre pair.	Gerade Zahl.

Maße und Gewichte

le **bout** [bu]	Ende
le **carré** [kare]	Quadrat
carré, e [kare]	quadratisch, Quadrat-
le **centimètre** [sãtimɛtr]	Zentimeter
court, e [kur, t]	kurz
le **degré** [dəgre]	Grad
Il fait combien de degrés?	Wieviel Grad haben wir?
énorme [enɔrm]	riesig, enorm, riesenhaft
et demi [edmi]	einhalb
Un kilo et demi.	Eineinhalb Kilo.
le **gramme** [gram]	Gramm
grand, e [grã, d]	groß
haut, e ['o, t]	hoch
immense [imãs]	unermeßlich
le **kilo** [kilo]	Kilo

le **kilogramme** [kilogram]	Kilogramm
le **kilomètre** [kilomɛtr]	Kilometer
km à l'heure [kilomɛtralœr]	Stundenkilometer
Ma voiture roule à 160 km à l'heure.	Mein Auto fährt 160 Stundenkilometer.
léger, -ère [leʒe, ɛr]	leicht
le **litre** [litr]	Liter
J'ai bu un litre de jus de pommes.	Ich habe einen Liter Apfelsaft getrunken.
la **livre** [livr]	Pfund
J'ai pris une livre de tomates.	Ich habe ein Pfund Tomaten gekauft.
long, longue [lɔ̃, g]	lang
la **longueur** [lɔ̃gœr]	Länge
La longueur d'ondes.	Die Wellenlänge.
lourd, e [lur, d]	schwer
la **mesure** [məzyr]	Maß
le **mètre** [mɛtr]	Meter
la **moyenne** [mwajɛn]	Durchschnitt
Je roule à 110 en moyenne.	Im Durchschnitt fahre ich 110.
net, te [nɛt]	Netto-
Poids net.	Nettogewicht.
le **paquet** [pakɛ]	Paket
petit, e [pti, t]	klein
le **poids** [pwa]	Gewicht
la **taille** [tɑj]	Größe
le **volume** [vɔlym]	Rauminhalt, Volumen
le **mètre carré** [mɛtrkare]	Quadratmeter
le **mètre cube** [mɛtrkyb]	Kubikmeter
le **quintal, -aux** [kɛ̃tal, o]	Zentner
la **tonne** [tɔn]	Tonne

Mengenbegriffe

aucun de [okɛ̃də]
Aucun des deux n'a dit la vérité.

keiner von
Keiner von beiden hat die Wahrheit gesagt.

autant de [otɑ̃də]

genausoviel

beaucoup [boku]
J'ai beaucoup d'amis.

viel
Ich habe viele Freunde.

bien des [bjɛ̃de]

sehr viele

combien [kɔ̃bjɛ̃]

wieviel

doubler [duble]
J'ai doublé la mise.

verdoppeln
Ich habe den Einsatz verdoppelt.

en plus [ɑ̃plys]

außerdem

l'**ensemble** *m* [ɑ̃sɑ̃bl]

Menge

la **foule** [ful]
Tu as vu la foule devant le cinéma?

Menschenmenge
Hast du die Menge vor dem Kino gesehen?

le **groupe** [grup]

Gruppe

la plupart [laplypar]
La plupart des gens vont tôt au lit.

die meisten
Die meisten Leute gehen früh ins Bett.

La plupart du temps je suis occupée.

Die meiste Zeit bin ich beschäftigt.

ne ... pas de [nə... padə]
Je n'ai pas d'enfants.

kein
Ich habe keine Kinder.

nombreux, -euse [nɔ̃brø, z]

zahlreich

pas grand-chose [pagrɑ̃ʃoz]
Je n'ai pas fait grand-chose.

nichts besonderes; nicht viel
Ich habe nichts Besonderes gemacht.

pas un, une [pa(z)ɛ̃, pa(z)yn]
Pas une minute de plus.

kein
Keine Minute länger!

peu [pø]
Je dors peu.

wenig
Ich schlafe wenig.

peu de [pødə]

wenig

plein de [plɛ̃də]

voll von

plus [plys]
Encore plus.

mehr
Immer mehr.

32 Zahlen und Maße — Mengenbegriffe

plus de [plydə]	nicht mehr
Je n'ai plus d'essence.	Ich habe kein Benzin mehr.
plus du tout [plydytu]	überhaupt nicht mehr
plusieurs [plyzjœr]	mehrere
la **quantité** [kɑ̃tite]	Menge
rien de [rjɛ̃də]	nichts von
Rien de bien.	Nichts Gutes.
rien du tout [rjɛ̃dytu]	überhaupt nichts
tant de [tɑ̃də]	so viel
Tant d'histoires pour rien du tout.	So viel Lärm um nichts.
trop de [tropə]	zuviel
un (tout petit) peu [ɛ̃(tupti)pø]	ein (kleines) bißchen
un tas de [ɛ̃tɑdə]	eine Menge
contenir [kɔ̃tnir]	enthalten
en masse [ɑ̃mas]	in Massen, massenweise
en trop [ɑ̃tro]	zuviel
Il y a un couvert en trop.	Es ist ein Gedeck zuviel.
la **masse** [mas]	Masse
la **part** [par]	Anteil

Räumliche Beziehungen

Substantive

l'**arrière** m [arjɛr]
Je vais en arrière.

hinterer Teil
Ich gehe nach hinten.

le **bas** [bɑ]
Au bas de la page.

unterer Teil
Unten auf der Seite.

le **bout** [bu]

Ende

le **coin** [kwɛ̃]

Ecke

le **côté** [kote]

Seite

la **direction** [dirɛksjɔ̃]
Audierne, c'est quelle direction?

Richtung
Audierne liegt in welcher Richtung?

l'**endroit** m [ɑ̃drwa]
L'endroit me plaît.

Ort
Hier gefällt's mir.

les **environs** mpl [ɑ̃virɔ̃]

Umgebung

l'**est** m [ɛst]
J'habite à l'est de Paris.
J'habite dans l'est de Paris.

Osten
Ich wohne östlich von Paris.
Ich wohne im Osten von Paris.

l'**étape** f [etap]

Etappe

le **fond** [fɔ̃]
Au fond d'une fontaine.

Grund
Auf dem Grunde eines Brunnens.

le **lieu, x** [ljø]
Ce n'est ni le temps ni le lieu pour faire ça.

Ort
Es ist weder die richtige Zeit, noch der richtige Ort dafür.

la **longueur** [lɔ̃gœr]
Cinq mètres de longueur.

Länge
Fünf Meter lang.

le **mètre** [mɛtr]

Meter

le **nord** [nɔr]

Norden

l'**ouest** m [wɛst]

Westen

la **place** [plas]

Platz

la **position** [pozisjɔ̃]

Stellung

le **sens** [sɑ̃s]
Sens unique

Richtung
Einbahnstraße

le **sud** [syd]

Süden

le **tour** [tur]

Umfang

Räumliche Beziehungen — Adjektive

la **distance** [distãs]	Abstand; Entfernung
l'**extérieur** m [ɛksterjœr]	Äußeres
la **hauteur** [ˈotœr]	Höhe
l'**intérieur** m [ɛ̃terjœr]	Inneres
la **largeur** [larʒœr]	Breite
la **limite** [limit]	Grenze
le **milieu, x** [miljø]	Mitte

---------- **Adjektive** ----------

court, e [kur, t]	kurz
droit, e [drwa, t]	rechte(r, s)
étroit, e [etrwa]	eng
extérieur, e [ɛksterjœr]	Außen-
gauche [goʃ]	linke(r, s)
haut, e [ˈo, t]	hoch
intérieur, e [ɛ̃terjœr]	Innen-
large [larʒ]	breit, weit
long, longue [lɔ̃, g]	lang
mondial, e, -aux [mɔ̃djal, o]	Welt-
proche [prɔʃ]	nahe
supérieur, e [syperjœr]	obere(r, s)

inférieur, e [ɛ̃ferjœr]	niedriger
méridional, e, -aux [meridjɔnal, o]	südlich, Süd-
occidental, e, -aux [ɔksidɑ̃tal, o]	westlich, West-
opposé, e [ɔpoze]	entgegengesetzt
oriental, e, -aux [ɔrjɑ̃tal, o]	östlich, Ost-
septentrional, e, -aux [sɛptɑ̃trijɔnal, o]	nördlich, Nord-

Präpositionen

à côté de [akoted] — neben

à droite de [adrwatdə] — rechts von

à gauche de [agoʃdə] — links von

après [aprɛ] — hinter
Tournez à gauche après le pont.
Biegen Sie hinter der Brücke links ab.

au bout de [obud] — am Ende von

au-dessous de [odsud] — unterhalb (von)

au-dessus de [odsyd] — oberhalb (von)

autour de [oturdə] — um ... herum

avant [avã] — vor
Dernière sortie avant la frontière.
Letzte Ausfahrt vor der Grenze.

contre [kõtr] — gegen

dans [dã] — in, im
Je vais dans la cuisine.
Ich gehe in die Küche.
Je suis dans la cuisine.
Ich bin in der Küche.

derrière [dɛrjɛr] — hinter
Le parking est derrière l'hôtel.
Der Parkplatz ist hinter dem Hotel.

devant [dəvã] — vor
Je me suis garée devant ton garage.
Ich habe mich vor deine Garage gestellt.

en [ã] — in, im; nach
J'habite en France.
Ich wohne in Frankreich.
Je vais en Russie.
Ich fahre nach Rußland.
Pierre est en prison.
Peter ist im Gefängnis.

en face de [ãfasdə] — gegenüber

entre [ãtr] — zwischen

jusqu'à [ʒyska] — bis

loin de [lwɛ̃d] — weit von
Loin des yeux, loin du cœur.
Aus den Augen, aus dem Sinn.

près de [prɛd] — nahe bei

sous [su] — unter

sur [syr] — auf

vers [vɛr] — nach

à la hauteur de [ala'otœrdə]	auf Höhe von
à travers [atravɛr]	quer durch
Je marche à travers champs.	Ich gehe querfeldein.
d'ici à [disia]	von hier bis
Ça fait presque 600 km d'ici à Paris.	Es sind beinahe 600 km von hier bis Paris.
du côté de [dykotedə]	in der Gegend von
On fait du camping du côté de Quimper.	Wir campen in der Gegend von Quimper.
en dehors de [ãdəɔrdə]	außerhalb von
En dehors des agglomérations la vitesse est limitée à 90 km/h.	Außerhalb geschlossener Ortschaften ist die Geschwindigkeit auf 90 km/h begrenzt.
en travers de [ãtravɛrdə]	quer zu
hors de ['ɔrdə]	außerhalb von
le long de [ləlõdə]	längs
Je me suis promené le long de la Seine.	Ich bin an der Seine entlangspaziert.
vis-à-vis de [vizavidə]	gegenüber von

--- **Adverbien** ---

ailleurs [ajœr]	woanders
Je vais ailleurs.	Ich gehe woanders hin.
au premier plan [oprəmieplã]	im Vordergrund
de côté [dəkote]	auf der Seite
Ma mémé a mis 50000 DM de côté.	Meine Omi hat 50000 DM beiseite gelegt.
de droite [dədrwat]	von rechts
Qui est venu de droite?	Wer kam von rechts?
de face [dəfas]	von vorne
J'ai pris Notre-Dame de face.	Ich habe Notre-Dame von vorne fotografiert.
de long [dəlõ]	... lang
Les Champs Elysées font trois kilomètres de long.	Die Champs Elysées sind drei Kilometer lang.
de près [dəprɛ]	aus der Nähe
dedans [dədã]	darin, drin

dehors [dəor]	draußen
dessous [dsu]	drunter
dessus [dsy]	drauf, drüber
Sens dessus dessous.	Drunter und drüber.
Bras dessus bras dessous.	Arm in Arm.
en avant [ãnavã]	vorwärts
Le joueur a joué la balle en avant.	Der Spieler hat den Ball nach vorne gespielt.
en ville [ãvil]	in der Stadt; in die Stadt
Tu viens avec nous en ville?	Kommst du mit uns in die Stadt?
ici [isi]	hier
là [la]	da, dort
là-bas [laba]	dort
là-dedans [laddã]	da drin
là-dessous [laddsu]	darunter
là-dessus [laddsy]	darüber
là-haut [la'o]	da oben
nulle part [nylpar]	nirgendwo
Je ne vais nulle part.	Ich gehe nirgendwo hin.
où [u]	wo; wohin
Où tu habites?	Wo wohnst du?
Où tu vas?	Wohin gehst du?
par terre [partɛr]	am Boden
partout [partu]	überall
près [prɛ]	nahe
J'habite tout près.	Ich wohne ganz in der Nähe.
quelque part [kɛlkəpar]	irgendwo
tout droit [tudrwa]	geradeaus
Allez tout droit.	Fahren Sie geradeaus.

côte à côte [kotakot]	Seite an Seite
de haut en bas [də'otãba]	von oben bis unten
de long en large [dəlõãlarʒ]	weit und breit
de travers [dətravɛr]	quer, diagonal
Elle m'a regardé de travers.	Sie hat mich schief angeschaut.
en public [ãpyblik]	in der Öffentlichkeit

34　Zeitliche Beziehungen

---------- Jahr ----------

l'**an** m [ã] | Jahr
En l'an deux mille. | Im Jahre zweitausend.

l'**année** f [ane] | Jahr
L'année dernière. | Letztes Jahr.
L'année prochaine. | Nächstes Jahr.

l'**automne** m [otɔn] | Herbst
En automne. | Im Herbst.

l'**été** m [ete] | Sommer
En été. | Im Sommer.

l'**hiver** m [ivɛr] | Winter
En hiver. | Im Winter.

le **printemps** [prɛ̃tã] | Frühling
Au printemps. | Im Frühling.

la **saison** [sɛzɔ̃] | Jahreszeit

annuel, le [anɥɛl] | jährlich

le **trimestre** [trimɛstr] | Vierteljahr

---------- Monat ----------

janvier [ʒãvje] | Januar
Je suis né le 12 janvier 1946. | Ich bin am 12. Januar 1946 geboren.

février [fevrije] | Februar

mars [mars] | März

avril [avril] | April

mai [mɛ] | Mai

juin [ʒɥɛ̃] | Juni

juillet [ʒɥijɛ] | Juli

août [ut] | August
Au mois d'août. | Im August.
En août. | Im August.

septembre [sɛptãbr] | September

octobre [ɔktɔbr]	Oktober
novembre [nɔvãbr]	November
décembre [desãbr]	Dezember
le **mois** [mwa]	Monat
Le mois dernier.	Im letzten Monat.
Le mois prochain.	Nächsten Monat.
mensuel, le [mãsɥɛl]	monatlich

---- **Woche** ----

dimanche [dimãʃ]	Sonntag
Dimanche dernier.	Letzten Sonntag.
Jamais le dimanche.	Sonntags nie.
Dimanche prochain.	Nächsten Sonntag.
lundi [lɛ̃di]	Montag
mardi [mardi]	Dienstag
mercredi [mɛrkrədi]	Mittwoch
jeudi [ʒødi]	Donnerstag
vendredi [vãdrədi]	Freitag
samedi [samdi]	Samstag, Sonnabend
hebdomadaire [ɛbdɔmadɛr]	wöchentlich
la **semaine** [smɛn]	Woche
La semaine dernière.	In der letzten Woche.
La semaine prochaine.	Nächste Woche.
le **week-end** [wikɛnd]	Wochenende

---- **Tag** ----

après-demain [aprɛdmɛ̃]	übermorgen
l'**après-midi** *m oder f* [aprɛmidi]	Nachmittag
J'ai passé une après-midi agréable chez toi.	Ich habe einen angenehmen Nachmittag bei dir verbracht.
L'après-midi, je ne travaille pas.	Nachmittags arbeite ich nicht.
Cet après-midi je ne sors pas.	Heute nachmittag gehe ich nicht aus.

aujourd'hui [oʒurdɥi] — heute

avant-hier [avɑ̃tjɛr] — vorgestern

demain [dəmɛ̃] — morgen

hier [jɛr] — gestern

Il fait jour. [ilfɛʒur] — Es ist Tag.

Il fait noir. [ilfɛnwar] — Es ist dunkel.

le **jour** [ʒur] — Tag
Je fais mon footing tous les jours. — Ich jogge jeden Tag.
Quel jour on est? — Welchen Tag haben wir heute?

la **journée** [ʒurne] — Tag (in seiner Dauer)
J'ai passé toute la journée chez Martine. — Ich war den ganzen Tag bei Martine.

le **matin** [matɛ̃] — Morgen
Tous les matins j'ai du mal à me lever. — Jeden Morgen habe ich Schwierigkeiten beim Aufstehen.

la **matinée** [matine] — Morgen (in seinem Verlauf)
Hier, j'ai fait la grasse matinée. — Gestern morgen habe ich gefaulenzt.

midi [midi] — 12 Uhr
Il est midi. — Es ist zwölf Uhr Mittag.
Je mange à midi. — Ich esse um zwölf.

minuit [minɥi] — Mitternacht
Il est minuit. — Es ist zwölf Uhr nachts.
La messe commence à minuit. — Die Messe beginnt um Mitternacht.

la **nuit** [nɥi] — Nacht

le **soir** [swar] — Abend
Je regarde la télé tous les soirs. — Ich sehe jeden Abend fern.

la **soirée** [sware] — Abend (in seinem Verlauf)
Je ne suis pas sorti de toute la soirée. — Ich bin den ganzen Abend nicht weg gewesen.

---

de jour [dəʒur] — am Tage

de nuit [dənɥi] — nachts

le lendemain [lɑ̃dəmɛ̃] — am nächsten Tag

quotidien, ne [kɔtidjɛ̃, ɛn] — täglich

la **veille** [lavɛj] — am Vortag
Il a dit qu'il était sorti la veille au soir. — Er sagte, daß er am Abend vorher ausgegangen ist.

Stunde

demi, e [dəmi]
Il est dix heures et demie.
Il est midi et demi.

halb
Es ist halb elf.
Es ist halb eins.

l'**heure** f [œr]
C'est l'heure.
Il est quelle heure?
Il est trois heures.
Ça fait une heure que je t'attends.

Ça dure des heures et des heures.

Stunde; Zeit; Uhr
Es ist Zeit.
Wie spät ist es?
Es ist drei Uhr.
Ich warte schon eine Stunde auf dich.
Das dauert stundenlang.

la **minute** [minyt]

Minute

précis, e [presi, z]
Rendez-vous à huit heures précises.

genau, exakt
Treffen um Punkt acht Uhr.

quart [kar]
Il est neuf heures et quart.
Il est neuf heures moins le quart.

viertel
Es ist Viertel nach neun.
Es ist Viertel vor neun.

la **seconde** [səgɔ̃d]

Sekunde

Häufigkeiten

à la fois [alafwa]
Je ne peux pas tout faire à la fois.

gleichzeitig
Ich kann nicht alles gleichzeitig machen.

de temps en temps [dətɑ̃zɑ̃tɑ̃]

von Zeit zu Zeit

fois [fwa]
J'ai essayé trois fois de te téléphoner.
Je te l'ai dit 36 fois.

-mal
Dreimal habe ich versucht, dich anzurufen.
Ich habe dir das zigmal gesagt.

jamais [ʒamɛ]
Je ne bois jamais.

niemals
Ich trinke nie.

la plupart du temps
[laplypardytɑ̃]

die meiste Zeit

peu à peu [pøapø]

nach und nach

quelquefois [kɛlkəfwa]

manchmal

recommencer [rəkɔmɑ̃se]

wieder anfangen

régulièrement [ʀegyljɛʀmɑ̃]	regelmäßig, immer wieder
souvent [suvɑ̃]	oft
toujours [tuʒuʀ]	immer
tout le temps [tultɑ̃]	die ganze Zeit über

de suite [dəsɥit]	hintereinander
J'ai appelé trois fois de suite.	Ich habe dreimal hintereinander angerufen.
de temps à autre [dətɑ̃zaotʀ]	von Zeit zu Zeit
des fois [defwa]	manchmal
fréquemment [fʀekamɑ̃]	häufig
fréquent, e [fʀekɑ̃, t]	häufig
permanent, e [pɛʀmanɑ̃, t]	ununterbrochen, dauernd
sans arrêt [sɑ̃zaʀɛ]	ohne Pause, pausenlos
sans cesse [sɑ̃sɛs]	unaufhörlich

Zeiträume
---

actuellement [aktɥɛlmɑ̃]	zur Zeit
Actuellement je suis stagiaire.	Zur Zeit bin ich Praktikantin.
ancien, ne [ɑ̃sjɛ̃, ɛn]	ehemalig
au cours de [okuʀdə]	im Verlauf von, während
Ce livre sortira au cours de l'année.	Das Buch erscheint im Laufe des Jahres.
avant [avɑ̃]	davor, vorher
Avant, j'allais au cinéma tous les soirs.	Früher ging ich jeden Abend ins Kino.
Qu'est-ce que tu as dit avant?	Was hast du vorher gesagt?
l'**avenir** *m* [avniʀ]	Zukunft
Je me suis trompé, mais à l'avenir je saurai comment faire.	Ich habe mich vertan, aber in Zukunft weiß ich, wie es geht.
court, e [kuʀ, t]	kurz
de mon temps [dəmɔ̃tɑ̃]	zu meiner Zeit
depuis [dəpɥi]	seit
la **durée** [dyʀe]	Dauer

Zeiträume — Zeitliche Beziehungen

durer [dyre]
Ça dure.

dauern
Das dauert!

en [ã]
En 1987.
Je lis ce bouquin en une heure.

in, im, innerhalb
1987., Im Jahre 1987.
Ich lese dieses Buch in einer Stunde.

entre [ãtr]

zwischen

être en train de faire [ɛtrãtrɛ̃dfɛr]
Tu ne vois pas que je suis en train de manger?

gerade tun

Siehst du nicht, daß ich gerade esse?

férié, e [ferje]
Fermé dimanche et jours fériés.

frei
Sonn- und feiertags geschlossen.

jusqu'à [ʒyska]

bis

long, longue [lɔ̃, g]

lang

longtemps [lɔ̃tã]

lange Zeit

le **passé** [pɑse]

Vergangenheit

pendant [pãdã]
Tu ne fais rien pendant mon absence.

während
Du machst nichts während meiner Abwesenheit.

pendant que [pãdãkə]
Tu ne fais rien pendant que je suis parti.

während
Du machst nichts, während ich weg bin.

présent, e [prezã, t]
A cause des circonstances présentes.

augenblicklich
Wegen der augenblicklichen Umstände.

prochain, e [prɔʃɛ̃, ɛn]
A la prochaine.

nächste(r, s)
Bis zum nächsten Mal!

quand [kã]
Quand tu voudras.
Tais-toi quand je parle.
J'ai respiré quand il est parti.

wann; wenn; als
Wann du willst.
Halt den Mund, wenn ich rede!
Ich habe aufgeatmet, als er ging.

le **séjour** [seʒur]

Aufenthalt

le **siècle** [sjɛkl]
Au dix-neuvième siècle.

Jahrhundert
Im neunzehnten Jahrhundert.

le **temps** [tã]
Le temps passe vite.

Zeit
Die Zeit vergeht schnell.

les **vacances** *fpl* [vakãs]
Pendant les vacances.

Ferien, Urlaub
In den Ferien.

34 Zeitliche Beziehungen

autrefois [otrəfwa]	einst
contemporain, e [kɔ̃tãpɔrɛ̃, ɛn]	gegenwärtig
dans le temps [dãltã]	einst
le **délai** [delɛ]	Frist
en l'espace de [ãlɛspasdə]	innerhalb von
l'**époque** f [epɔk]	Epoche
A l'époque, je travaillais chez Félix Potin.	Damals habe ich bei Felix Potin gearbeitet.
L'année dernière à la même époque.	Letztes Jahr zur gleichen Zeit.
la **période** [perjɔd]	Periode
pour le moment [purlmɔmã]	zur Zeit
prolonger [prɔlɔ̃ʒe]	verlängern
tant que [tãkə]	solange

Zeitpunkte

à partir de [apartirdə]	von... an, ab
A partir de maintenant.	Von jetzt ab.
alors [alɔr]	dann
Alors j'ai compris.	Dann habe ich verstanden.
après [aprɛ]	nach, später
l'**arrivée** f [arive]	Ankunft
au bout de [obudə]	nach
Au bout de trois heures.	Nach drei Stunden.
au milieu de [omiljødə]	mitten in
Au milieu de la nuit.	Mitten in der Nacht.
avant de [avãdə]	ehe, bevor
bientôt [bjɛ̃to]	bald
cesser [sese]	aufhören
Il ne cesse de pleuvoir.	Es hört nicht auf zu regnen.
le **commencement** [kɔmãsmã]	Anfang
commencer [kɔmãse]	anfangen
Il commence à pleuvoir.	Es fängt an zu regnen.
Je commence la journée par faire de la gymnastique.	Ich fange den Tag mit Gymnastik an.

Zeitliche Beziehungen

d'abord [dabɔr] — zunächst, zuerst

dans [dã] — in, im
Je reviens dans une heure.
Ich komme in einer Stunde wieder.

la **date** [dat] — Datum

le **début** [deby] — Anfang

le **départ** [depar] — Abreise

en ce moment [ãsmɔmã] — in diesem Augenblick

ensuite [ãsɥit] — dann

la **fin** [fɛ̃] — Ende

il est temps de [ilɛtãdə] — es ist Zeit zu

il y a [ilja] — vor
Je t'ai connu il y a quatre ans.
Ich habe dich vor vier Jahren kennengelernt.

le combien [ləkɔ̃bjɛ̃] — der Wievielte
On est le combien?
Der Wievielte ist heute?

maintenant [mɛ̃tnã] — jetzt

le **moment** [mɔmã] — Augenblick, Moment

Noël *m* [nɔɛl] — Weihnachten
A Noël je reste à la maison.
Ich bleibe Weihnachten zu Hause.

l'**origine** *f* [ɔriʒin] — Ursprung

Pâques *fpl* [pak] — Ostern
Il y a bal de noces le lundi de Pâques.
Ostermontag ist Hochzeitsball.

la **Pentecôte** [pãtkot] — Pfingsten

la **rentrée** [rãtre] — Schulanfang im September
La rentrée sera chère cette année.
Dieses Jahr wird der Schulanfang teuer.

se mettre à [səmɛtra] — anfangen
Ne te mets pas à pleurer.
Fang nicht an zu weinen.

tout à coup [tutaku] — plötzlich

tout à l'heure [tutalœr] — vorhin; gleich
A tout à l'heure.
Bis gleich.
Le facteur est passé tout à l'heure.
Der Briefträger ist vorhin dagewesen.

tout de suite [tutsɥit] — sofort

vers [vɛr] — gegen, um

34 Zeitliche Beziehungen — Subjektive zeitliche Wertungen

à .... près [a...prɛ]	ungefähr
à ce moment-là [asmɔmɑ̃la]	in jenem Augenblick
à un moment donné [aɛ̃mɔmɑ̃dɔne]	zu einem bestimmten Zeitpunkt
après coup [aprɛku]	danach
après que [aprɛkə]	nachdem
avant que [avɑ̃kə] Pars avant qu'il soit trop tard.	bevor Geh, bevor es zu spät ist.
dès [dɛ] Je suis en forme dès le matin. Dès le début.	von ... an Schon am Morgen bin ich in Form. Von Anfang an.
dès que [dɛkə] Dès qu'il fait froid, je me sens mal à l'aise.	als; sobald Sobald es kalt wird, fühle ich mich nicht wohl.
immédiatement [imedjatmɑ̃]	sofort
l'instant *m* [ɛ̃stɑ̃]	Augenblick, Moment
sur le coup [syrlku]	sofort
la **Toussaint** [tusɛ̃]	Allerheiligen

Subjektive zeitliche Wertungen

à l'heure [alœr]	pünktlich
à peine [apɛn]	kaum
à temps [atɑ̃]	rechtzeitig
au plus tard [oplytar]	spätestens
au plus tôt [oplyto]	frühestens
avoir le temps (de) [avwarlətɑ̃(də)] Je n'ai pas le temps.	Zeit haben (für) Ich habe keine Zeit.
bref, brève [brɛf, brɛv] Sois bref.	kurz, knapp Fasse dich kurz.
de bonne heure [dəbɔnœr] Je me lève de bonne heure.	früh Ich stehe früh auf.
déjà [deʒa]	schon
dernier, -ère [dɛrnje, ɛr]	letzte(r, s)

Subjektive zeitliche Wertungen — Zeitliche Beziehungen

finir [finir] — enden; beenden
J'ai fini de travailler. — Ich habe aufgehört zu arbeiten.
J'ai fini par céder. — Ich habe schließlich nachgegeben.

Jamais de la vie. [ʒamɛdlavi] — Nie im Leben!

par la suite [parlasɥit] — dann, darauf

perdre son temps à [pɛrdrəsɔ̃tɑ̃a] — seine Zeit mit ... verlieren
J'ai perdu mon temps à faire la queue. — Ich habe meine Zeit mit Schlangestehen vertan.

prêt, e [prɛ, t] — bereit, fertig

récent, e [resɑ̃, t] — nicht lange her, neu

le **retard** [rətar] — Verspätung
Je suis en retard. — Ich bin spät dran.

retarder [rətarde] — verspäten; zurückhalten

tard [tar] — spät

terminer [tɛrmine] — beenden

tôt [to] — früh

vite [vit] — schnell

à première vue [aprəmiɛrvy] — auf den ersten Blick

d'avance [davɑ̃s] — im voraus

la **limite** [limit] — Grenze

35 Strukturwörter

---— **Verben** ---—

arriver à [arivea]
Je n'arrive pas à me concentrer.
J'y suis arrivé.

Ich kann mich nicht konzentrieren.
Es ist mir gelungen.

avoir [avwar]

haben

c'est [sɛ]

es ist

devenir [dəvnir]

werden

devoir [dəvwar]

müssen, sollen

être [ɛtr]

sein

faire faire qqc [fɛrfɛrkɛlkəʃoz]
Je te fais travailler.

veranlassen, etw zu tun
Ich bringe dich zum Arbeiten.

il arrive (de/que) [ilariv(də/kə)]
Il m'arrive de rater mon bus.

Il arrive que je rate mon bus.

es kommt vor, daß
Es kommt vor, daß ich den Bus verpasse.
Es kommt vor, daß ich den Bus verpasse.

il faut que [ilfokə]
Il faut que tu partes.

man muß
Du mußt gehen.

il paraît que [ilparɛkə]
Il paraît que le périf est fermé.

man sagt, daß
Ich habe gehört, daß der Peripherique gesperrt ist.

il s'agit de [ilsaʒidə]
Il s'agit d'un meurtre.

es handelt sich um
Es handelt sich um Mord.

il y a [ilja]

es gibt

laisser [lese]

lassen

laisser faire [lesefɛr]
Laisse-moi partir.

zulassen
Laß mich gehen.

pouvoir [puvwar]
Je ne peux pas venir.

können
Ich kann nicht kommen.

savoir faire qqc
[savwarfɛrkɛlkəʃoz]
Je ne sais pas nager.

etw können

Ich kann nicht schwimmen.

sembler [sãble]

scheinen

venir de faire qqc
[vənirdfɛrkɛlkəʃoz]
Je viens de penser à toi.

gerade etw getan haben

Gerade habe ich an dich gedacht.

Pronomen

au, aux, du, des [o, dy, de]
Je parle au patron.
Je mange du pain.

Ich spreche mit dem Chef.
Ich esse Brot.

dont [dɔ̃]
C'est le seul personnage dont je me souviens.

dessen, deren
Das ist die einzige Person, an die ich mich erinnere.

elle, elles [ɛl]
Elle est malade.

sie
Sie ist krank.

en [ã]
J'en reprends.

davon, welche
Ich nehme noch einmal.

eux [ø]
Je discuterai avec eux.

sie, ihnen
Ich diskutiere mit ihnen.

il, ils [il]
Il est malade.

er, sie
Er ist krank.

je [ʒə]
J'arrive.

ich
Ich komme.

le, la, les [lə, la, le]
Je ne la connais pas.

ihn, sie
Ich kenne sie nicht.

leur [lœr]
Je leur parle.

ihnen, ihr
Ich spreche mit ihnen.

leurs [lœr]
Leurs photos me plaisent.

ihre
Ihre Fotos gefallen mir.

lui [lɥi]
Je lui parle.
Lui, il est insupportable.

ihm, ihr, er
Ich spreche mit ihm/ihr.
Er ist unerträglich.

me [mə]
Tu me connais.

mir, mich
Du kennst mich ja.

moi [mwa]
Tu viens chez moi?

ich, mir, mich
Kommst du zu mir?

mon, ma, mes [mɔ̃, ma, me]
Mon oncle est malade.

mein
Mein Onkel ist krank.

notre, nos [nɔtr, no]
Tu connais notre histoire.

unser, unsere
Du kennst unsere Geschichte.

nous [nu]
Non, pas nous.

wir, uns
Nein, wir nicht.

on [ɔ̃]
On s'en va.
On ne dit pas ça.

wir, man
Wir gehen.
Das sagt man nicht.

que [kə]
C'est la marque que je préfère.

die, den, das
Das ist die Marke, die ich bevorzuge.

qui [ki]
C'est toi qui as commencé.

der, die, das
Du hast angefangen.

se [sə]
Il se lave.

sich
Er wäscht sich.

soi [swa]
On est bien chez soi.

sich
Zu Hause ist es schön.

son, sa, ses [sɔ̃, sa, se]
C'est dans son caractère.

sein, ihr
Das liegt in seiner Art.

te [tə]
Je te connais.

dich, dir
Ich kenne dich.

toi [twa]
Dépêche-toi.

du, dich
Beeil dich.

ton, ta, tes [tɔ̃, ta, te]
Ton charme m'a saisi.

dein
Ich bin von deinem Charme entzückt.

tu [ty]
Tu vois.

du
Siehst du.

votre, vos [vɔtr, vo]
Votre maison me plaît.

euer, Ihr
Ihr Haus gefällt mir.

vous [vu]
Je vous connais.
Je vous parle.
Si vous voulez.

ihr, Sie, euch, Ihnen
Ich kenne Sie/euch.
Ich spreche mit Ihnen/euch.
Wenn Sie wollen.

y [i]
J'y pense.
J'y vais.

dort, da, dahin, daran
Ich denke daran.
Ich gehe dorthin.

Fragewörter

combien [kɔ̃bjɛ̃]	wieviel
comment [kɔmɑ̃]	wie
d'où [du]	woher
est-ce que [ɛskə]	Fragewort zur Verstärkung des Fragecharakters
Est-ce que tu viens aussi?	Kommst du auch?
où [u]	wo
pourquoi [purkwa]	warum
qu'est-ce que [kɛskə]	was
quand [kɑ̃]	wann
quel, quelle [kɛl]	welche(r, s)

Konjunktionen

au cas où [okau]	im Falle, daß
c'est pourquoi [sɛpurkwa]	deshalb
c'est un fait que [sɛtɛ̃fɛtkə]	es ist Tatsache, daß
car [kar]	denn
donc [dɔ̃k]	also
et [e]	und
étant donné que [etɑ̃dɔnekə]	zumal
jusqu'à ce que [ʒyskaskə]	bis
Je te casse les pieds jusqu'à ce que tu sortes avec moi.	Ich gebe keine Ruhe, bis du mit mir ausgehst.
le fait que [ləfɛtkə]	die Tatsache, daß
mais [mɛ]	aber
ou [u]	oder
ou bien [ubjɛ̃]	oder
parce que [parskə]	weil

Strukturwörter — Konjunktionen

pour que [purkə]
Je vais vous garder les enfants pour que vous puissiez sortir.

damit
Ich passe auf Ihre Kinder auf, damit Sie ausgehen können.

puis [pɥi]

dann

puisque [pɥiskə]

da ja

sans que [sɑ̃kə]
Je suis sorti sans que ma mère le sache.

ohne daß
Ich bin ohne Wissen meiner Mutter ausgegangen.

sauf que [sofkə]

außer daß

si [si]
Je me demande s'il viendra.
Si vous êtes libre, venez nous voir.

ob; wenn
Ich frage mich, ob er kommt.
Wenn Sie Zeit haben, kommen Sie uns besuchen.

sinon [sinɔ̃]

andernfalls

tandis que [tɑ̃dikə]

wohingegen

---

après que [aprɛkə]

nachdem

avant que [avɑ̃kə]
Je dois lui parler avant qu'il s'en aille.

bevor
Ich muß mit ihm sprechen, bevor er geht.

bien que [bjɛ̃kə]
Je sors bien qu'il pleuve.
Je suis sorti bien qu'il pleuvait.

obwohl
Ich gehe aus, obwohl es regnet.
Ich bin ausgegangen, obwohl es geregnet hat.

de manière que [dəmanjɛrkə]

so daß

lorsque [lɔrskə]

als

Verneinungen

ne ... aucun, e [nə... okɛ̃, yn]
Je n'ai aucune envie de sortir.

keine(r, s)
Ich habe keine Lust auszugehen.

ne ... ni ... ni [nə... ni ...ni]
Je n'ai ni faim ni soif.

weder ... noch
Ich habe weder Hunger noch Durst.

ne ... pas [nə... pɑ]

nicht

ne ... pas du tout [nə... pɑdytu]
Ça ne me plaît pas du tout.

überhaupt nicht
Das gefällt mir überhaupt nicht.

ne ... plus [nə... ply]
Je n'en peux plus.

nicht mehr
Ich kann nicht mehr.

ne ... rien [nə... rjɛ̃]
Je n'en crois rien.

nichts
Ich glaube nichts davon.

ne ... ni l'un ni l'autre
[nə..nilɛ̃nilotr]
Je ne connais ni l'un ni l'autre.

keiner von beiden

Ich kenne keinen von beiden.

ne ... personne [nə... pɛrsɔn]
Il n'y a personne ici.

niemand
Hier ist niemand.

Adverbien

ainsi [ɛ̃si] — so

assez [ase] — genug

aussi [osi] — auch

c'est-à-dire [sɛtadir] — das heißt (d.h.)

comme [kɔm] — da

encore [ãkɔr] — noch

etc. [ɛtsetera] — und so weiter, usw., etc.

juste [ʒyst] — genau, richtig

même [mɛm]
Il a même osé me demander de l'argent.

sogar
Er hat sogar gewagt, mich um Geld zu bitten.

moins [mwɛ̃] — weniger

par conséquent [parkɔ̃sekɑ̃]	folglich
par contre [parkɔ̃tr]	wohingegen
par exemple [parɛksɑ̃pl]	zum Beispiel
peut-être [pøtɛtr]	vielleicht
plus (... que) [plys (... kə)]	mehr (... als)
presque [prɛskə]	beinahe, fast
quand même [kɑ̃mɛm] J'y vais quand même.	trotzdem Ich gehe trotzdem dahin.
seulement [sœlmɑ̃]	nur
surtout [syrtu]	vor allem
très [trɛ]	sehr
cependant [səpɑ̃dɑ̃]	indessen
dans ce cas [dɑ̃ska]	in diesem Fall
dans ces conditions [dɑ̃sekɔ̃disjɔ̃]	unter diesen Bedingungen
dans le fond [dɑ̃lfɔ̃]	im Grunde
en ce qui concerne [ɑ̃skikɔ̃sɛrn]	was betrifft
et ainsi de suite [eɛ̃sidsɥit]	und so weiter
n'importe [nɛ̃pɔrt] Tu dis n'importe quoi. N'importe comment.	egal, irgend Du redest dummes Zeug. Egal wie., Irgendwie.
pourtant [purtɑ̃]	dennoch
y compris [ikɔ̃pri]	einschließlich

Präpositionen

à cause de [akozdə]	wegen
à condition de [akɔ̃disjɔ̃də]	unter der Bedingung
à force de [afɔrsdə]	wegen
à l'aide de [alɛddə]	mit Hilfe von
à l'exception de [alɛksɛpsjɔ̃də]	mit Ausnahme von
au lieu de [oljødə]	anstatt

au sujet de [osyʒɛdə]	was ... betrifft
avec [avɛk]	mit
chez [ʃe]	bei
Je suis chez moi.	Ich bin zu Hause.
Je vais chez le docteur.	Ich gehe zum Arzt.
contre [kõtr]	gegen
d'après [daprɛ]	nach
D'après Michelin, c'est un bon restaurant.	Im Michelin steht, daß das ein gutes Restaurant ist.
de [də]	von, aus
grâce à [grɑsa]	dank
par [par]	über, durch
pour [pur]	für
sans [sã]	ohne
sauf [sof]	außer
selon [səlõ]	gemäß, nach
sur [syr]	auf

malgré [malgre]	trotz
quant à [kãta]	was ... betrifft
Quant à moi, je reste.	Was mich betrifft, ich bleibe.

---------- **Indefinita und Demonstrativa** ----------

autre [otr]	andere(r, s)
ça [sa]	das
ce, cet, cette, ces [sə, sɛt, se]	diese(r, s)
Ce garçon m'étonnera toujours.	Dieser Junge wird mich immer in Erstaunen versetzen.
ceci [səsi]	das da
Ceci dit ...	Nachdem dies gesagt ist ...
cela [səla]	das
celui, celle [səlɥi, sɛl]	dieser, diese
Celui qui finira le premier aura gagné.	Wer zuerst fertig ist, hat gewonnen.
ceux, celles [sø, sɛl]	diese

35 Strukturwörter — Indefinita und Demonstrativa

chacun, e [ʃakɛ̃, yn]
Chacun à son goût.
jede(r, s)
Jedem nach seinem Geschmack.

chaque [ʃak]
C'est chaque fois la même chose.
jede(r, s)
Es ist immer das gleiche.

la **chose** [ʃoz]
Sache

entre autres [ɑ̃trotr]
unter anderem

le **fait** [fɛt]
Tatsache

l'un l'autre [lɛ̃lotr]
gegenseitig, einander

le **machin** [maʃɛ̃]
Qui a fait ça? – Machinchose.
Sache, Ding
Wer hat das gemacht? – Na, wer schon!

quelconque [kɛlkɔ̃k]
irgendein

quelqu'un [kɛlkɛ̃]
jemand

quelque chose [kɛlkəʃoz]
On va leur offrir quelque chose de joli.
etwas
Wir werden ihnen etwas Hübsches schenken.

quelques [kɛlkə]
Dans quelques instants, la suite de notre programme.
einige
Es geht in einigen Augenblicken weiter im Programm.

quelques-uns, -unes [kɛlkəzɛ̃, yn]
Je crois qu'il nous en reste quelques-uns.
einige

Ich glaube, wir haben noch einige übrig.

tel, telle [tɛl]
solche

tout le monde [tulmɔ̃d]
Salut tout le monde.
alle
Guten Tag zusammen.

tout, toute, tous, toutes [tu, tut, tus, tut]
Tu as mangé tout le gâteau.
alle; ganz

Du hast den ganzen Kuchen gegessen.

On sort tous.
Elle est toute contente.
Je connais toutes les plages de Bretagne.
Wir gehen alle aus.
Sie ist ganz zufrieden.
Ich kenne alle Strände der Bretagne.

le **truc** [tryk]
Comment on appelle ce truc?
Ding, Sache
Wie heißt das Ding?

Grammatikübersicht

1 Die Formen des Fragesatzes

1. Fragen ohne Fragepronomen (Gesamtfrage)

Tu viens? Vous restez?	Est-ce que tu viens? Est-ce que vous restez?	Viens-tu? Restez-vous?	Ton frère vient-il aussi? Le maire reste-t-il encore?
Intonation	Umschreibung	Inversion	absolute Fragestellung
gesprochene Sprache	⟵⎯⎯⎯⎯⎯⎯⎯⎯⎯⎯⎯⎯⎯⎯⎯⎯⎯⎯⎯⎯⟶		geschriebene Sprache

2. Fragen mit Fragepronomen (Teilfrage)

Intonation	Vous partez quand? –	– Pourquoi tu pleures?
Umschreibung	Quand est-ce que vous partez?	Pourquoi est-ce que tu pleures?
Inversion	Quand partez-vous? Quand part ton chef?	Pourquoi pleures-tu? –
absolute Fragestellung	Quand ton chef part-il?	Pourquoi ton frère pleure-t-il?

2 Die Pluralbildung der Nomen

Im *Lautbild* sind die Pluralformen jeweils mit den entsprechenden Singularformen identisch. Ausnahmen: Nomen unter Punkt 3.
Im *Schriftbild* gibt es folgende Arten der Pluralbildung:

1. Plural auf «-s»

un restaurant	des restaurants	une femme	des femmes	un ami	des_amis
[rɛstorã]		[fam]		[ɛnami]	[dezami]

Die meisten Nomen bilden den Plural nach diesem Schema.

2. Plural nur durch den Begleiter gekennzeichnet

un/des repas	**un/des** fils	**un/des** prix	**un/des** rendez-vous
[rəpa]	[fis]	[pri]	[rɑ̃devu]

Ebenso: avis, cas, hors-d'œuvre, mois, pays, permis de conduire, printemps, temps, tennis

3. Weitere Pluralformen

un œuf	des œufs
[œf]	[ø]

3 Die Begleiter des Nomens

		Anlaut	Singular		Plural	
			maskulin	feminin	maskulin	feminin
bestimmter Artikel		Konsonant	le thé au café du père de Paul	la bière à la boucherie de la mère de Paul	les parents aux vacances des parents de Paul	
		Vokal	l'épicier à l'arrêt de l'ami de Paul	l'épicerie à l'épicerie de l'amie de Sylvia	les‿épiceries aux‿amis des‿amis de Sylvia	
unbestimmter Artikel		Konsonant Vokal	un disque un ami	une photo une orange	des disques des oranges	
Partitiv		Konsonant Vokal	du sucre de l'argent	de la confiture de l'eau	—	
Fragebegleiter		Konsonant Vokal	quel disque? quel ami?	quelle nuit? quelle idée?	quels disques? quels‿enfants?	quelles nuits? quelles‿idées?
Demonstrativbegleiter		Konsonant Vokal	ce disque cet‿appareil	cette femme cette eau	ces disques ces‿idées	

Possessivbegleiter	Konsonant			
	mon père **ton** frère **son** disque **notre** fils **votre** thé **leur** bus	**ma** mère **ta** sœur **sa** voiture **notre** fille **votre** photo **leur** bouteille	**mes** parents **tes** frères et sœurs **ses** disques **nos** vacances **vos** fils **leurs** filles	
	Vokal			
	mon‿oncle **ton**‿ami **son**‿argent **notre** ami **votre** argent **leur** oncle	**mon**‿idée **ton**‿amie **son**‿huile **notre** épicerie **votre** orange **leur** eau	**mes**‿oranges **tes**‿oncles **ses**‿amis **nos**‿enfants **vos**‿idées **leurs**‿amies	
Indefinitbegleiter	**tout le** fromage	**toute la** crème	**tous les** jours	**toutes les** nuits
Mengenbegleiter	**un kilo de** fromage **une tasse de** thé		**un kilo d'**abricots **beaucoup de** tomates	

4 Die Stellvertreter des Nomens: Die Personalpronomen

1. Form und Funktion

		freies Pronomen	Subjekt	direktes Objekt bestimmt	direktes Objekt unbestimmt	indirektes Objekt mit à belebt	indirektes Objekt mit à unbel.	indirektes Objekt mit de	Reflexivpronomen
Sprecher	Singular	moi	je	me		me			me
		nous	on	nous		nous			se
	Plural	nous	nous	nous		nous			nous
Angesprochener	Singular	toi	tu	te		te			te
	Plural	vous	vous	vous		vous			vous
	Höflichkeit	vous	vous	vous		vous			vous
Person/Sache, über die gesprochen wird	Sing mask	lui	il	le	en	lui	y	en	se
	Sing fem	elle	elle	la	en	lui	y	en	se
	Plur mask	eux	ils	les	en	leur	y	en	se
	Plur fem	elles	elles	les	en	leur	y	en	se

2. Stellung

	Subjekt	ne	Pron.	Verb/Hilfsverb	pas		Partizip	
Präsens	Elle Moi, je	 ne	me l'	plaît aime	 pas	beaucoup, trop.		cette robe.
Passé Composé	Je Non, je	ne ne	t' l'	ai ai	 pas	déjà encore	montré vu.	le catalogue?
Futur Composé	Tu Si, je	 ne		vas vais	 pas		la la	commander, commander. cette robe.

Subjekt	ne	Hilfsverb	pas	Pron.	Infinitv

5 Das abgeleitete Adverb

Die Formen des abgeleiteten Adverbs

Im Gegensatz zum Deutschen werden die französischen Adverbien durch Anhängen einer Adverbendung an das entsprechende Adjektiv gebildet.

C'est une publicité Oui, elle influence	dangereuse. **dangereusement**	les enfants.	Meistens wird *-ment* an die weibliche Form des Adjektivs angehängt.
Enfin un slogan En tout cas, il est	intelligent! **intelligemment**	présenté.	Adjektive auf *-ent* bilden die Adverbien auf *-emment* [amã].
Il n'est pas Si, si, il est	courant, **couramment**	ce modèle? utilisé.	Adjektive auf *-ant* bilden die Adverbien auf *-amment*.

Sonderformen: absolument, désespérément, énormément, profondément, vraiment.

6 Die Zeitformen

1. Das Präsens

parler	ouvrir	finir	partir	attendre
je parle	j' ouvre	je finis	je pars	j' attends
tu parles	tu ouvres	tu finis	tu pars	tu attends
il parle	il ouvre	il finit	il part	il attend
nous parl**ons**	nous ouvr**ons**	nous finiss**ons**	nous part**ons**	nous attend**ons**
vous parl**ez**	vous ouvr**ez**	vous finiss**ez**	vous part**ez**	vous attend**ez**
ils parl**ent**	ils ouvr**ent**	ils finiss**ent**	ils part**ent**	ils attend**ent**

Besonderheiten im Schriftbild: nous mangeons, nous commençons. *Ebenso:* changer, forcer

2. Das «imparfait»

nous **parl**ons	nous **finiss**ons
je parlais	je finissais
tu parlais	tu finissais
il parlait	il finissait
nous parlions	nous finissions
vous parliez	vous finissiez
ils parl**aient**	ils finiss**aient**

3. Das «conditionnel»

je **parle**	attendre
je parler**ais**	j' attendr**ais**
tu parler**ais**	tu attendr**ais**
il parler**ait**	il attendr**ait**
nous parler**ions**	nous attendr**ions**
vous parler**iez**	vous attendr**iez**
ils parler**aient**	ils attendr**aient**

4. Das «futur composé»

aller + Infinitiv		
je **vais**	demander	finir
tu **vas**	attendre	
il **va**	savoir	
nous **allons**	écrire	
vous **allez**	parler	
ils **vont**		

5. Das «futur simple»

je **parle**	**attendre**
je parlerai	j' attendrai
tu parleras	tu attendras
il parlera	il attendra
nous parlerons	nous attendrons
vous parlerez	vous attendrez
ils parleront	ils attendront

6. Das «passé composé»

mit *avoir*			bei reflexiven Verben			mit *être*	
j' **ai**	mangé		je me	**suis**	lavé(e)	je **suis**	tombé(e)
tu **as**	attendu		tu t'	**es**	lavé(e)	tu **es**	venu(e)
il **a**	fini		il s'	**est**	lavé	elle **est**	sortie
nous **avons**	compris		nous nous	**sommes**	lavé(e)s	nous **sommes**	parti(e)s
vous **avez**	écrit		vous vous	**êtes**	lavé(e)(s)	vous **êtes**	allé(e)(s)
ils **ont**	ouvert		ils se	**sont**	lavés	ils **sont**	arrivés

7. Das «plus-que-parfait»

mit *avoir*		bei reflexiven Verben		mit *être*	
j' **avais**	mangé	je m'	**étais** lavé(e)	j' **étais**	tombé(e)
tu **avais**	attendu	tu t'	**étais** lavé(e)	tu **étais**	venu(e)
il **avait**	fini	il s'	**était** lavé	elle **était**	sortie
nous **avions**	compris	nous nous	**étions** lavé(e)s	nous **étions**	parti(e)s
vous **aviez**	écrit	vous vous	**étiez** lavé(e)(s)	vous **étiez**	allé(e)(s)
ils **avaient**	ouvert	ils s'	**étaient** lavés	ils **étaient**	arrivés

8. Der «subjonctif»

parler	finir	boire
je parle	je finisse	je boive
tu parles	tu finisses	tu boives
il parle	il finisse	il boive
nous **parlions**	nous **finissions**	nous **buvions**
vous **parliez**	vous **finissiez**	vous **buviez**
ils parlent	ils finissent	ils boivent

9. Das «passé immédiat»

je **viens**	**de**	demander
tu **viens**	**de**	finir
il **vient**	**d'**	attendre
nous **venons**	**de**	savoir
vous **venez**	**d'**	écrire
ils **viennent**	**de**	parler

venir de + Infinitiv

7 Die Konjugation der Verben

Infinitiv	Präsens		imparfait	gérondif	présent du subjonctif	futur simple	participe passé
	Singular	Plural					
acheter	j'achète	nous achetons	j'achetais	en achetant	que nous achetions	j'achèterai	acheté
		ils achètent			que j'achète		
					qu'ils achètent		
	Ebenso: crever, élever, s'élever*, emmener, enlever, se lever*, mener, se promener*, ramener, semer						
aller*	je vais	nous allons	j'allais	en allant	que nous allions	j'irai	allé
	tu vas	ils vont			que j'aille		
	il va				qu'ils aillent		
appeler	j'appelle	nous appelons	j'appelais	en appelant	que nous appelions	j'appellerai	appelé
		ils appellent			que j'appelle		
					qu'ils appellent		
	Ebenso: jeter, rappeler, se rappeler*						
s'asseoir*	je m'assois	ils s'assoient	je m'asseyais	en s'asseyant	que je m'asseye	je m'assiérai	assis
		nous nous asseyons					

288

		nous attendons / ils attendent	j'attendais	en attendant	que j'attende	j'attendrai	attendu
attendre	j'attends						
	Ebenso:	dépendre, descendre*, se détendre*, entendre, s'entendre*, s'étendre*, pendre, rendre, se rendre*, répondre, tondre, vendre					
avoir	j'ai tu as il a	nous avons ils ont	j'avais	en ayant	que j'aie qu'il ait que nous ayons qu'ils aient	j'aurai	eu [y]
battre	je bats	nous battons ils battent	je battais	en battant	que je batte	je battrai	battu
boire	je bois	nous buvons ils boivent	je buvais	en buvant	que nous buvions que je boive qu'ils boivent	je boirai	bu
conduire	je conduis	nous conduisons ils conduisent	je conduisais	en conduisant	que je conduise	je conduirai	conduit
	Ebenso:	construire, détruire, produire					

* Diese Verben bilden das *passé composé* mit *être*.

Infinitiv	Präsens		imparfait	gérondif	présent du subjonctif	futur simple	participe passé
	Singular	Plural					
connaître	je connais il connaît	nous connaissons ils connaissent	je connaissais	en connaissant	que je connaisse	je connaîtrai	connu
	Ebenso:	disparaître, paraître, reconnaître					
convaincre	je convaincs il convainc	nous convainquons ils convainquent	je convainquais	en convainquant	que je convainque	je convaincrai	convaincu
croire	je crois	ils croient nous croyons	je croyais	en croyant	que je croie qu'ils croient que nous croyions	je croirai	cru
devoir	je dois	nous devons ils doivent	je devais	en devant	que nous devions que je doive qu'ils doivent	je devrai	dû
dire	je dis	nous disons vous dites ils disent	je disais	en disant	que je dise	je dirai	dit
	Ebenso:	interdire					

se distraire*	je me distrais	ils se distraient	je me distrayais	en se distrayant	que je me distraie qu'ils se distraient	je me distrairai	distrait
		nous nous distrayons			que nous nous distrayions		
écrire	j'écris	nous écrivons ils écrivent	j'écrivais	en écrivant	que j'écrive	j'écrirai	écrit
	Ebenso:	décrire					
envoyer	j'envoie	nous envoyons ils envoient	j'envoyais	en envoyant	que nous envoyions que j'envoie qu'ils envoient	j'enverrai	envoyé
	Ebenso:	renvoyer					
être	je suis tu es il est	nous sommes vous êtes ils sont	j'étais	en étant	que je sois que nous soyons qu'ils soient	je serai	été
faire	je fais	nous faisons vous faites ils font	je faisais	en faisant	que je fasse	je ferai	fait

* Diese Verben bilden das *passé composé* mit *être*.

Infinitiv	Präsens Singular	Präsens Plural	imparfait	gérondif	présent du subjonctif	futur simple	participe passé
falloir	il faut		il fallait		qu'il faille	il faudra	fallu
finir	je finis	nous finissons ils finissent	je finissais	en finissant	que je finisse	je finirai	fini
	Ebenso:	applaudir, avertir, choisir, définir, élargir, fleurir, garantir, nourrir, obéir, punir, réagir, réfléchir, remplir, répartir, rétablir, rétrécir, réunir, réussir, subir					
lire	je lis	nous lisons ils lisent	je lisais	en lisant	que je lise	je lirai	lu
	Ebenso:	élire					
mettre	je mets	nous mettons ils mettent	je mettais	en mettant	que je mette	je mettrai	mis
	Ebenso:	permettre, promettre, se remettre*					
mourir*	je meurs	nous mourons ils meurent	il mourait	en mourant	que nous mourions que je meure qu'ils meurent	il mourra	mort

naître*	je nais il naît	nous naissons ils naissent	je naissais	en naissant	que je naisse	je naîtrai	né
ouvrir	j'ouvre	nous ouvrons ils ouvrent	j'ouvrais	en ouvrant	que j'ouvre	j'ouvrirai	ouvert
	Ebenso:	découvrir, offrir, souffrir					
partir*	je pars	nous partons ils partent	je partais	en partant	que je parte	je partirai	parti
	Ebenso:	dormir, mentir, répartir, sentir, servir, sortir*					
se plaindre*	je me plains	nous nous plaignons ils se plaignent	je me plaignais	en se plaignant	que je me plaigne	je me plaindrai	plaint
	Ebenso	éteindre, peindre					
plaire	je plais il plaît	nous plaisons ils plaisent	je plaisais	en plaisant	que je plaise	je plairai	plu

* Diese Verben bilden das *passé composé* mit *être*.

Infinitiv	Präsens		imparfait	gérondif	présent du subjonctif	futur simple	participe passé
	Singular	Plural					
pleuvoir	il pleut		il pleuvait		qu'il pleuve	il pleuvra	plu
pouvoir	je peux	nous pouvons ils peuvent	je pouvais	en pouvant	que je puisse	je pourrai	pu
préférer	je préfère	nous préférons ils préfèrent	je préférais	en préférant	que nous préférions que je préfère qu'ils préfèrent	je préférerai [3e preferre]	préféré
	Ebenso: accélérer, céder, considérer, espérer, exagérer, s'inquiéter*, protéger, répéter						
prendre	je prends	nous prenons ils prennent	je prenais	en prenant	que nous prenions que je prenne qu'ils prennent	je prendrai	pris
	Ebenso: apprendre, comprendre, reprendre						
recevoir	je reçois	nous recevons ils reçoivent	je recevais	en recevant	que nous recevions que je reçoive qu'ils reçoivent	je recevrai	reçu
	Ebenso: s'apercevoir*						

rire	je ris	nous rions ils rient	je riais	en riant	que je rie	je rirai	ri
	Ebenso:	sourire					
savoir	je sais	nous savons ils savent	je savais	en sachant	que je sache	je saurai	su
suffire	je suffis	nous suffisons ils suffisent	je suffisais	en suffisant	que je suffise	je suffirai	suffi
suivre		nous suivons ils suivent	je suivais	en suivant	que je suive	je suivrai	suivi
	je suis il suit						
	Ebenso:	poursuivre					
tenir	je tiens	nous tenons ils tiennent	je tenais	en tenant	que nous tenions que je tienne qu'ils tiennent	je tiendrai	tenu
	Ebenso:	retenir					
valoir	il vaut	ils valent	il valait	en valant	qu'il vaille	il vaudra	valu

* Diese Verben bilden das *passé composé* mit *être*.

Infinitiv	Präsens		imparfait	gérondif	présent du subjonctif	futur simple	participe passé
	Singular	Plural					
venir*	je viens	nous venons ils viennent	je venais	en venant	que nous venions que je vienne qu'ils viennent	je viendrai	venu
	Ebenso:	convenir, devenir*, prévenir, revenir*					
vivre	je vis	nous vivons ils vivent	je vivais	en vivant	que je vive	je vivrai	vécu
voir	je vois	ils voient nous voyons	je voyais	en voyant	que je voie qu'ils voient que nous voyions	je verrai	vu
vouloir	je veux	nous voulons ils veulent	je voulais	en voulant	que nous voulions que je veuille qu'ils veuillent	je voudrai	voulu

* Diese Verben bilden das *passé composé* mit *être*.

Register aller französischen Stichwörter

Alle im Grundwortschatz enthaltenen Wörter erscheinen als **halbfette Stichwörter**, alle Aufbauwortschatz-Einträge in normaler Schrift.

A

à aucun prix 56
A bientôt. 52
à carreaux 85
à cause de 274
à ce moment-là 266
à condition de 274
à côté de 255
à coup sûr 59
à droite de 255
à feu doux 60, 68
à fond 60
à force de 274
à gauche de 255
à la fois 261
à la hauteur de 256
à la mode 80, 138
à la rigueur 61
à l'aide de 274
à l'endroit 80
à l'envers 80
à l'exception de 274
à l'heure 266
à mon avis 58
à part ça 57
à partir de 264
à peine 266
à peu près 248
A plus tard. 52
à point 79
à pois 85
à première vue 267
à .... près 266
à propos 58
à quel point 61
à suivre 200
à talon haut 85
à temps 266
A tes/vos souhaits! 52
A tout à l'heure. 52
à tout prix 60
à toute allure 61
à travers 256
à un moment donné 266
à voix basse 61
à voix haute 61
abandonner 156, 223, 234
abcès 102
abeille 219
abîmer 86
absent, e 130
absolu, e 151
absolutisme 151
abstrait, e 144
accélérer 182
accent 39, 134
accepter 33, 47
accès interdit 184
accident 101, 181, 210
accompagner 119
accomplir 35
accord 198
accorder 35
accrocher 95
accroissement 175
accroître 213
accumuler 26
accusé, e 207
accuser 42, 206
achat 67, 80
acheter 67, 80
acier 244
acquérir 25
acte 146, 148
acteur, -trice 4, 144
actif, -ive 19, 111, 171
action 174, 204
activité 19, 111, 171
actualité 202
actuel, le 202
actuellement 262
addition 71, 186
adhérer 196
adjectif 134
administratif, -ive 193

administration 171, 193
admirable 44
admirer 44
adolescent, e 165
adopter 168, 196
adorer 44
adresse 2, 185
adresser la parole à 37
s'adresser à 37
adulte 2
adverbe 134
adversaire 115, 196, 205
aérer 97
aéroport 119, 233
affaire 171
affectif, -ive 160
affiche 200
affirmer 42
affolé, e 15
affreux, -euse 15, 45, 234
âge 2
âgé, e 15
agence de presse 201
agence de voyages 118
agent 4, 177
agglomération 231
aggraver (s') 102, 199, 209
agir 20
agitation 199
agneau 219
agréable 11, 47, 216
agricole 223
agriculteur 5
agriculture 171
Ah! 55
Ah bon? 56
aide 105
aider 105, 167
Aïe! 54
aigle 219
aigu, aiguë 226, 241
aiguille 86
ail 70
ailleurs 256
aimable 11, 44
aimer 27, 158, 167
aimer faire 27
aimer mieux 28
aîné, e 2, 154
ainsi 59, 273
air 141, 228
Aix-la-Chapelle 236
ajouter 37, 68

alcool 77
Algérie 8
algérien, ne 8
alimentation 68
Allemagne 7
allemand, e 7
aller 17
aller à la pêche 117
aller avec 81
aller danser 123
aller et retour 119
aller voir 166
Allô! 52
allumer 79, 95
allumette 79
alors 264
alouette 219
Alpes 224
alpiniste 117
altitude 226
alto 143
amateur 111
ambassadeur, ambassadrice 198
ambiance 71, 158
ambition 13
ambulance 108
amélioration 198
améliorer 105, 208, 234
améliorer (s') 215
aménagement 235
aménager 235
amende 182
amer, amère 78
américain, e 7
Amérique 224
ami, e 158
amical, e 160
amitié 27, 159
amour 156
amoureux, -euse 159
amusant, e 44, 138
amuser (s') 27
an 2, 258
analphabète 126
analyser 133, 196
ananas 76
ancêtre 156
ancien, ne 121, 262
âne 219
ange 149
angine 102
anglais, e 7
Angleterre 7

animal 219
année 258
année-lumière 229
anniversaire 156
annonce 200
annoncer 37, 200
annuel, le 258
anorak 82
antenne 89, 203
anticyclone 216
Anvers 236
août 258
apercevoir 32
apéritif 77
appareil 93
appareil ménager 95
appareil photo 112, 121
appartement 88
appel 39
appeler 37
appeler (s') 2
appendice 99
appendicite 102
appétit 71
applaudir 138
appliquer 26
apporter 23
apprendre 130
apprenti, e 5
apprentissage 173
approcher (s') 18
approuver 42, 47
appuyer 23
appuyer (s') 20
après 255, 264
après coup 266
après que 266, 272
après tout 63
après-demain 259
après-midi 259
arbitre 115
arbre 220
arc 117, 133, 144
arc-en-ciel 216, 230
architecte 4
architecture 233
Ardennes 225
ardoise 244
argent 67, 186, 243
argile 244
arme 205
armée 205
armer 205

armistice 205
armoire 93
arracher 23, 112
arranger 33
arrêt d'autobus 183
Arrête! 54
arrêter (s') 17, 181
arrêter le moteur 179
arrhes 119
arrière 253
arrivée 17, 119, 264
arriver 17, 119
arriver à 268
arriver à faire 33
arrondissement 193
arroser 113
art 138
artère 99
artichaut 74
article 135, 200
artiste 5, 139
artistique 139
ascenseur 88, 123
asiatique 198
Asie 198
asphalte 244
asphyxier (s') 102
aspirateur 95
assainissement 235
assassin 207
Assemblée nationale 190
asseoir (s') 19
assez 46, 273
assiette 70
assistant, e 137
assister 174
assister à 200
assumer la responsabilité 196
assurance 176
assurer 42, 176
atelier 170
Athènes 236
athlète 115
athlétisme 117
Atlantique 227
attacher 181
attaquer 204
attendre 166, 183
attendre (s') 156
attentat 199
Attention! 53
attirer 168
attitude 165

299

attraper froid 101
attraper une maladie 101
attribuer 25
au 269
au bout de 255, 264
au cas où 271
au choix 74
au contraire 57
au courant 202
au cours de 262
au fait 57
au fond 60
au grand air 123
au hasard 63
au lieu de 274
au milieu de 264
au moins 63
au plus tard 266
au plus tôt 266
au premier plan 138, 256
Au revoir. 52
Au secours! 53
au sujet de 275
au total 248
aube 230
auberge de jeunesse 123
aubergine 75
aucun de 251
audace 15, 201
au-dessous de 255
au-dessus de 255
audience 203
audio-visuel, le 203
auditeur, -trice 203
augmenter 67, 174
aujourd'hui 260
aussi 273
Australie 198
australien, ne 198
autant 60
autant de 251
auteur 140, 200
auto 177
autobus 176
automatique 174, 234
automne 258
automobiliste 177
autonomie 196
autonomiste 196
autorisation 42
autoriser 40
autorité 137, 191
autoroute 177, 233

autour de 255
autre 275
autrefois 264
autrement 63
autrement dit 63
Autriche 7
autrichien, ne 7
aux 269
avalanche 210
avancer 18
avant 255, 262
avant de 264
avant que 266, 272
avantage 47
avant-hier 260
avec 275
avec intérêt 63
avec peine 62
avec succès 63
avenir 262
aventure 121
avenue 2, 233
averse 218
avertir 42
avertissement 182, 205
aveugle 101
avion 119, 176
aviron 117
avis 31, 39
avocat, e 4
avoine 221
avoir 268
avoir besoin de 67, 80, 111
avoir bonne mine 105
avoir chaud 104
avoir confiance en 160
avoir de la chance 160
avoir de la monnaie 67, 186
avoir de la peine 162
avoir de la veine 160
avoir de la volonté 11, 130
avoir de l'esprit 11, 140
avoir de l'humour 11
avoir de l'imagination 11
avoir des histoires 162
avoir des jambes molles 104
avoir des rapports 165, 198
avoir du cœur 11
avoir du goût 78, 80
avoir du mal à 162
avoir du succès 160
avoir envie de 71, 80, 111, 160
avoir faim 71

avoir froid 104
avoir honte 29, 162
avoir la chance de 160
avoir le mal de mer 101, 119
avoir le temps (de) 266
avoir le vertige 105
avoir mal 101
avoir mal au cœur 101
avoir mal au foie 101
avoir mauvaise mine 104
avoir peur 29, 162
avoir pitié 161
avoir raison 47
avoir soif 71
avoir sommeil 104
avoir tort 50
avoir un faible pour 11
avril 258

B

Bade-Wurtemberg 237
bagages 119
bagarre 206
bague 86
baguette 73
baie 227
baignade 123
baigner (se) 121
baignoire 90
bain 109
bain de soleil 122
baisser 217
baisser (se) 19
baladeur 93
balayer 95
balcon 88, 124
Bâle 236
baleine 220
balle 116
ballon 116
banal, e 50
banane 76
bandage 108
bande 207
bande dessinée 141
banlieue 231
banque 170, 186
banquette arrière 180
baptême 149, 158
baptiser 158
bar 66

barbe 15, 109
baroque 139
bas 253
bas 82
bas, se 217, 225
basket 82
Basse-Saxe 237
bassin 226
bataille 204
bateau 116, 119, 176
bateau-mouche 122
bâtiment 171, 232
batterie 143
batteur 95
battre 113, 150, 168
bavard, e 13
bavarder 37
Bavière 237
beau, bel, belle 15, 138, 216, 229, 234
beaucoup 251
beau-fils 156
beau-père 156
beauté 139, 161, 230
beaux-parents 156
bébé 154
belge 7
Belgique 7
belle 115
belle-fille 156
belle-mère 156
bémol 143
Berne 236
besoins 210
bétail 224
bête 13, 45, 219
bêtise 45
béton 234, 243
betterave 221
beurre 73
Bible 149
bibliothèque 126
bicyclette 117, 177
bien 47, 59, 105
Bien! 55
bien cuit, e 79
bien des 251
bien entendu 55
bien que 272
bien sûr 55
bien-être 161
bientôt 264
bière 77
bifteck 74

301

bijou 85
bijoutier, bijoutière 5
bikini 82
bilingue 126
bilinguisme 126
billet 138, 186
bistro(t) 66
bizarre 13, 51
blague 39
blanc 77
blanc, blanche 240
blanc cassé 240
blé 220
blessé, e 101
blessé, e grave 101
blessés 205
blessure 102
bleu, e 240
blizzard 217
blond, e 15, 240
bloquer 181, 204
blouse 82
blouson 82
blue-jean 82
bocage 230
bœuf 74
boire 71
bois 229, 242
boisson 71
boîte 69
boîte aux lettres 185
boîte de nuit 123
boîte de vitesse 180
boîte postale 186
bol 71
bombe 204
bon, bonne 78
Bon anniversaire! 52
Bon appétit! 52
bon marché 68
bon sens 11, 147
bonbon 76
bonheur 161
Bonjour! 52
bonne 92
Bonne année! 52
Bonne chance! 52
Bonne fête! 52
bonnet 82
Bonsoir! 52
boot 82
bord 119
botte 81

bouche 98
boucher 23, 66
boucherie 66
bouchon 71, 181
bouger 19
bougie 180
bouillir 69
boulanger, boulangère 4, 66
boulangerie 66
bouleau 221
boulevard 2, 233
bouleversé, e 163
boulot 173
bouquin 134, 140
bourgeoisie 150, 194
bourrasque 216
bout 249, 253
bouteille 71
boutique 66, 80
bouton 85, 92, 109, 220
boxe 117
bracelet 86
branche 220
bras 98
brave 13
Bravo! 55
break 177
bref 60
bref, brève 130, 138, 266
Brême 236
bricoler 22, 112
bricoleur, bricoleuse 112
brillant, e 11, 44, 240
briller 44, 216
briquet 79, 93
brise 216
briser 23
britannique 8
broder 87
broderie 87
bronchite 102
bronze 244
bronzé, e 15, 122
bronzer 123
brosse 93, 109
brouillard 218
brouillon 133
Bruges 236
bruit 229, 234
brûlant, e 78, 104
brûler 210
brûler (se) 101
brume 218

302

brumeux, -euse 230
brun, e 240
Brunswick 236
brusquement 61
brutal, e 13, 204
brute 15
Bruxelles 236
bruyant, e 124, 234
bruyère 221
budget 196
building 89
bureau 92, 170
bureau de tabac 66
bureaucratie 193
bureaucratique 193
bus 176
but 113, 129

C

ça 275
Ça alors! 54
ça correspond à 59
Ça coûte une fortune. 80
Ça dépend. 57
Ça gratte. 54
Ça m'a frappé, e. 57
Ça manque. 56
Ça me démange. 105
Ça me révolte. 55
Ça m'est égal. 56
Ça ne fait rien. 53
Ça ne vaut rien. 56
Ça n'empêche pas. 56
Ça pique. 54
Ça revient au même. 55
Ça se peut. 57
Ça suffit. 54
Ça tombe bien. 57
Ça varie. 58
Ça vaut la peine. 58
Ça vaut le coup. 57
Ça y est. 55
cabine (téléphonique) 185
cabinets 89
cacher 23, 167
cachet 105, 185
cadeau 156
cadet, te 154
cadre 4, 92, 144
cadre moyen 5, 173
cadre supérieur 6, 173

café 73
café 66
cafetière 71, 95
cahier 134
caisse 67, 186
calcul 127
calculer 131
calculette 134
calme 11, 124, 229
calmer 167
camarade 159
caméra 112, 144
camion 176
camionnette 177
campagne 229
camping 124
canal 227
canapé 93
canard 74, 219
cancer 102
candidat, candidate 129, 194
canevas 87
canicule 216
caoutchouc 242
capable 11
capital, e 45
capitale 193, 231
capitalisme 196
capitaliste 196
capituler 205
capot 180
car 119, 176, 271
caractère 10
caractéristique 10
carafe 71
caravane 125, 177
carburant 244
carburateur 180
cardigan 82
caresser 167
carnet 119, 183
carotte 75
carré 241, 249
carré, e 231, 235, 241, 249
carrefour 177, 233
carrelage 91
carrière 165
carte 112
carte de crédit 188
carte grise 177
carte postale 185
carte routière 119
carton 242

cas 206
casque 82
casser 23
casserole 69
cassette 112
cassis 221
catalogue 112, 118
catastrophe 45, 210
catégorie 124, 147
cathédrale 232
catholique 2, 148
cause 135
causer 147
cave 88
ce 275
Ce n'est pas grave. 53
Ce n'est pas malin. 56
Ce n'est rien. 53
ceci 275
céder 35
C.E.E. 198
ceinture 85, 179
cela 275
célèbre 122, 138
célibataire 3
celle, celles 275
celui, celle 275
cendre 79
cendrier 79, 93
cent 247
centaine 247
centime 186
centimètre 249
central, e 90, 124, 190, 235
centrale nucléaire 210, 233
centralisation 193
centre 231
centre commercial 233
centre culturel 233
centre-ville 231
cependant 274
céramique 244
cercle 241
céréales 224
cérémonie 158
cerise 76, 221
cerisier 221
certain, e 47
certainement 59
certificat 4, 129
cerveau 99
ces 275
cesser 264

c'est 268
C'est bon signe. 57
C'est différent. 57
C'est dommage. 53
C'est du vol! 54
C'est gênant. 54
C'est le cas. 55
C'est obligé. 57
c'est pourquoi 271
c'est un fait que 271
c'est-à-dire 273
cet, cette 275
ceux, celles 275
chacun, e 276
chagrin 29, 162
chaîne 85, 92, 202
chaîne de montagnes 226
chaise 92
chaleur 216
chaleureux, -euse 160
chambre 88, 124
chambre d'amis 89
chambre d'enfants 88
champ 223
champagne 77
champignon 75, 221
champion, championne 113
championnat 115
chance 47, 161
change 188
changement 194, 215, 235
changer 81, 183, 187
changer (se) 81
chanson 141
chanter 141
chanteur, chanteuse 142
chantier 170, 178, 236
chapeau 81
chaque 276
charbon 235, 242
charcuterie 66
charcutier, charcutière 4
charge 162
charger 25
charger (se) 35
charges 92
Charlemagne 151
charmant, e 11, 44
charme 11
chasse 116
chasser 116
chasseur, chasseuse 117
chat 219

304

châtain 16, 240
château 150, 232
chaud, e 78, 83, 109
chauffage 90
chauffe-eau 95
chauffer 95
chauffeur 4, 176
chaussée 233
chaussée déformée 178
chaussette 83
chaussure 81
chef 71, 171, 204
chef d'entreprise 6
chef d'Etat 191
chemin 177, 233
cheminée 90
chemins de fer 170
chemise 81
chemisier 83
chêne 221
chèque 187
chèque de voyage 188
chéquier 188
cher, chère 46, 67
chercher 23, 166
chéri, e 56
cheval 74, 219
cheveu 15, 109
cheville 99
chèvre 220
chez 275
chic 83
chien 219
chiffon 93
chiffre 131, 248
chimie 127, 210
chimique 243
Chine 198
chinois, e 198
chirurgien, chirurgienne 4, 105
choc 102, 210
chocolat 73
choisir 25, 166
choix 25, 166
chômage 171, 211
chômeur, chômeuse 173
chose 276
chouette 57
chou-fleur 75
chrétien, ne 2, 148
chuchoter 39
Chut! 53
chute 18, 101

chute d'eau 227
cidre 77
ciel 148, 215, 228
ciel couvert 218
cigare 79
cigarette 79
cigogne 220
cil 110
cimetière 156, 233
cinéma 144
cinq 246
cinquante 246
circonstance 63
circulation 181
circuler 181
ciré 83
cirque 146
ciseaux 86, 93, 109
cité-dortoir 231
citer 133
citoyen, citoyenne 151, 191
citron 73
civilisation 211
clair, e 15, 46, 216, 240
clairière 230
clarinette 142
classe 119, 126
classeur 134
classique 138
clé 93, 124, 179
clergé 148
client, cliente 67, 80, 105, 118
clientèle 68, 125
clignotant 180
climat 215
clinique 105, 232
clochard, clocharde 175
clou 94
club 113, 124
Coblence 236
coccinelle 220
cocher 133
cochon 219
code de la route 177
cœur 98
coiffer (se) 109
coiffeur, coiffeuse 109
coin 90, 253
col 86, 225
col en V 86
col roulé 86
colère 13
colis 186

305

collant 83
colle 112, 243
collection 112
collectivité 193
collège 126, 232
coller 22, 112
collier 86
colline 225
colo 125
Cologne 236
colonial, e 151
colonie 150
colonie de vacances 125
colonne vertébrale 99
colza 221
combat 151
combattre 151
combien 67, 251, 271
combinaison 83
comédie 144
comète 229
comique 11, 144
commander 71
comme 62, 273
comme ci, comme ça 57
comme il faut 57
comme tout 57
commencement 264
commencer 264
comment 271
Comment allez-vous? 52
Comment ça va? 52
commerçant, commerçante 4
commerce 171
commissariat 181
commode 11, 48
commun, e 157
communal, e 193
commune 193
communion solennelle 158
communiste 194
comparaison 46
comparer 31, 248
compartiment 121
compas 134
compétence 13
compétition 115
complément d'objet direct 135
complément d'objet indirect 135
complet, -ète 124, 138
complètement 60
compliqué, e 13, 131, 206
comportement 165

comporter (se) 35
composition 131
composter 121, 184
comprendre 31, 131
comprimé 105
comptable 6
compte 187
compte chèque postal 186
compter 131, 187, 248
con 54
conception 148
concerner 166
concert 142
concerto 143
concevoir 32, 148
concierge 4, 88
conclusion 46
concombre 75
concours 129, 171
concret, -ète 147
concurrent, concurrente 200
condamner 42, 50, 206
condition 135
conditionnel 135
conditions de vie 213
conduire 176
confesser (se) 149
confiance 27, 161
confier 28
confiture 73
conflit 162, 199, 204
confondre 32
confort 92, 124
confortable 83, 92
confus, e 50
congé 172
congélateur 95
conjonction 135
conjugal, e 158
connaissance 31, 159
connaître 31, 159
connerie 54
connu, e 46
conquête 150
conscience 164
consciencieux, -euse 13
conseil 40, 190
conseil municipal 193
conseil régional 193
conseiller 40
conséquence 204
conserve 69
considérable 249

306

considérer 46
consigne 120
consister en 242
consoler 40
consommateur 73
consommation 72
consommer 180
constater 39
constitution 150, 190
construction 232
construire 22, 235
consulter 196
contact 159
contemporain, e 264
contenir 252
content, e 11
contenu 133
contestation 196
contester 174, 208
continent 225
continuer 22
contradiction 40, 147
contraindre 169
contrainte 169
contrat 173
contravention 182
contre 255, 275
contre-basse 143
contredire 42
contre-maître 6
contrôle 120, 181
contrôleur, contrôleuse 6
convaincre 40
convenir 46
conversation 37
conviction 42
coopération 198
coopérative 224
copain, copine 159
Copenhague 236
copier 22, 131
coq 220
coquelicot 221
coqueluche 102
corde 143, 243
cordial, e 160
Cordoue 236
Cornouaille 237
corps 98
correct, e 48, 129
correspondance 184
correspondant, correspondante 201
correspondre 248

corrigé 133
corriger 131
corsage 83
costume 81, 145
côte 225
côté 253
côte à côte 257
côtelette 75
coton 83, 242
coton 110
cou 98
coucher (se) 19, 215
coucher de soleil 230
couchette 120
coude 98
coudre 87
coulée de lave 210
couler 227
couleur 240
couloir 89
coup 168
coup de chance 63
coup de feu 204
coup de soleil 101, 122
coup de téléphone 37
coup d'Etat 199
coupable 206
coupe 77, 115
couper 23, 69
couper (se) 101
couple 158
coupure 102
cour 233
courage 11
courant 91, 227
courant d'air 95, 217
courant, e 46
courbatures 102
courbe 241
courir 17
courir après 160
courir un risque 164, 181
courrier 185
cours 127
cours magistral 137
course 17, 116
courses 67, 96
court, e 83, 249, 254, 262
court-circuit 97
cousin, cousine 154
coussin 92
couteau 70
coûter 67, 187

307

coûter cher 67, 120
coûteux, -euse 68, 81, 111, 188
couvert 71
couverture 94
couvrir 23, 167
couvrir (se) 81
crachin 218
Cracovie 236
craie 134, 244
craindre 30
crainte 30
crâne 99
cravate 81
crayon 134
créativité 139
crédit 187
créer 33, 138
crème 76, 109
crème caramel 77
crème Chantilly 77
crêpe 77
crépuscule 230
cri 37
crier 37
crime 206
crise 101, 199
crise cardiaque 102
crise de foie 101
cristal 244
critique 42, 50, 200
critiquer 42, 138, 200
croire 31
croisière 123
croissant 73
cru, e 78
crudité 74
cube 241
cueillir 223
cuiller 70
cuir 84, 92, 242
cuire 69
cuisine 69, 88
cuisinier, cuisinière 6
cuisinière 95
cuisse 99
cuit, e 78
cuivre 244
culotte 83
culte 149
cultiver 113, 224
culture 129, 223
curé 149
curieux, -euse 13, 51

308

curriculum vitae 173
cyclisme 117
cycliste 117

D

d'abord 265
D'accord! 55
d'ailleurs 57
dame 11
Danemark 7
danger 101, 177, 199, 210
dangereux, -euse 45, 178
danois, e 7
dans 255, 265
dans ce cas 274
dans ces conditions 274
dans le fond 274
dans le temps 264
danser 17
Danube 227
d'après 275
d'argent 241
date 265
date de naissance 3
d'autant plus 60
d'avance 267
de 275
de bon cœur 63
de bonne heure 266
de cette manière 59
de côté 256
de droite 256
de face 256
de grand standing 89
de haut en bas 257
de jour 260
de location 91, 118
de long 256
de long en large 257
de manière que 272
de mieux en mieux 61
de moins en moins 61
de mon côté 62
de mon temps 262
de nuit 260
de peu 61
de plus en plus 60
de près 256
de rêve 63
de suite 262
de temps à autre 262

de temps en temps 261
de toute façon 63
de toute manière 64
de travers 257
de trop 60
Débarquement 151
débarras 89
débarrasser 70, 96
débat 196, 203
débouchés 173
debout 19
débrouiller (se) 33
début 265
décapotable 177
décembre 259
décentralisation 193
décentraliser 193
déception 162
décevoir 162
déchets 236
déchirer 23, 87
décidément 61
décider 33
décider (se) 33
décision 33
déclaration 40, 190
déclarer 40, 120, 204
décontracté, e 11
décor 146
décourager 42, 162
découverte 122, 150
découvrir 122, 138
décrire 37, 131
dedans 256
défaite 115, 205
défaut 50
défendre 40, 204
défense 204
défi 42, 115
défilé 205
défini, e 135
définir 131
définitif, -ive 47, 147
définition 133
dégâts 210
dégradation 236
degré 215, 249
dehors 257
déjà 266
déjeuner 73
délai 264
délit 207
délivrer 168

demain 260
demande d'emploi 173
demander 40
démangeaison 105
démarche 175
démarrer 181
démarreur 180
déménager 91
demi, e 247, 261
démission 196
démissionner 196
démocratique 190
démodé, e 85
démolir 235
démontrer 42, 133
dénouement 146
dent 98
dentelle 85
dentifrice 109
dentiste 4
départ 120, 265
département 2, 193
dépasser 181
dépêcher (se) 17
dépendre de 46
dépenser 67, 187
dépeupler (se) 213
déplacement 18
déplacer (se) 18
dépression 216
depuis 262
député 196
dernier, -ère 266
derrière 255
derrière 99
des 269
dès 266
des fois 262
dès que 266
désagréable 13, 45
désastre 210
descendre 17, 183
descente 17, 116
description 39, 133
désert 225
désert, e 230
désespéré, e 162
désespérer 30
désespoir 28, 163
déshabiller (se) 82
désirer 67, 161
désordre 96
dessert 76

309

dessin 127, 144
dessin animé 146
dessiner 131
dessous 257
dessus 257
destiner 35
détail 200
détendre (se) 21, 111
détente 198
déterminant 135
détester 29, 45, 159
détour 181
détruire 235
dette 187
deuil 30
deux 246
devant 255
développer 112, 131
développer (se) 21
devenir 268
déviation 178
deviner 31
devises 188
devoir 187, 268
devoirs 131
diabète 102
diable 149
diagnostic 108
dialecte 141
dialogue 39
diamant 86
diarrhée 103
d'ici à 256
dictature 199
dictée 131
dictionnaire 134
dièse 143
Dieu 148, 157
Dieu merci! 57
différence 248
difficile 13, 50
difficulté 131, 174, 199, 211
diffuser 203
digérer 72
digestif 77
dimanche 259
dimension 148, 210
diminuer 211, 215, 248
dîner 73
diplôme 4, 129
dire 37
dire du mal de 42
direct, e 120

directeur, directrice 4
direction 183, 253
diriger 25, 166, 194
diriger (se) 18
dis/ dites (donc) 58
discipline 137
discours 37, 135
discussion 40, 131
discuter 40, 131
disons 58
disparaître 18
disparition 18
dispute 40
disputer (se) 39
disque 142
dissoudre 191
distance 254
distinguer 31
distraction 111
distraire (se) 111, 138
distribuer 25, 130, 210
distribution 130, 146, 211
divertissement 111
diviser 131
division 248
divorce 157
divorcé, e 3
divorcer 158
dix 246
dix-huit 246
dix-neuf 246
dix-sept 246
dizaine 247
do 143
docteur 106
doigt 98
doigt de pied 98
dominer 151, 169
Dommage. 53
D.O.M.-T.O.M. 194
donc 271
donner 25, 167
donner raison à 43
donner sur 88, 124
donner tort à 43
donner un coup de balai 96
donner un coup de frein 182
donner un coup de main 97, 167
dont 269
d'or 241
d'ordinaire 59
Dordogne 227
dormir 20

310

dos 98
dossier 133, 207
d'où 271
douane 120
double 247
double rideau 93
doublé, e 85
doubler 181, 251
doucement 60
douche 90, 109, 124
doué, e 140
douleur 103
doute 32
douter 32, 148
douter (se) 32
doux, douce 78, 216
douzaine 247
douze 246
dramatique 145, 210
drame 146
drap 94
drapeau 191
Dresde 236
dresser 133
drogue 207
droit 136, 206
droit, e 254
droite 194, 241
droits de l'homme 151
drôle 51
du 269
du côté de 256
du moins 64
d'un autre côté 63
d'un certain âge 16
d'un côté 63
d'un (seul) coup 60
dune 226
dur, e 50, 78, 217
durée 262
durer 263
duvet 243
dynamique 11

E

eau 77, 227
eau de toilette 110
eau minérale 77
échange 126, 197
échangeur 234
échapper 19
échec 50
échecs 112
échelle 94
échouer 35
éclair 218
éclairage 91, 146
éclaircie 216
éclaircir (s') 216
éclairer 96, 181
école 126, 170
écologie 224
écologiste 224
économie 211
économique 174, 211
économiser 174
Ecosse 237
écouter 33
écran 202
écraser 182
écrire 33, 131, 185
écrit, e 129
écriture 129
écrivain 4, 140
édifice 233
éditeur, -trice 201
éducation 129, 157
éducation physique 127
effectuer 22
effet 147
efficace 11, 106, 194, 204
effondrer (s') 30
effort 33
égal, e 248
également 59
égalité 151, 191, 249
église 232
Eglise 149
égoïste 13
égout 234
Eh! 52
Eh bien! 58
élaborer 35
élancé, e 16
élargir 87
élastique 86
élection 190
élection présidentielle 191
élections législatives 191
électricien 6
électricité 90, 235
électrique 94, 235
électronicien, ne 6
élégant, e 84

élément 210
élémentaire 48, 147
élevage 223
élève 4, 126
élever 157, 223
élire 190
elle, elles 269
éloigner 25
éloigner (s') 19
embarras 29, 162
embarrassé, e 162
embaucher 173
embouchure 227
embouteillage 181
embrasser 159, 167
émetteur 203
émission 202
emménager 92
emmener 166
émotion 157
empêcher 35
empereur 151
empire 150
emploi 172
employé, e 4, 118, 172
employer 131, 172
empoisonner (s') 103
emporter 23
emprunter 187
ému, e 157
en 255, 263, 269
en amont 228
en argent 85
en aval 228
en avant 257
en ce moment 265
en ce qui concerne 274
en colère 63
en dehors de 256
en dernier 64
en effet 57, 59
en entier 61
en face de 255
en fait 59
en fin de compte 62
en forme de 241
en l'espace de 264
en masse 61, 252
en moyenne 60, 248
en or 84
en osier 243
en personne 63
en plein air 123

en plein soleil 122, 216
en plus 251
en principe 57
en public 257
en réalité 62
en règle 120
en secret 63
en somme 59
en tout cas 59
en travers de 256
en trop 252
en vain 62
en ville 257
en vitesse 61
enceinte 101, 154
Enchanté, e. 52
encombrement 183
encore 273
encourager 43
encre 134
endive 75
endormir (s') 20
endroit 253
énergie 12, 181, 242
énergique 12
énerver (s') 162
enfant 2, 154
enfant unique 154
enfer 149
enfermer 23, 168
enfin 62
enfuir (s') 19
engager 172
engager (s') 33
engrais 224
enlever 82, 96, 206
ennemi, e 159, 204
ennui 163
ennuyer (s') 163
ennuyeux, -euse 50
énorme 249
énormément 60
enquête 206
enregistrer 112, 202
enseignant, e 6
enseignement 126, 171
enseignement primaire 127
enseignement secondaire 127
enseigner 127
ensemble 60, 251
ensuite 265
entendre 20, 33
entendre (s') 27

312

entendu 55
enterrement 157
entier, -ière 248
entièrement 59
entracte 145
entraîner (s') 113
entre 255, 263
entre autres 276
entrée 88, 145
entrée 74
entrepreneur, -euse 6
entreprise 171
entrer 17
envahir 151, 205
enveloppe 185
envelopper 23
environ 248
environnement 223, 235
environs 229, 231, 253
envoyé spécial 201
envoyer 185
épais, se 78, 84, 218
épanouir (s') 161
épaule 98
épicerie 66
épicier 66
épidémie 211
éponge 109, 134
époque 264
épouser 158
épouvantable 45
époux, -ouse 3
épreuve 112, 131, 163
éprouver 28
épuisé, e 105
équilibre 208, 229
équipe 114
équipement 95
erreur 50
éruption 211
escalier 88
escalier roulant 121
escalope 75
Escaut 228
esclave 151
escrime 117
escroc 208
espace 88, 231
espadrille 83
Espagne 7
espagnol, e 7
espèce de 54
espérer 27, 33, 161

espoir 161
esprit 138, 147
esquisse 133
essai 35
essayer 33, 69, 80
essence 179, 243
essentiel, le 48
essuie-glace 180
essuyer 96
est 253
est-ce que 271
estimer 46
estomac 98
et 271
et ainsi de suite 274
Et après? 54
et demi 249
étage 88
étagère 93
étain 244
étaler (s') 230
étang 228
étant donné que 58, 271
étape 114, 208, 253
état 104
Etat 193
état d'esprit 10
Etats généraux 151
Etats-Unis 7, 197
etc. 273
été 258
éteindre 79, 96
étendre (s') 229, 231
étendue 226
éternuer 104
étiquette 80
étoffe 85
étoile 124, 228
étoile filante 229
étonnant, e 51
étonner 51
étonner (s') 51
étouffer 105
étrange 51
étranger 122, 197
étranger, -ère 2, 122, 197
être 268
être à bout 60
être à genoux 20
être à l'aise 161
être à plaindre 163
être au chômage 173
être au courant de 202

313

être au régime 72, 106
être au volant 181
être bien avec 159
être bien vu, e 12
être dans la lune 161
être de bon goût 44
être de bonne humeur 62
être de bonne volonté 12
être de droite 194
être de gauche 194
être de mauvaise humeur 162
être d'origine 3
être en forme 106, 114
être en rapport 174
être en réunion 174
être en train de faire 263
être mal vu, e 13
être obligé, e 29
être pris, e 172
être reçu, e 129, 172
être sous garantie 94
être trempé, e 105, 218
étroit, e 254
étude 127
études 137
étudiant, e 4, 136
étudier 34, 131
eurochèque 188
Europe 197, 224
européen, ne 197, 224
eux 269
évanouir (s') 103
événement 209
évidemment 57, 59
évident, e 48
évier 93
éviter 35
évoluer 21
évolution 21, 198
évoquer 39
exact, e 48, 248
exactement 55, 59
exagérer 50
examen 129
examiner 106
excellent, e 44
exception 135
exceptionnel, le 44
excès 163
excès de vitesse 183
excursion 122, 157
excuse 39
excuser 43

excuser (s') 39
exécution 152, 205
exemple 135
exercer (s') 19
exercice 19, 106, 131
exigeant, e 13
existence 21, 148
exister 20
exode rural 213
exode urbain 213
expansion 175, 205
expéditeur 186
expérience 136, 164
expérimenté, e 173
explication 41, 131
expliquer 41, 131
exploitation 170
exploiter 26
explosion 210
exporter 172
exposition 144
exprès 62
expression 37, 131, 164
exprimer (s') 37
extérieur 254
extérieur, e 254
extra 57
extraordinaire 44

F

fa 143
fac 137
fâcher (se) 163
facile 44
faciliter 26
façon 10
facteur 4
facteur, factrice 185
faculté 137
faculté des lettres 137
faible 14, 104, 215
faiblesse 163
faillite 175
faim 72
faire 22
faire attention 34
faire au crochet 87
faire confiance à 28
faire couler 110
faire de la gymnastique 116
faire de la peine à 163

faire de la voile 117
faire de l'alpinisme 117
faire de son mieux 35
faire demi-tour 183
faire des économies 187
faire des scènes 163
faire du camping 125
faire du cheval 117
faire du crochet 87
faire du feu 96, 122
faire du mal à 168
faire du ski 116
faire du sport 116
faire du stop 121
faire du théâtre 145
faire du tort à 35
faire exprès 34
faire faire 268
faire fortune 161
faire la bise 160
faire la cour 159
faire la cuisine 69, 97
faire la queue 67, 111, 120, 138
faire la vaisselle 97
faire le ménage 96
faire le plein 179
faire le pont 173
faire mal 104
faire marcher 22, 168
faire nettoyer 87
faire part 185
faire partie de 154, 212
faire pitié à 163
faire sa valise 118
faire semblant 36
faire ses comptes 249
faire un détour 181
faire un essai 36
faire un prix 81
faire une dépression nerveuse 101
faire une gaffe 163
faire une remarque 37
faire voir 25
fait 276
faits divers 201
falaise 226
fameux, -euse 44
familier, -ère 131, 164
famille 154
famille nombreuse 156
fâner 221
farine 70
fascination 140

fasciner 140
fatigant, e 14, 50
fatigue 104
fatiguer 104
faute 132
Faute de mieux 54
fauteuil 92
faux, fausse 50
favorable 44, 216
Félicitations! 52
féliciter 43
femelle 220
féminin, e 10, 135
femme 10, 154
femme au foyer 6
femme de ménage 4, 91
fenêtre 90
fer 243
fer à repasser 94
férié, e 263
ferme 170
fermer 96
fermeture éclair 86
ferry 121
fesses 99
festival 140
fête 157
feu 178, 179
feuille 134, 221
feuille de papier 134
feuilleton 203
février 258
fiancé, e 154
fiancer (se) 158
fibre artificielle 244
fibre naturelle 243
fibre synthétique 244
ficelle 243
Fiche le camp! 53
fidèle 12, 161
fier, fière 12
fièvre 101
figure 10, 98
fil 87, 243
filet 117
fille 154
film 112, 145
film de cape et d'épée 146
film de conte de fées 146
film de science fiction 146
film policier 146
fils 154
fin 265

fin, fine 84, 242
finalement 62
finir 267
fixer 25
flan 77
fleur 112, 221
fleurir 221
fleuve 227
flocon de neige 217
flûte 142
foi 149
foie 74, 98
fois 248, 261
folie 50, 101
folklore 113, 123
foncé, e 240
fonction 172
fonctionnaire 4, 172
fonctionner 94, 194, 235
fond 253
fonder 152, 201
fondre 217, 228, 244
foot(ball) 116
force 15, 114
force de frappe 205
forcément 63
forcer (se) 36
forêt 229
Forêt-Noire 224
formalité 120
formation professionnelle 127
forme 241
former 241
formidable 44
fort, e 15, 215
fortune 187
fou, fol, folle 14, 50
foudre 218
fouiller 120
foulard 86
foule 251
four 69, 94
fourchette 70
fourmi 220
fourrure 84, 243
Fous-moi la paix! 53
foyer 89
fracture 103
fragile 104, 242
frais 187
frais, fraîche 78, 217
fraise 76, 221
framboise 76, 221

franc 67, 187
franc, franche 12
français, e 8
France 8
Francfort 236
Franchement 54
franco-allemand, e 197
francophone 127, 198
francophonie 127, 198
frappant, e 51
frapper 168
frapper à la porte 96
fraternité 152
frein 179
freiner 181
fréquemment 262
fréquent, e 262
frère 154
Fribourg 236
frigo 94
frisée 75
frites 75
froid 217
froid, e 78, 109, 159, 217
fromage 76
froment 221
front 98
frontière 120
frotter 109
fruit 221
fruits 76
fuite 19, 205
fuite d'eau 97
fumée 235
fumer 79
furieux, -euse 163
futur composé 135
futur simple 136

G

gâcher 26
gadget 95
gagner 114, 172
gagner de l'argent 172
gagner sa vie 172
gai, e 12, 27, 84, 161
gaieté 28, 161
galerie 144
gamme 143
Gand 236
gangster 208

gant 82
garage 88, 179, 232
garagiste 4
garantie 95
garantir 94
garçon 4, 72, 154
garde 6
garder 164
garder (se) 36
gardien, gardienne 5, 144
gardien de but 116
gare 120, 183, 232
garer 181
Garonne 228
gas-oil 244
gaspiller 235
gâté, e 14
gâteau 76
gâteau sec 77
gauche 195, 254
gaufre 77
Gaule 150
Gaulois, Gauloise 150
gaz 90, 243
gazole 244
gazon 113
gel 217
gelée 217
geler 217
gênant, e 50
gêner 168
général, e 47
généralement 59
génération 156
généreux, -euse 12
Gênes 236
genêt 221
Genève 236
genou 98
genre 135
gens 183, 195, 212
gentil, le 12
géographie 127
geste 20
gifle 168
gilet 83
givre 217
glace 76, 92, 217
glacier 226
glaçon 73
glaïeul 221
glisser 19
gloire 152

golf 117
golfe 228
gomme 134
gonfler 114, 179
gorge 98, 225
gosse 154
gothique 140
goudron 244
gourmand, e 14
goût 72
goûter 69
goutte 69, 218
gouttes 108
gouvernement 190
gouverner 196
grâce à 275
grammaire 135
gramme 249
grand, e 15, 249
grand ensemble 231
grand lit 124
grand magasin 67, 80, 232
grande randonnée 123
grande surface 170, 233
Grande-Bretagne 8
grandir 20
grand-mère 154
grand-père 154
grands-parents 154
gras, se 15, 78
gratter (se) 20
gratuit, e 47
grave 50, 102, 204
gravillons 178
grec, grecque 8
Grèce 8
grêle 217
grenier 89
grès 244
grève 174
griller 69
grimper 116
grippe 102
gris, e 240
gros, se 16
gros mot 39
groseille 221
grossier, -ère 14
grossir 20, 104
grotte 226
groupe 195, 204, 251
guêpe 220
guérir 106

317

guerre 150, 204
guichet 185
guide 118
guillotine 150
guitare 112, 142
gym(nastique) 116, 128

H

habile 12
habillé, e 85
habiller (s') 82
habitant 2
habiter 2, 91
habitude 164
habituel, le 164
habituellement 59
habituer (s') 34
haie 230
haine 30, 160
hall 124
Hambourg 236
hanche 99
handicapé, e 105
Hanovre 237
hareng 220
haricots verts 75
harpe 143
hasard 148
haut, e 225, 235, 249, 254
hautbois 143
hauteur 225, 235, 254
hebdomadaire 200, 259
Hein? 58
hélicoptère 177
herbe 112, 221
herbes 70
héritage 158
hériter 158
héroïne 203
héroïque 211
héros 203
hésiter 36
Hesse 237
hêtre 222
heure 261
heure supplémentaire 172
heureusement 62
heureux, -euse 161
Hexagone 209
hier 260
hirondelle 220

histoire 128, 140
historique 140
hiver 258
H.L.M. 232
hollandais, e 8
Hollande 8
homme 10, 154
homme d'Etat 195
honnête 12
honte 45
honteux, -euse 45
hôpital 106, 170, 232
horaire 120
horrible 46
horriblement 62
hors de 256
hors-d'œuvre 74
hostile 160, 206
hostilité 160
hôtel 124, 170
hôtel de ville 232
hôtelier, -ère 6
hôtellerie 171
hôtesse de l'air 6
huile 69, 179
huit 246
humain, e 12
humide 96, 218
humilier 169
hypocrite 14

I

ici 257
idéal, e 44
idée 147
identité 2
idiot, e 14
ignorance 148
ignorer 132
il 269
il arrive (de/que) 268
il est interdit de 57
il est temps de 265
Il fait chaud. 216
Il fait du vent. 217
Il fait frais. 217
Il fait froid. 217
Il fait jour. 260
Il fait mauvais. 218
Il fait meilleur. 218
Il fait noir. 260

il faut que 268
il me semble que 62
Il n'y a pas de mal. 58
il n'y a qu'à 57
il paraît que 268
il s'agit de 268
il se passe 209
il semble que 62
il suffit de 60
il suffit que 60
il vaut mieux que 62
il y a 265, 268
Il y a du monde? 52
île 225
illustré, e 200
ils 269
image 132
imagination 32
imaginer (s') 31
imbécile 54
imiter 22, 168
immédiatement 266
immense 44, 249
immeuble 88, 232
immigré, e 213
immobile 20
impair, e 249
imparfait 136
impasse 3
impatient, e 14
imper 82
impératif 136
imperméable 82
importance 48
important, e 48
importer 25, 172
impossible 50
impôt 212
impression 31
impressionnant, e 44
imprévu, e 211
imprimé, e 85
imprimer 201
imprimerie 201
imprudent, e 163
inadmissible 46
inattendu, e 210
incapable 14
incendie 96, 210, 235
incident 204
incompréhensible 132, 138
inconnu, e 140
inconvénient 51

incroyable 48
indéfini, e 136
indépendance 191
indépendant, e 161, 195
indicatif 136
indication 118
indifférence 15
indifférent, e 14
indigène 127
indiquer 37
indiscret, -ète 14, 50
indiscutable 45
indispensable 48
individu 2, 147, 190
industrie 171, 231
industriel 6
industriel, le 195, 231
inévitable 51
inexplicable 51
inférieur, e 249, 254
infinitif 136
infirmier, -ère 5, 106
inflammable 242
influence 200
influencer 200
information 200
informatique 171
informe 16
informer 41, 200
informer (s') 119
ingénieur 5
initiative 195
injurier 43
injuste 50
injustice 50, 206
innocent, e 12, 207
inondation 211
inquiet, -iète 163
inquiéter 169
inquiéter (s') 30
inquiétude 30, 163
inscrire (s') 113, 137
insecte 219
insister sur 38
insolation 103
installer 25
installer (s') 91
instant 266
instituteur, -trice 5, 126
institution 194
instruction 126
instruction civique 128
instrument 106, 142

instrument à cordes 143
instrument à percussion 143
instrument à vent 143
insuffisant, e 51
insulte 43
insulter 43
insupportable 45
intellectuel, le 32, 141
intelligence 31
intelligent, e 12
intention 34
interdire 41
intéressant, e 48
intéresser 167
intéresser (s') 34
intérêt 34, 157
intérieur 254
intérieur, e 254
international, e 122, 197
interprète 5, 124, 142
interrogatoire 42, 208
interroger 41, 207
interrompre 25, 41
interruption 26, 42
intervenir 199, 211
interview 202
intestin 99
intoxication 103
intrigue 209
introduction 133
inutile 50
invasion 152, 206
inventer 31
invention 31, 136
inviter 166
invraisemblable 51
ironique 15
irriguer 224
Italie 8
italien, ne 8
itinéraire 119
itinéraire bis 118
ivre 72

J

J'ai crevé. 180
jalousie 30, 164
jaloux, -ouse 163
jamais 261
Jamais de la vie. 267
jambe 98

320

jambon 74
janvier 258
Japon 8
japonais, e 8
jardin 88, 112, 223
jardinier, jardinière 6
jaune 240
jazz 142
je 269
Je n'en peux plus. 58
Je n'y peux rien. 53
Je regrette. 53
Je suis désolé, e. 53
Je vous en prie. 53
J'en ai assez. 54
J'en ai marre. 54
Jésus-Christ 149
jeter 24
jeu 111
jeudi 259
jeune 16, 164
jeunes 212
jeunesse 164, 212
Jeux Olympiques 115
joie 28, 162
joli, e 16
jonc 222
jonquille 222
joue 98
jouer 111
jouet 112
jouissance 28
jour 260
jour de congé 173
journal 200
journaliste 5, 200
journée 260
Joyeux Noël 52
juge 5, 207
juge d'instruction 6, 208
juger 46
juillet 258
juin 258
jupe 82
Jura 225
jurer 39, 207
juron 40
jus 77
jusqu'à 255, 263
jusqu'à ce que 271
juste 12, 48, 207, 273
justement 55
justice 207

K

kilo 249
kilogramme 250
kilomètre 250
km à l'heure 250

L

la 269
la 143
là 257
La ferme! 53
La Haye 237
La paix! 53
La vache! 54
là-bas 257
lac 227
lâcher 24, 168
là-dedans 257
là-dessous 257
là-dessus 257
là-haut 257
laid, e 16, 45, 138
laine 84, 243
laisser 24, 168, 268
laisser faire 268
lait 73
laiton 243
laitue 75
lame à raser 110
lampe 92
lancer 24, 116
lande 230
langage 132
langue 74, 98, 128
langue étrangère 128
langue maternelle 128
lapin 74, 219
la plupart 251
la plupart du temps 261
laque 110
large 84, 227, 254
largement 60
largeur 254
lavabo 90, 124
lave-glace 180
laver 87, 96, 109
laver (se) 109
lave-vaisselle 95
le 269
le cas échéant 64
le combien 265
le fait que 271
le lendemain 260
le long de 256
Le soleil tape. 216
leader 196
leçon 132
lecteur, lectrice 201
lecture 36, 133, 201
légal, e 190
léger, -ère 84, 250
légion 150
législative 191
légume 75, 223
lent, e 14, 176
les 269
lessive 96
lettre 132, 140, 185
lettre expresse 186
leur 269
leurs 269
lever 24
lever (se) 19, 215
lever du soleil 230
lèvre 98
levure 70
lexique 130
liaison 160
libérer 152, 168
liberté 138, 150, 190, 207
librairie 66
libre 161
libre-service 73
licenciement 175
licencier 174
lied 143
Liège 237
lieu 253
lieu de naissance 3
ligne 109, 114, 183, 241
lilas 222, 241
lime à ongles 110
limer 22
limitation de vitesse 179
limite 254, 267
limiter 178
limonade 77
lin 243
linge 94
linguistique 130
lion 219
liquide 242
lire 34, 132

321

Lisbonne 237
liste 72, 118, 134
lit 92, 124
litre 67, 250
littérature 140
littoral 226
livre 67, 134, 140, 250
livrer 172
livret d'épargne 188
locataire 91
logement 91
loger 91
logique 48
loi 190, 207
loin de 255
Loire 227
loisirs 111
Londres 237
long, longue 84, 250, 254, 263
longtemps 263
longueur 250, 253
lorsque 272
lotte 74
louer 48, 91, 118, 167
loup 219
lourd, e 250
loyer 91
lui 269
lumière 90
lundi 259
lune 228
lunettes 16, 106
lunettes de soleil 109, 122
l'un l'autre 276
lutte 152, 213
lutter 115, 175, 213
luxe 88, 124
Luxembourg 8
luxembourgeois, e 8
luxueux, -euse 89, 125
lycée 126, 232
lycéen, lycéenne 6

M

ma 269
ma bien-aimée 56
ma biquette 56
machin 276
machine 94, 176
machine à coudre 87
machine à écrire 95

machine à laver 95
maçon 6
madame 2
Madame 52
mademoiselle 2
Mademoiselle 52
magasin 66, 170, 232
magazine 201
magnétophone 93
magnétoscope 93
magnifique 44
mai 258
maigre 16, 78, 104
maigrir 20, 104
maillot 82, 114
main 98
main d'œuvre 173
maintenant 265
maire 6
mairie 193, 232
mais 271
maïs 222
maison 88, 232
maison de la presse 66
maison d'édition 141, 201
maison individuelle 89
majeur 143
majeur, e 2, 207
majorité 195, 248
mal 60, 102, 147
malade 102
maladie 102
maladroit, e 164
mâle 220
malentendu 40
malgré 275
malgré tout 58
malheur 163
malheureusement 54, 62
malheureux, -euse 163
malin, maligne 12, 102
maltraiter 169
maman 154
mamie 156
manche 86
Manche 123
mandat 186
manger 72
manière 136
manif 209
manifestation 174, 209
manifester 196
manteau 82

manuel 134
maquiller (se) 109
maquis 230
marais 230
marbre 244
marchand, marchande 5
marchandise 68, 80
marche 90, 142
marche à pied 117
marche arrière 179
marche avant 179
marché 66, 233
Marché Commun 198
marcher 17
mardi 259
marée basse 123
marée noire 211
marées 123
mari 154
mariage 149, 157
marié, e 2
marier 158
marier (se) 157
marin 5
marine 171
maritime 228
Marne 228
Maroc 8
marocain, e 8
marquer 136
marraine 156
marron 240
mars 258
Marseillaise 150
masculin, e 10, 135
masse 252
Massif Central 225
match 116
matériel 242
maternelle 127
mathématiques 128
maths 128
matière 128, 242
matière première 242
matin 260
matinée 138, 260
maturité 10
mauvais, e 50
mauvaise herbe 113
mauve 241
maximum 248
Mayence 237
mazout 244

me 269
méchant, e 14
mécontent, e 163
médaille 115
médecin 5, 106
médecine 106, 136
médicament 106
médiéval, e 140
médiocre 51
Méditerranée 123, 228
méfiance 30
méfier (se) 30
meilleur, e 48
mélanger 69
melon 76
membre 154, 190
mémé 156
même 273
mémoire 32
mémoires 141
menace 42
menacer 41
ménage 96, 157
mener 174, 204
mensonge 40
mensuel 201
mensuel, le 259
mentalité 10
mentir 39
menton 98
menu 72
mépris 30
mépriser 30
mer 122, 227
mer Baltique 228
mer du Nord 123, 228
Merci! 53
mercredi 259
mercurochrome 108
Merde! 54
mère 154
méridional, e 225, 254
mériter 212
merle 220
merveilleux, -euse 58
mes 269
message 196, 209
messe 149
mesure 250
mesurer 22
métal 244
métallique 244
météo 202, 215

323

méthode 147
métier 2
mètre 250, 253
mètre carré 250
mètre cube 250
métro 183
métropole 194
metteur en scène 146
mettre 24, 82
mettre (se) 19
mettre à la porte 168
mettre en marche 181
mettre la table 71, 97
mettre le couvert 71
meuble 92
meurtre 208
Meuse 228
mi 143
micro 202
midi 260
Midi 122, 224
mieux 48, 60
mignon, ne 12, 44
Milan 237
milieu 213, 254
militaire 204
militant, militante 209
mille 247
millier 247
milliers 247
mince 16
mine 170
minerai 244
mineur 143
mineur, e 156
minimum 248
ministère 194
ministre 5, 190
minitel 93
minorité 195
minuit 260
minute 261
miracle 149
miroir 93
mise en scène 145
misérable 46, 152
misère 152, 164
mi-temps 115
mixte 127
mobile 208
mobylette 177
moche 16, 45
mode 80

mode d'emploi 26
modèle 80, 147
moderne 84, 138, 147, 235
mœurs 148
moi 269
moins 248, 273
mois 259
moitié 248
moment 265
mon 269
mon amour 56
mon bien-aimé 56
mon chou 57
Mon dieu! 54
mon mignon , ma mignonne 56
mon trésor 57
mon vieux, ma vieille 57
monarchie 151
monde 111, 212, 224
mondial, e 197, 254
monnaie 68, 187
monologue 146
monsieur 2
Monsieur 52
montagne 225
monter 17, 25, 183
montre 86
montrer 25, 166
monument 232
moquer (se) 29
moquette 91
moral 165
moral, e 148
morale 148
morceau 68
morsure 103
mort 20, 147, 157
mort, e 157
morts 206
Moscou 237
Moselle 228
mot 38, 135
moteur 179
moto 176
mou, molle 14, 78
mouche 219
moucher (se) 110
mouchoir 86
mouillé, e 109
mourir 20, 157
mousse 245
mousse au chocolat 76
moustache 110

324

moustique 220
mouton 74, 219
mouvement 19, 142, 212
moyen de transport 176
moyen, ne 129, 215
moyenne 250
muet, te 102
muguet 222
Munich 237
municipal, e 194
mur 90, 232
mûr, e 78, 221
mûre 222
muscle 99
musée 144, 232
music-hall 113
musicien, musicienne 5, 142
musique 112, 128, 142
mystérieux, -euse 47

N

nager 17, 116
naissance 157
naître 3
Naples 237
natation 117
national, e 195
nationale 178, 234
nationalité 3, 190
nature 229
naturel, le 12, 48
naturellement 55
ne … aucun, e 273
Ne fais pas l'idiot! 54
ne … ni … ni 273
ne … ni l'un ni l'autre 273
ne … pas 273
ne … pas de 251
ne … pas du tout 273
ne pas en revenir 51
ne … personne 273
ne … plus 273
Ne quittez pas. 185
ne … rien 273
Ne te gêne pas. 53
Ne vous en faites pas. 54
nébuleuse 229
nécessaire 47
nécessité 47
néerlandais, e 8
négatif, -ive 135

négliger 26, 169
négociation 198
négocier 196
neige 116, 122, 217
neiger 217
nerf 98
nerveux, -euse 14
net, te 250
nettement 59
nettoyer 96
neuf 246
neuf, neuve 84, 94, 176, 235
neveu 155
nez 98
nièce 155
n'importe 274
niveau 130, 213
niveau de vie 175
niveau d'huile 180
noblesse 151
Noël 149, 265
nœud 86
noir, e 240
noisette 222
noix 222
nom 3, 135
nom de famille 3
nom de jeune fille 3
nombre 248
nombreux, -euse 251
nombril 99
nommer 191
non 56
nord 253
normal, e 47
normalement 62
nos 269
note 132, 142
noter 132
notre 269
nouilles 75
nourrir 72
nourriture 69
nous 269
nouveau, -vel, -velle 84, 94, 132, 139, 176, 235
nouveauté 140
nouvelle 140, 200
novembre 259
nu, e 98
nuage 218, 228
nuage radioactif 211
nuage toxique 211

nucléaire 204, 242
nuit 260
nul, le 45
nulle part 257
numéro 248
nuque 99
Nuremberg 237
nylon 84, 244

O

obéir 157
objecteur de conscience 206
objectif 36
objectif, -ive 201
objectivité 202
obligation 164
obligatoire 48, 178
observer 34
obstacle 116
occasion 164
occidental, e 209, 254
occupation 111, 132, 204
occuper 151, 205
s'occuper de 165
océan 228
ocre 241
octobre 259
odeur 229
œil 98
œillet 222
œuf 69
œuvre 139, 147
officiel, le 193, 209
offrir 72
Oh! 55
Oh putain! 55
oignon 70
oiseau 219
olivier 222
ombre 215, 229
omelette 74
on 270
oncle 155
ongle 109
ONU 198
onze 246
opaque 242
opéra 142
opération 106
opérer 106
opinion 31, 200

326

opposé, e 209, 254
opposer (s') 34
opposition 195
optimiste 13, 162
option 127
or 244
orage 218
oral, e 129
orange 76, 240
orangeade 77
orchestre 142
ordinaire 14, 179
ordonnance 108
ordre 41, 205, 248
oreille 98
oreiller 93
oreillons 103
organes sexuels 99
organisation 174, 193
organiser 25
orge 222
orgue 142
orgueilleux, -euse 14
oriental, e 254
original 139
original, e 12, 47
origine 147, 265
orme 222
orthographe 129
os 70, 99
O.S. 6
oser 36
otage 208
OTAN 199
otite 103
ou 271
où 257, 271
ou bien 271
oublier 31
ouest 253
oui 55
ours 220
outil 114
ouvrage 147
ouvre-boîte 70
ouvrier, -ère 5, 172, 212
ouvrier agricole 6
ouvrier qualifié 6
ouvrir 96
oxygène 242

P

page 140, 200
paille 241
pain 70
pair, e 249
paire 80
paix 197, 205
pâle 16, 104, 240
palier 89
palmier 222
panier 70
panne 179
panneau 178
pansement 108
pantalon 82
papa 155
pape 149
papeterie 66
papi 156
papier 243
papier peint 91
papillon 219
pâquerette 222
Pâques 149, 265
paquet 185, 250
par 275
par cœur 132
par conséquent 274
par contre 274
par écrit 132
par exemple 58, 274
par hasard 62
par la suite 267
par malheur 63
par terre 257
paradis 149
paragraphe 133, 208
paraître 201
parapluie 86
parc 223
parce que 271
parchemin 243
parcomètre 179
Pardon, 54
pardonner à 43
pare-brise 180
pare-chocs 180
pareil, le 249
parent, e 158
parents 155
paresseux, -euse 14, 132
parfait, e 44

parfaitement 55, 61
parfum 109
parfumerie 66
parking 178, 234
parlement 191
parlementaire 191
parler 38, 132
parole 38
parrain 156
part 252
partager 25
parti 195
participant, participante 115
participer 111, 139
particulier, -ère 165
partie 111
partir 17, 120
partout 257
pas 17
pas du tout 56
pas grand-chose 56, 251
pas mal 58, 61
pas un, une 251
passage 141, 178
passager, passagère 120, 183
passant, passante 184
passé 263
passé composé 136
passé simple 136
passeport 3, 120
passer 181
passer pour 10
passer son temps à 111
passerelle 121
passif, -ive 15
passionnant, e 44
pasteur 149
pâte 69
pâte brisée 70
pâte feuilletée 70
pâté 74
pâté de maisons 231
patience 161
patient, e 161
patinage 117
patins à roulettes 117
pâtisserie 66
pâtissier, pâtissière 6
patron, patronne 72, 172
patronat 196
paupière 110
pauvre 163, 212
pauvreté 164, 213

pavillon 89, 233
payer 68, 80, 187
payer cher 68, 120
payer comptant 68, 187
pays 3, 122, 193, 205, 224
Pays de Galles 237
paysage 229
paysan, paysanne 5, 223
Pays-Bas 8
P.D.G. 6
péage 121, 179
peau 98
pêche 76
péché 150
pêcher 116
pêcher 222
pêcheur, pêcheuse 6, 117
peigne 109
peigner (se) 109
peignoir 83
peindre 22, 144
peintre 5, 144
peinture 112, 144
pellicule 113
pendant 263
pendant que 263
pénible 45
pensée 31, 147
penser 31, 147
Penses-tu! 55
pension 124
pente 226
Pentecôte 149, 265
pépé 156
perdre 24, 114
perdre de vue 168
perdre son temps à 267
père 155
période 264
périodique 202
périphérie 231
périphérique 234
perle 86
permanent, e 262
permettre 41
permis 176
permission 41
persienne 91
persil 70
personnage 145
personnalité 10
personnel 124, 172
personnel, le 3

personnellement 62
persuader 41
perte 25, 169
peser 110
petit, e 16, 250
petit déjeuner 73, 124
petite-fille 155
petit-fils 155
petits pois 75
petits-enfants 155
pétrole 244
peu 251
peu à peu 261
peu de 251
peuplier 222
peur 29, 163
peut-être 274
phare 180
pharmacie 106
pharmacien, pharmacienne 7, 108
philo(sophie) 128
phonétique 130
photo 113
photographe 7, 202
phrase 38, 135
physique 10, 128
piano 142
pièce 86, 88, 142
pièce de monnaie 68, 187
pièce de théâtre 145
pièce d'identité 3, 120
pied 99
pierre 226, 244
pierre précieuse 86
piéton 184
pigeon 220
pile 94
pilule 106
pin 222
pincée 70
ping-pong 117
pipe 79
piqûre 108
pire 51
piscine 88, 234
piste 208
pitié 29
pittoresque 123, 230
placard 90
place 3, 234, 253
placer 24, 166
plafond 90
plage 122, 226

328

plaie 103
plaindre (se) 39
plaine 226
plainte 40
plaire 27
plaire (se) 28
plaisanter 39
plaisanterie 39
plaisir 27, 111, 161
plan 182, 205
planche à roulettes 117
planche à voile 117
plancher 91
planète 229
plante 113, 221
plante verte 92
planter 113, 223
plastique 244
plat 72
plat, e 226
platane 222
plateau 71, 226
plateau de fromage 76
platine 93
plâtre 108, 245
plébiscite 152
plein de 251
pleine mer 123
pleurer 29
pleurnicher 30
pleuvoir 218
pli 86
plier 23
plomb 97, 245
plombier 7
plonger 116
pluie 218
pluriel 135
plus 251
plus (… que) 274
plus de 252
plus du tout 252
plus ou moins 64
plusieurs 252
plus-que-parfait 136
plutôt 64
pneu 179
poche 86
poêle 69
poème 141
poésie 141
poète 141
poids 250

poignet 99
poil 110
poing 99
point 135, 241
point de vue 31, 201
pointure 81
poire 76, 221
poison 103
poisson 74, 219
poitrine 99
poivre 70
pôle Nord 225
pôle Sud 225
poli, e 12
police 182, 207
Police judiciaire 208
politique 195
pollué, e 210, 223
polluer 236
pollution 210, 223
polystirène 245
pommade 108
pomme 76, 221
pomme de terre 75, 221
pommier 222
pompier 5
poncer 22
pont 234
populaire 139, 235
population 152, 197
population active 197
porc 74
porcelaine 245
port 120, 234
porte 90
portefeuille 68, 187
porte-monnaie 68, 187
porter 24, 82
porter (se) 106
porter bonheur 48
porter malheur 51
portugais, e 8
Portugal 8
poser 25
positif, -ive 48, 135, 212
position 201, 253
possibilité 212
possible 47, 212
poste 170, 172, 185, 232
poste (de police) 182, 207
poste (de radio) 92
poste restante 186
pot catalytique 180

pot d'échappement 180
potage 74
poubelle 94
pouce 99
poudre 110
poule 219
poulet 74
poumon 99
pour 275
pour ainsi dire 58
pour le moment 264
pour que 272
pourboire 72
pourquoi 271
poursuivre 36, 169
pourtant 274
pousser 24, 168
poussière 96, 226
pouvoir 268
pouvoir d'achat 175
pouvoir exécutif 191
pouvoir judiciaire 192
pouvoir législatif 192
Prague 237
pratique 48
pratiquement 64
pratiquer 115
précaution 108, 180, 211
précieux, -euse 85
précipiter (se) 19
précis, e 261
précisément 59
préciser 38
préface 141
préfecture 194
préférable 48
préférer 27, 34
préfet 194
préjugé 51
Premier ministre 190
premier, -ère 120, 139, 247
première communion 158
Première guerre mondiale 152
prendre 72, 106, 120, 172
prendre des notes 133
prendre des risques 165, 182
prendre feu 210
prendre froid 102
prendre le pouls 108
prendre le volant 182
prénom 3
préparer 69, 87, 132
préposition 136

près 257
près de 255
présent 135
présent, e 263
présenter 26, 41, 166
président, présidente 190
presque 274
presse 201
presser 169
presser (se) 184
pression 199
prestige 140, 162
prêt, e 267
prétendre 38
prêter 187
prétexte 39
prêtre 150
preuve 132, 207
prévenir 41
prévisions 216
prévoir 31, 215
prier 41, 149
primaire 127
principal, e 48
printemps 258
priorité 178
prise (de courant) 90
prise (de sang) 106
prise de conscience 165
prise de la Bastille 151
prison 207, 233
privé, e 126, 165
priver 169
privilège 152
prix 68, 80, 129, 139, 188
prix forfaitaire 125
pro 111
probable 48
problème 51, 132
procès 208
procès verbal 183
prochain, e 263
proche 159, 254
proclamer 39, 192
produire 22, 172
produit 22, 172
produit de beauté 110
produit pétrolier 245
prof 126
professeur 5, 126
profession 3
professionnel, professionnelle 115
profiter 26

330

profond, e 227, 235
programme 126, 195, 203
progrès 129, 209
projet 118, 235
projet de loi 197
prologue 146
prolonger 264
promenade 17
promener (se) 17
promesse 41
promettre 41
pronom 136
prononcer 38
prononciation 133
proposer 41
proposition 42
propre 16, 84, 96, 110
propre 165
propriétaire 91, 223
protection de la nature 224
protéger 167, 223
protéger (se) 108
protestant, e 3, 149
protester 39
prouver 34, 132, 207
province 205, 224
proviseur 7, 127
provisoirement 64
provocation 199
provoquer 169, 209
prudent, e 12
prune 221
psychologie 136
P.T.T. 170
pub 203
public 139
public, -ique 203
publication 202
publicitaire 203
publicité 203
publier 202
puis 272
puisque 272
puissance 197
puissant, e 197
pull 82
punir 168, 207
pur, e 78, 229
pur et simple 59
pure laine 84
pyjama 82
pyramide 241
Pyrénées 224

Q

quai 120, 184, 234
qualification 173
qualifié, e 173
qualité 72, 80
quand 263, 271
quand même 274
quant à 275
quantité 252
quarante 246
quart 247, 261
quartier 231
quartier populaire 231
quartier résidentiel 231
quatorze 246
quatre 246
quatre-vingt-dix 247
quatre-vingt-onze 247
quatre-vingts 247
quatre-vingt-un 247
quatuor 143
que 270
quel, quelle 271
Quelle horreur. 56
Quel monde! 58
quelconque 276
quelque chose 276
quelque part 257
quelquefois 261
quelques 276
quelques-uns, -unes 276
quelqu'un 276
qu'est-ce que 271
question 132, 207
queue 220
qui 270
quintal 250
quinzaine 247
quinze 246
quitter 168
quoi 58
quotidien 202
quotidien, ne 260

R

raboter 22
raccourcir 87
race 220
racine 222
racisme 197

raciste 197
raconter 38
radiateur 91, 180
radio 106, 209
radioactivité 211
rafle 208
rage 103
raide 241
rail 234
raisin 76
raison 31, 147
raisonnable 12, 49, 147
raisonnement 32
raisonner 32
ralentir 182
rallonger 87
ramasser 26
ramener 166
randonnée 123
rang 145, 249
rangée 241
ranger 24, 96
rapide 120, 176
rappeler 38
rappeler (se) 32
rapport 165
rare 47, 139
raser (se) 110
rasoir 110
rassembler (se) 197
rassurer 41
rat 220
rater 121, 132, 184
rater le virage 183
ratifier 192
Ratisbonne 237
rattraper 167
rayé, e 84
rayon 216
R.D.A. 199
ré 143
réaction 20
réagir 20
réalisation 22, 140
réaliser 22
réaliste 139, 147, 212
réalité 212
récent, e 267
réception 125, 203
recette 69
recettes 188
recevoir 24, 166
recherche 137

rechercher 167, 208
récit 141
réclamation 73, 125
réclamer 26, 167
récolte 223
recommandé, e 186
recommander 43, 73, 119
recommencer 261
réconcilier (se) 27
reconnaître 32
record 114
rectangle 241
recueil 141
reculer 19
récupérer 108
rédacteur, rédactrice 7, 202
rédacteur en chef 7, 202
rédiger 202
redoubler 127
redresser (se) 20
réduction 68, 80, 212
réel, le 139, 148
réfléchir 32
réflexe 21
réflexion 32
réforme 126, 212
réfrigérateur 69, 94
refroidir 69
refuser 34
regarder 34
régime 72, 106, 197
région 122, 205, 225
régional, e 194
régionalisation 194
règle 124, 136
règlement 114, 178, 193
régler 26
règne 152
régner 152
regret 164
regretter 29
régulier, -ère 241
régulièrement 262
rein 100
reine 151
réjouir (se) 28
relatif, -ive 46, 135
relation 159, 198
religieux, -euse 149, 157
religion 3, 149, 157
remarquable 45
remarque 38
remarquer 34, 38

rembourser 188
remède 108
remembrement 224
remercier 43
remettre (se) 108
remplacer 24, 168
remplir 23
remporter 114
remuer 20, 70
renard 220
rencontre 166
rencontrer 166
rendez-vous 166
rendre 26
rendre la monnaie 68, 81
renoncer 34
renseignement 41, 118
renseigner 41
rentrée 265
rentrer 17
renverser 25, 199
renvoyer 168
répandre (se) 199
réparation 22
réparer 22, 97
répartir 25
répartition 25
repas 73
repasser 87, 97
répéter 38
répondre 41
réponse 41
reportage 201
reporter 7
repos 106, 122
reposer (se) 106, 122
repousser 24, 168
reprendre des forces 108
représentation 145
représenter 145
repriser 87
reproche 43
reprocher 43
république 191
requin 220
R.E.R. 184
réservation 119
réserver 72, 118
résidence 89, 233
Résistance 152
résister 21
résoudre 32
respecter 168

respiration 99
respirer 99
responsabilité 161
responsable 161, 174
ressembler 46
ressources 175
restaurant 72, 125, 170, 233
reste 72
rester 18
resto-U 137
résultat 114, 129, 195, 209
résumer 132, 201
rétablir 205
retard 121, 267
retarder 267
retenir 32, 166
retirer 24
retour 18
retourner 18
retourner (se) 18
retraite 5, 157
retraité, retraitée 7
rétrécir 87
retrouver 24, 166
réunion 174, 195
réunion au sommet 198
réunir (se) 19
réussir 34
revanche 115
rêve 27, 165
réveil 94
réveiller 167
réveiller (se) 20
revendication 174, 195
revendiquer 175
revenir 18
revenus 173
rêver 27
revoir 167
révolte 199
révolter 199
révolution 151, 199
Révolution 151
revue 145, 201
rez-de-chaussée 88
R.F.A. 199
Rhénanie-du-Nord-Westphalie 237
Rhénanie-Palatinat 238
Rhin 227
Rhône 227
rhumatisme 103
rhume 102
riche 161, 212

richesse 162
rideau 92
ridicule 45
rien à faire 56
rien de 252
rien du tout 252
rigoler 28
rire 27
risquer 34
rival, e 115
rivière 227
riz 75
robe 82
robinet 94
robot 95
rocher 226
roi 151
rôle 145
romain, e 151
roman 141
roman policier 141
roman, e 140
romancier, romancière 141
Rome 237
rompre 23, 158
ronce 222
rond, e 241
rose 221, 240
rosé 77
rosée 230
rôti 75
roue 179
roue de secours 180
rouge 240
rouge 77
rouge à lèvres 110
rougeole 103
rougir 21
rouler 182
route 178, 234
roux, rousse 16, 240
royal, e 152
royaume 152
rubéole 103
rubrique 202
rude 15
rue 3, 178, 234
rugby 116
ruines 122, 233
ruisseau 227
rupture 23
rural, e 224
rythme 113, 142

334

S

sa 270
sable 122, 226
sac 86
sacré, e 150
Sacré menteur! 55
sacrifice 167
sacrifier 169
sage 12
saignant, e 79
saigner 102
sain, e 106
saint, e 150
saison 258
salade 75
saladier 71
salaire 172
salarié, salariée 173
Salaud! 55
sale 16, 84, 97, 110
salé, e 79
salir 26, 169
salle 89, 126, 145
salle à manger 89
salle de bain 89
salle de séjour 89
salon 89
salon de thé 73
Salopard! 55
Salut! 52
Salutations 53
samedi 259
sandale 83
sandwich 73
sang 99
sangloter 30
sans 275
sans arrêt 262
sans aucun doute 59
sans blague 56
sans cesse 262
sans doute 62
sans effort 61
sans façons 63
sans faute 59
sans issue 179
sans le vouloir 62
sans peine 61
sans plomb 180
sans plus 64
sans profession 7
sans que 272

sans raison 62
sans succès 61
santé 106
Santé! 53
Saône 228
sapin 222
Sarre 238
satisfaction 28
satisfait, e 161
sauce 75
saucisson 74
sauf 275
sauf que 272
sauter 18, 116
sauvage 230
sauver 106, 166
sauver (se) 18
savant, savante 136
savoir 32, 129
savoir faire 268
savon 110
scandale 209
scandaleux, -euse 45, 212
scénario 146
scénariste 146
scène 145
Schleswig-Holstein 238
science 136
sciences économiques 137
sciences humaines 137
sciences naturelles 128, 137
sciences politiques 137
scientifique 137
scier 22
scolaire 126
scolarité 127
scotch 134
sculpteur 144
sculpture 144
se 270
se casser le bras 103
se donner du mal 34
se donner la peine 35
se faire des illusions 29
se faire du souci 29
se faire la barbe 110
se faire mal 102
se faire une idée 32
se mettre à 265
se rendre à 19
se rendre compte de 32
se sentir bien/mal 104
se tirer d'affaire 36

séance 142, 191
sec, sèche 78, 216
sèche-cheveux 95, 110
sèche-linge 95
sécher 97, 110
second, e 121, 247
secondaire 51, 126
seconde 261
secouer 26, 169
secret, -ète 209
secrétaire 5, 195
sécurité 182
Sécurité sociale 108
seigle 222
sein 100
Seine 227
seize 246
séjour 118, 263
sel 70
selon 275
semaine 259
sembler 268
semer 223
s'en prendre à 30
Sénat 192
sénateur 192
sens 148, 253
sens interdit 178
sens unique 178
sensation 202
sensibilité 13, 113
sensible 12
sentier 179
sentiment 27, 159
sentimental, e 15, 28, 47
sentir 21, 35
séparation 158
séparation des pouvoirs 152
séparer 157, 169
séparer (se) 158
sept 246
septembre 258
septentrional, e 254
série 201
sérieux, -euse 12, 47
serpent 219
serrer 87, 167
serrer à droite 183
serrer la main 167
service 72, 125
service militaire 206
services publics 171
serviette 70, 110, 133

servir 72
ses 270
seul, e 163
seulement 274
sévère 14
sexe 3
sexuel, le 100
short 83
si 272
si 143
Si tu veux. 56
SIDA 103
siècle 263
Siècle des lumières 152
siège 192
siège social 173
siffler 114, 139
signaler 41
signature 3
signe particulier 3
signer 3, 35
signifier 133
s'il te plaît 58
s'il vous plaît 58
silence 229
Silence! 53
silencieux , -euse 230
simple 47
simplement 64
sincère 12
singe 219
singulier 135
sinon 272
sirop 77
site 123, 230
situation 209
six 246
ski 116
skieur, skieuse 117
slip 82
S.M.I.C. 175
S.N.C.F. 170
snob 15
social, e 174
socialiste 195
société 170, 191, 212
sœur 155
sofa 93
soi 270
soi-disant 58
soie 85, 243
soif 72
soigner 106

soin 107
soir 260
soirée 260
soixante 246
soixante et onze 246
soixante-dix 246
soixante-douze 246
sol 89, 225
sol 143
soldat 5, 205
soldes 81
sole 74
soleil 216, 228
solennel, le 150
solide 107, 242
solitude 164, 230
soluble 242
solution 129, 195, 209
sombre 240
somme 188, 249
sommeil 21
sommet 226
son 142, 203, 270
sonner 97
sorte 242
sortie 139, 178
sortir 18, 139
sou 188
souci 163
souder 245
souffler 215
souffrance 30
souffrir 29, 102
souhaiter 35
soûl, e 72
soulever un problème 212
souligner 133
soupe 74
soupière 71
souple 85
source 227
sourcil 100
sourd, e 103
sourd-muet, sourde-muette 103
sourire 27
souris 219
sous 255
sous réserve 64
sous-locataire 92
sous-sol 89
sous-vêtements 83
soutenir 167
soutien-gorge 83

souvenir (se) 32
souvent 262
sparadrap 108
spécial, e 78, 84
spécialement 63
spécialiste 174
spécialité 72, 123
spectacle 145, 171
spectateur, spectatrice 145
sphère 241
spirituel, le 148
sport 114
sports d'hiver 117
sports nautiques 117
stade 114, 233
stage 174
stagiaire 174
station de métro 184
stationnement 178
stationnement interdit 179
stationner 183
station-service 180
statue 123, 144
sténodactylo 7
store 93
studio 203
stupide 45
style 139
stylo 134
stylo (à) bille 134
subir 30
subjonctif 136
subordonnée 136
subvention 197
succéder (se) 197
succès 45
sucré, e 79
sud 253
suffrage universel 192
suisse 8
Suisse 8
Suisse, Suissesse 8
suite 201
suivre 18
suivre un régime 107
sujet 135, 139, 195, 201
super 56, 180
superficie 226
supérieur, e 249, 254
supermarché 66, 233
supplément 121
supporter 166
supposer 33

supprimer 23, 209
sur 255, 275
sur le coup 266
sur mesure 63
sûr, e 47
sûrement 59
surface 229
surgir 20
surprendre 167
surprise 166
surtout 274
surveillant, surveillante 127
surveiller 126
survivre 21
suspect, e 208
svelte 16
syllabe 136
symbole 148, 209
sympa(thique) 12, 49, 159
sympathie 160
sympathisant, sympathisante 197
syndical, e 175
syndicat 175, 195
syndicat d'initiative 118
syntaxe 130
système 99, 126, 191
système nerveux 100

T

ta 270
Ta gueule! 53
tabac 79
table 70, 92
table des matières 133
tableau 92, 134, 144
tache 87
tâche 36
taille 81, 250
taille-crayons 134
tailleur 83
taire (se) 38
talent 140
talon 100
tandis que 272
tant de 252
tant mieux 58
Tant pis. 54
tant que 264
tante 155
taper à la machine 172
tapis 92

tapis roulant 121
tard 267
tarif 72, 175, 185
tarte 76
tarte aux abricots 76
tartine 73
tasse 70
taudis 236
taureau 220
taux de chômage 175
taux d'intérêt 188
taxi 176
te 270
technicien, technicienne 7
technique 235
tee-shirt 83
teint 110
teinturerie 87
tel, telle 276
télé 92, 203
télégramme 186
télégraphier 186
téléphone 93, 185
téléphoner 38, 186
téléspectateur, téléspectatric 203
télévision 92, 203
tellement 61
témoin 207
température 215
tempête 211, 218
temps 135, 215, 263
tendon 100
tendre 13, 26, 78
tendresse 13
tenir 26
tenir à ce que 36
tenir compte de 33
tenir la route 182
tenir sa droite 183
tension 103
tente 125
terme 148
terminer 267
terminus 184
terrain 125, 225, 234
terrain de sport 114
terrasse 89, 125
terre 225
terrestre 225
terreur 164, 199
terrible 46
terriblement 61
terrorisme 199

tes 270
tétanos 103
tête 99
têtu, e 14
texte 133, 201
textile 171
T.G.V. 121, 177
thé 73
théâtre 145
théière 71
théorie 148
ticket 184
tiède 78, 216
tiens/tenez 58
tiens! tiens! 58
tiers 247
tiers état 152
tiers monde 198
tigre 219
tilleul 222
timbre 113, 186
timide 14
tirage 202
tirelire 188
tirer 24, 166
tirer au sort 115
tiroir 93
tissé, e 243
tisser 243
tissu 84, 243
titre 3, 139, 201
toi 270
toile 144, 243
toilette 110
toilettes 89
toit 89
tôle 245
tolérer 167
tomate 75
tomber 18, 218
tomber amoureux, -euse 27, 159
tomber de fatigue 105
tomber de sommeil 105
tomber malade 102
tome 141
ton 240, 270
tondre 113
tonne 250
tonnerre 218
tornade 211
torrent 228
torture 152, 206
tôt 267

total, e 249
toucher 21, 29
toujours 262
tour 89, 233, 253
tourisme 171
touriste 118
tourne-disque 93
tourner 24, 182
tourner à droite 182
tourner à gauche 182
tourner un film 145
tournesol 222
tous 276
Tous mes regrets. 53
Toussaint 150, 266
tousser 105
tout 276
tout à coup 265
tout à fait 59
tout à l'heure 265
tout compte fait 64
tout de même 64
tout de suite 265
tout droit 182, 257
tout le monde 276
tout le temps 262
toute, toutes 276
toux 105
trace 208, 220
tradition 151
traditionnel, le 152
traduction 133
traduire 133
tragédie 146
tragique 46, 210
trahison 206
train 121, 176
traîner 19
training 83
trait 10, 241
traité 199
traitement 107
traiter 107, 167
traiteur 66
traître, traîtresse 206
trajet 184
tram 177
tranche 68
tranquille 13, 229
transformer 133, 235
transistor 93
transparant, e 242
transpirer 21, 105, 114

transport 182
transporter 182
transports 171
transports en commun 184
travail 172
travail manuel 128, 174
travailler 172
travailleur immigré 173
traverser 182
treize 246
tremblement de terre 211
trembler 29, 105
trente 246
très 274
Trèves 237
triangle 241
tribunal 208
tricot 85
tricoter 87
trimestre 258
triple 247
triste 29, 46, 84, 163
tristesse 30
trois 246
troisième 247
troisième âge 165
tromper 164, 169
tromper (se) 32
trompette 142
trop 61
trop de 252
trottoir 234
trou 87, 182
troubler 30
troupe 206
troupeau 220
trouver 24, 166
trouver (se) 18
truc 276
truite 74, 220
tu 270
Tu es vache. 55
Tu m'embêtes. 55
Tu m'en veux? 54
Tu m'énerves. 55
tu sais 58
tuer 169, 205
tulipe 222
tunnel 234
tutoyer 159
T.V.A. 121
type 10
typique 123, 139

U

un 246
un cinquième 247
un milliard 247
un million 247
un (tout petit) peu 252
un tas de 252
uni, e 84, 157, 240
union 209
Union soviétique 8
unique 45
uniquement 64
unité 249
univers 229
université 137, 233
urbain, e 231
urbanisation 236
urbanisme 236
urgent, e 102, 186
usage 129
usé, e 85
usine 170
ut 143
utile 49
utiliser 26, 97

V

vacances 118, 263
vacancier, vacancière 119
vacciner 108
vache 219
vague 51, 227
vain, e 148
vainqueur 115, 206
vaisselle 70, 94
valable 49, 184, 188
valeur 139, 188
valise 118
vallée 226
vanter (se) 43
variable 218
varicelle 103
varié, e 79
varier 26
variétés 203
Varsovie 237
vase 93
veau 75, 219
vedette 145
véhicule 177
veille 260
veine 100
vélo 116, 176
vélomoteur 177
vendeur, vendeuse 5, 68, 81
vendre 68, 81
vendredi 259
venger (se) 35
venir 18
venir de faire 268
Venise 237
vent 215
vente 173
ventre 99
verbe 135
verdict 208
verger 224
verglas 178, 217
vérifier 35, 180
véritable 85
vérité 49, 148
vernis à ongles 110
verre 70, 244
vers 255, 265
vers 141
verser des larmes 30
vert, e 79
vertu 162
veste 83
vêtement 82
veuf, veuve 3
vexer 169
viande 75
victime 182, 205
victoire 114, 195, 205
victorieux, -euse 152
vidange 180
vide 79, 95
vide-ordures 95
vider 23
vie 21, 107
vieillard 165
vieillesse 165, 212
vieillir 165
Vienne 237
vieux, vieil, vieille 16
vif, vive 13, 240
vigne 221
villa 89
village 231
villageois, e 232
ville 231
ville nouvelle 232

340

vin 77
vin ordinaire 77
vinaigre 69
vingt 246
vingt et un 246
vingt-deux 246
violence 199, 207
violent, e 207
violet, te 240
violette 222
violon 142
violoncelle 143
vipère 220
virage 178
virgule 136
vis-à-vis de 256
visible 229
visiter 123
vite 267
vitesse 180
vitre 90
vitrine 68, 81
vivant, e 107
Vive … ! 53
vivre 21, 107
vocabulaire 129
vœux 186
voie 234
voie lactée 229
voie piétonne 234
voie rapide 179
voilà 58
voile 117
voir 21
voir clair 33
voisin, voisine 159
voisin de palier 92
voiture 121, 177
voiture d'occasion 177
voix 99, 191, 203
voix active 136
voix passive 136
vol 207
volant 180
volcan 226
voler 18, 26, 121
volet 91
voleur, voleuse 207
volley 117
volontaire 206

volonté 148
volontiers 56, 63
volume 141, 250
vos 270
Vosges 225
vote 191
voter 191
voter une loi 191
votre 270
vouloir 35
vouloir bien 35
vous 270
vous savez 58
vouvoyer 160
voyage 118
voyage organisé 118
voyager 119
Voyons! 56
vrai, e 49, 148
vraiment 56, 59
vue 21, 35, 99
vue d'ensemble 119
vulgaire 15

W

wagon 177
wagon-lit 121, 177
wagon-restaurant 121, 177
W.-C. 89, 125
week-end 259
western 146

Y

y 270
y compris 274
yaourt 76

Z

zéro 246
zinc 245
zone bleue 179
zone piétonne 234
Zut! 55

341

Training Rechtschreiben Französisch ist ein Lern-, Wiederholungs- und Übungsbuch, mit dessen Hilfe eine große Sicherheit bei der französischen Rechtschreibung erlangt werden kann. Alle Besonderheiten, die erfahrungsgemäß die meisten Fehler verursachen, werden mit Erklärungen vorgestellt. Damit das Lernen leichter fällt, wurde besonders darauf Wert gelegt, die Übungen abwechslungsreich und ansprechend zu gestalten. Das Lösungsheft ermöglicht eine Selbstkontrolle und weist auf noch vorhandene Lücken hin.

Überblick über den Inhalt:

1. Laute/Lautgruppen
2. Homophone
3. Stumme Endungen und Adverbbildungen
4. Häufig verwechselte Laute/Lautgruppen
5. Faux amis (z. B.: cravate – Krawatte)
6. Groß- und Kleinschreibung
7. Bezeichnung der französischen Satzzeichen

Training Rechtschreiben Französisch ab 3. Lernjahr

Beilage: Lösungsheft
Klettbuch 922143